KB253122

사례로 해결하는
식품사건
(형사·행정)

사례로 해결하는
식품사건
(형사·행정)

ⓒ 김태민, 2016

초판 1쇄 발행 2016년 11월 18일
　　2쇄 발행 2018년 3월 2일

지은이　　김태민
펴낸이　　이기봉
편집　　　좋은땅 편집팀
펴낸곳　　도서출판 좋은땅
주소　　　경기도 고양시 덕양구 동산동 376 삼송테크노밸리 B동 442호
전화　　　02)374-8616~7
팩스　　　02)374-8614
이메일　　so20s@naver.com
홈페이지　www.g-world.co.kr

ISBN　979-11-5982-514-9 (13360)

- 가격은 뒤표지에 있습니다.
- 이 책은 저작권법에 의하여 보호를 받는 저작물이므로 무단 전재와 복제를 금합니다.
- 파본은 구입하신 서점에서 교환해 드립니다.

이 도서의 국립중앙도서관 출판시도서목록(CIP)은 서지정보유통지원시스템 홈페이지(http://seoji.nl.go.kr)와 국가자료공동목록시스템
(http://www.nl.go.kr/kolisnet)에서 이용하실 수 있습니다. (CIP제어번호 : CIP2016027315)

사례로 해결하는
식품사건
(형사 · 행정)

김태민 지음

좋은땅

작년에 재밌게 봤던 '쇼미더머니'라는 프로그램에서 인기를 얻은 노래 가사가 지금의 내 처지를 정확하게 애기하는 것 같아서 최근에는 차에만 타면 그 노래를 반복해서 듣는다.

'뒤돌아봤을 때 생각보다 멀리 와 있었어. 난 혼자였고 문득 겁이 났지'

그저 돈 좀 많이 벌고 싶어서 식품의약품안전처 공무원 생활을 그만두고 변호사가 되었다. 하지만 시간이 갈수록 막중한 책임감과 사명감이 흰머리 숫자만큼 빠르게 늘어만 가고 그만큼 겁이 많아졌다. 자신감 넘치던 시작과 달리, 최근에는 사건을 맡는다는 것이 더욱 두려워지고, 해결은 어렵게만 느껴진다. 예전과 달리 의뢰인들이 나에게 기대하는 희망이 커진 탓도 있지만, 공부를 하면 할수록 그 깊이를 알 수 없는 식품과 법률의 깊이를 조금이나마 알게 되었기 때문일 것이다.

나는 식품을 전공하고 식품의약품안전처에서 근무한 경험이 있고, 식품 관련 사건을 100건 이상 진행한 변호사는 20,000명의 변호사 중 나 혼자라고 떠들고 다닌다. 그래서 누구한테 물어볼 수도 없고, 배울 수도 없다. 경험 많은 공무원들이 많기는 하지만, 실무와 법은 다르기 때문에, 참고가 많이 되기는 하지만 그게 정답이 되지는 않는다. 뛰어난 변호사는 많지만 식품을 모르면 아예 용어조차 이해하지 못해서 조언을 구할 수도 없다. 결국 주변 전문가들의 조언을 퍼즐처럼 하나하나 맞춰가는 직업을 앞으로도 계속 해나가야 하며, 그렇게 되기를 바란다.

비록 담당 사건은 아니었지만, 2000년 이후에 있었던 주요 식품 사건뿐만 아니라 식품 전문 변호사로서 경험했던 다양한 사건에 대해 식품 저널에 약 3년간 연재를 했었다. 연재를 하면서 공무원, 경찰, 기자, 영업자들로부터 해당 사건의 판결문에 대한 해설과 전체 내용 등에 대해 많은 질의를 받았었는데, 그것이 실제로 의뢰받은 사건을 해결하는 데 큰 도움이 된 적도 있었다. 식품의약품안전처나 경찰, 지방자치단체 공무원의 수사나 조사를 갑작스럽게 받게 될 경우, 일부 영업자들이 너무나 당황한 나머지 할 필요가 없는 행동을 하는 것도 모자라, 해서는 안 되는 행동도 많이 하고, 초기 대응이 절실함에도 불구하고 법률에 무지한 탓에 억울한 피해를 입는 경우가 많다.

이 책은 그런 억울한 영업자가 발생하는 것을 방지하기 위해, 수사나 단속을 시행하는 공무원, 그리고 피해 예방을 위해 노력하는 영업자가 읽으면 반드시 도움이 될 수 있는 사례들을 모아 놓은 책이다. 2016년 발생한 최신 사건까지 총 70개의 사건 사례를 통해 다양한 식품 사건의 유형별 문제 해결 방법을 공부한다면 큰 도움이 될 것이라고 생각한다.

이 책이 나올 수 있도록 도움을 주신 분들이 많지만, 실력도 검증이 안 된 변호사에게 글을 의뢰해 주신 식품저널 강대일 대표님과 나명옥 국장님께 가장 큰 감사를 올린다. 그 밖에 거의 모든 식품 분야에 대해 항상 다양한 조언을 해 주시고 똑똑한 학생들을 연결해 주시는 하상도 교수님, 후배의 말도 안 되는 질문을 언제나 친절히 받아주시는 이동형 변호사님, 이 책이 나올 수 있도록 판결문 정리를 맡아준 김마리 양, 시키면 뭐든 척척 해 내는 일당백 직원 이경민에게도 고맙다는 인사를 하고 싶다.

그리고 마지막으로 삼남매 키우며 항상 남편을 믿고 사랑해주는 와이프와 내 인생의 보물인 딸 윤서에게도 사랑한다는 말을 하고 싶다.

모두 감사드립니다.

2016년 10월
김태민

목차

:: 행정 사건

일러두기

* 〈사건의 개요〉에 소개되는 이름, 상호, 지역 명칭, 지방자치단체 명칭 등은 모두 실제와 다르
며, 인위적인 이름으로 설정되어 있습니다.

* 〈사건에 대한 적용 법령〉의 법조문들은 판결 당시의 법을 인용하였으므로 개별 사례에 따라
현재의 조항과 내용이 다를 수 있습니다.

형사 사건

1. 식품 첨가물의 위해성 문제 등 (서울남부지방법원 2014고단947)

〈사건의 개요〉

간이 두부 제조 기계 제조업체를 운영하고 있는 김 씨(이하 ′A′라고 한다)는, 시장의 판매 업체에 수처리제를 '콩두부가공용천연미네랄'이라고 속여 2,600병을 판매하였는데, 실상 이 수처리제는 상수도관 부식 억제제였다. A는 어떤 처벌을 받게 될까?

〈사건에 대한 적용 법령〉

식품위생법

제7조(식품 또는 식품 첨가물에 관한 기준 및 규격)

① 식품의약품안전처장은 국민보건을 위하여 필요하면 판매를 목적으로 하는 식품 또는 식품 첨가물에 관한 다음 각 호의 사항을 정하여 고시한다. 다만, 식품첨가물 중 기구 및 용기·포장을 살균·소독하는 데에 쓰여서 간접적으로 식품으로 옮아갈 수 있는 물질은 그 성분명만을 고시할 수 있다.

1. 제조·가공·사용·조리·보존 방법에 관한 기준

2. 성분에 관한 규격

② 식품의약품안전처장은 제1항에 따라 기준과 규격이 고시되지 아니한 식품 또는 식품첨가물
(식품에 직접 사용하는 화학적 합성품인 첨가물을 제외한다)에 대하여는 그 제조·가공업자
에게 제1항 각 호의 사항을 제출하게 하여 제24조제1항제1호 및 제2항제1호에 따라 지정
된 식품위생검사기관의 검토를 거쳐 제1항에 따른 기준과 규격이 고시될 때까지 그 식품 또
는 식품첨가물의 기준과 규격으로 인정할 수 있다.

③ 수출할 식품 또는 식품첨가물의 기준과 규격은 제1항 및 제2항에도 불구하고 수입자가 요
구하는 기준과 규격을 따를 수 있다.

④ 제1항 및 제2항에 따라 기준과 규격이 정하여진 식품 또는 식품 첨가물은 그 기준에 따라
제조·수입·가공·사용·조리·보존하여야 하며, 그 기준과 규격에 맞지 아니하는 식품 또는
식품 첨가물은 판매하거나 판매할 목적으로 제조·수입·가공·사용·조리·저장·소분·운
반·보존 또는 진열하여서는 아니 된다.

제4조(위해식품등의 판매 등 금지)

누구든지 다음 각 호의 어느 하나에 해당하는 식품등을 판매하거나 판매할 목적으로 채취·제
조·수입·가공·사용·조리·저장·소분·운반 또는 진열하여서는 아니 된다.

1. 썩거나 상하거나 설익어서 인체의 건강을 해칠 우려가 있는 것

2. 유독·유해물질이 들어 있거나 묻어 있는 것 또는 그러할 염려가 있는 것. 다만, 식품의약품
   안전처장이 인체의 건강을 해칠 우려가 없다고 인정하는 것은 제외한다.

3. 병(病)을 일으키는 미생물에 오염되었거나 그러할 염려가 있어 인체의 건강을 해칠 우려가
   있는 것

4. 불결하거나 다른 물질이 섞이거나 첨가(添加)된 것 또는 그 밖의 사유로 인체의 건강을 해칠
   우려가 있는 것

5. 제18조에 따른 안전성 평가 대상인 농·축·수산물 등 가운데 안전성 평가를 받지 아니하였
   거나 안전성 평가에서 식용(食用)으로 부적합하다고 인정된 것

6. 수입이 금지된 것 또는 제19조제1항에 따른 수입신고를 하지 아니하고 수입한 것

7. 영업자가 아닌 자가 제조·가공·소분한 것

피고인 A는 2007. 5. 31. 경, 위 업체에서 식품의약품안전처장이 정한 기준과 규격에 맞지 않는 식품 첨가물인 '콩두부가공용천연미네랄' 4병을 경남 양산에 있는 마트에 52,000원에 판매한 것을 비롯하여, 그 무렵부터 2012. 12. 2.까지 638회에 걸쳐 시가 합계 4,900만원 상당의 콩두부가공용천연미네랄 2,600병을 판매하였다.

피고인 B는 2007. 4. 10. 경, 본인이 운영하는 업체에서 상수도관 부식 억제제인 고체 상태의 '실리포리'를 물에 일주일 정도 담가 둔 뒤 액체 상태의 '실리포리-엘'을 7:3의 비율로 섞어 식품의약품안전처장이 정한 기준과 규격에 맞지 않는 식품 첨가물인 '콩두부가공용천연미네랄' 40병을 제조해 A에게 공급한 것을 비롯하여, 그 무렵부터 2012. 11. 9.까지 73회에 걸쳐 시가 합계 1,700만원 상당의 콩두부가공용천연미네랄 3,000병을 제조하고 A에게 공급하였다.

피고인들이 상수도관 부식 억제제를 섞어 식품 첨가물을 제조하여 판매하였고, 판매량 또한 적지 않은 점 등에 비추어 죄질이 가볍지 아니하나, 피고인들이 범행을 대체로 인정하며 반성하는 점, 피고인들 모두 동종 범행으로 처벌받은 전력은 없는 점, 그밖에 피고인의 연령, 성행, 환경, 범행 후의 정황 등 제반 양형 조건을 참작하여 주문과 같이 형을 정한다.

〈법원의 판단에 대한 해설〉

본 사건의 경우 다행스럽게 인체에 위해가 없는 화학 물질이었지만 식품 제조 및 가공에 사용되는 모든 원재료는 식품공전식 및 식품 첨가물 공전에 등재된 것만 가능하다. 왜냐하면 등재된 물질들은 CODEX 및 세계 각국에서 안전성이 입증되었다는 것을 의미하므로 비록 개개 물질에 따라 사용량이 제한적일 수는 있어도 모든 정보들이 일단 과학적으로 입증되었기 때문이다. 향후에는 식품위생법 및 건강기능식품에 관한 법률에서 영업자 교육 시간을 더욱 늘리도록 법령이 개정되어야 할 것이며, 관련 시험도 보는 등 적극적으로 영업자 교육에 중점을 두어야 한다고 생각한다.

2. 기준 및 규격에 없는 화학적 합성품 첨가 (서울중앙지방법원 2012고단477)

〈사건의 개요〉

전라남도 순천시에 위치한 주식회사 유황식품을 운영하는 A는 유황홍화씨분말 등을 첨가해서 판매하던 제품이 팔리지 않자, 식품위생법에 따른 식품의 기준 및 규격에 없는 화학적 합성품인 '덱사메타손'을 첨가하여 기타가공품을 제조했다. 이를 판매업자에게 넘겨, 이 제품이 신경통과 관절염에 효과가 있다고 소비자를 속여, 일명 '떴다방'에서 판매하다가 적발되었다. 어떤 형사처벌을 받았을까?

〈사건에 대한 적용 법령〉

식품위생법

제7조(식품 또는 식품 첨가물에 관한 기준 및 규격)

① 식품의약품안전청장은 국민보건을 위하여 필요하면 판매를 목적으로 하는 식품 또는 식품 첨가물에 관한 다음 각 호의 사항을 정하여 고시한다. 다만, 식품첨가물 중 기구 및 용기·포장을 살균·소독하는 데에 쓰여서 간접적으로 식품으로 옮아갈 수 있는 물질은 그 성분명만을 고시할 수 있다.

  1. 제조·가공·사용·조리·보존 방법에 관한 기준

  2. 성분에 관한 규격

② 식품의약품안전청장은 제1항에 따라 기준과 규격이 고시되지 아니한 식품 또는 식품첨가물(식품에 직접 사용하는 화학적 합성품인 첨가물을 제외한다)에 대하여는 그 제조·가공업자에게 제1항 각 호의 사항을 제출하게 하여 제24조제1항제1호 및 제2항제1호에 따라 지정된 식품위생검사기관의 검토를 거쳐 제1항에 따른 기준과 규격이 고시될 때까지 그 식품 또는 식품첨가물의 기준과 규격으로 인정할 수 있다.

③ 수출할 식품 또는 식품첨가물의 기준과 규격은 제1항 및 제2항에도 불구하고 수입자가 요구하는 기준과 규격을 따를 수 있다.

④ 제1항 및 제2항에 따라 기준과 규격이 정하여진 식품 또는 식품 첨가물은 그 기준에 따라 제조·수입·가공·사용·조리·보존하여야 하며, 그 기준과 규격에 맞지 아니하는 식품 또는 식품 첨가물은 판매하거나 판매할 목적으로 제조·수입·가공·사용·조리·저장·소분·운반·보존 또는 진열하여서는 아니 된다.

제4조(위해식품등의 판매 등 금지)

누구든지 다음 각 호의 어느 하나에 해당하는 식품등을 판매하거나 판매할 목적으로 채취·제조·수입·가공·사용·조리·저장·소분·운반 또는 진열하여서는 아니 된다.

1. 썩거나 상하거나 설익어서 인체의 건강을 해칠 우려가 있는 것

2. 유독·유해물질이 들어 있거나 묻어 있는 것 또는 그러할 염려가 있는 것. 다만, 식품의약품안전청장이 인체의 건강을 해칠 우려가 없다고 인정하는 것은 제외한다.

3. 병(病)을 일으키는 미생물에 오염되었거나 그러할 염려가 있어 인체의 건강을 해칠 우려가 있는 것

4. 불결하거나 다른 물질이 섞이거나 첨가(添加)된 것 또는 그 밖의 사유로 인체의 건강을 해칠 우려가 있는 것

5. 제18조에 따른 안전성 평가 대상인 농·축·수산물 등 가운데 안전성 평가를 받지 아니하였거나 안전성 평가에서 식용(食用)으로 부적합하다고 인정된 것

6. 수입이 금지된 것 또는 제19조제1항에 따른 수입신고를 하지 아니하고 수입한 것

7. 영업자가 아닌 자가 제조·가공·소분한 것

〈사건에 대한 법원의 판단〉

피고인은 식품에 첨가해서는 안 되는 전문의약품 성분인 덱사메타손(부신피질호르몬제로서 소염 작용이 있어 주로 관절 류마티스, 골관절염 등의 주 치료제로 사용되는 약품인데, 부작용으로

서 염증의 방어력 약화, 면역 기능의 장해, 고혈압 등을 유발할 수 있음)을 첨가하여 건강 음료를 생산한 뒤, 소위 떴다방에서 노인·부녀자들을 상대로 그 효능에 대해 허위·과장 광고를 하는 방법으로 판매하였다. 덱사메타손을 전문의약품으로 분류한 이유는, 이를 오·남용할 경우 인체에 유해한 결과를 초래할 수 있으므로, 용법·용량에 대한 전문적인 지식을 가진 사람이 취급하게 함으로써 국민의 건강을 보호·증진하는 데 그 목적이 있기 때문이다. 피고인은 약 6년에 걸쳐 공급가 합계 6억 원이 넘는 제품을 생산·판매하였다. 이와 같은 피고인의 범행 수법, 범행 기간, 판매된 제품의 수량 및 가액 등에 비추어 피고인에게 엄중한 책임을 묻지 않을 수 없으므로, 실형의 선고는 불가피하다. 다만 피고인이 이 사건 범행을 시인하고 자신의 잘못을 반성하고 있는 점, 벌금형으로 3회 처벌받은 것 외에는 별다른 전과는 없는 점, 피고인이 고령이고 건강 상태가 좋지 않은 점, 그 밖에 피고인의 성향, 환경, 가족 관계, 범행 후의 정황 등 변론에 나타난 양형 조건들을 모두 참작하여 권고형의 범위를 이탈하여 징역 1년 6월에 처한다.

〈법원의 판단에 대한 해설〉

식품위생법 또는 건강기능식품에 관한 법률 사건에 대한 양형이 최근 엄격하게 적용되어 수사 당시부터 구속 상태에서 진행되거나 1심에서 실형이 나오는 경우가 많아졌다. 실제로 재판에서 판사가 고려하는 양형의 판단 기준은 주로 동종 범죄 경력, 판매 기간, 판매 금액, 반성 여부 등이 있다. 그러나 이 기준은 기계적으로 적용되는 것이 아니라 해당 사건에 따라 다르고, 각급 법원의 재판부에 따라 약간의 차이가 있는 것으로 보인다. 최근 3년간 식품 관련 범죄 판결문을 분석해 보아도 양형에 대한 편차가 큰 것으로 조사되었는데, 동종 유사 범죄 행위에 대해서 벌금형, 집행유예로 나누어지기도 하고, 집행유예 기간이 다르거나 실형을 받는 경우도 있으므로 반드시 전문 변호인의 조력을 받아야 한다.

3. 위해성 여부와 처벌 가능성 (대법원 2013도9171)

〈사건의 개요〉

A가 판매한 대마씨 기름에서 테트라하이드로칸나비놀(THC) 성분이 검출되었다. 테트라하이드로칸나비놀은 마약류 관리에 관한 법률의 규정에 의한 마약류의 성분인데, 식품위생심의위원회의 심의를 거쳐 유해의 정도가 인체의 건강을 해칠 우려가 없는 것으로 인정된 것도 아닐 경우, 이를 처벌할 수 있을까?

〈사건에 대한 적용 법령〉

식품위생법

제4조(위해식품등의 판매 등 금지)

누구든지 다음 각 호의 어느 하나에 해당하는 식품 등을 판매하거나 판매할 목적으로 채취·제조·수입·가공·사용·조리·저장·소분·운반 또는 진열하여서는 아니 된다.

1. 썩거나 상하거나 설익어서 인체의 건강을 해칠 우려가 있는 것

2. 유독·유해물질이 들어 있거나 묻어 있는 것 또는 그러할 염려가 있는 것. 다만, 식품의약품안전처장이 인체의 건강을 해칠 우려가 없다고 인정하는 것은 제외한다.

3. 병을 일으키는 미생물에 오염되었거나 그러할 염려가 있어 인체의 건강을 해칠 우려가 있는 것

4. 불결하거나 다른 물질이 섞이거나 첨가(첨가)된 것 또는 그 밖의 사유로 인체의 건강을 해칠 우려가 있는 것

5. 제18조에 따른 안전성 평가 대상인 농·축·수산물 등 가운데 안전성 평가를 받지 아니하였거나 안전성 평가에서 식용(식용)으로 부적합하다고 인정된 것

6. 수입이 금지된 것 또는 제19조제1항에 따른 수입신고를 하지 아니하고 수입한 것

7. 영업자가 아닌 자가 제조·가공·소분한 것

제7조(식품 또는 식품 첨가물에 관한 기준 및 규격)

① 식품의약품안전처장은 국민보건을 위하여 필요하면 판매를 목적으로 하는 식품 또는 식품 첨가물에 관한 다음 각 호의 사항을 정하여 고시한다. 다만, 식품 첨가물 중 기구 및 용기·포장을 살균·소독하는 데에 쓰여서 간접적으로 식품으로 옮아갈 수 있는 물질은 그 성분명만을 고시할 수 있다.

　1. 제조·가공·사용·조리·보존 방법에 관한 기준

　2. 성분에 관한 규격

② 식품의약품안전청장은 제1항에 따라 기준과 규격이 고시되지 아니한 식품 또는 식품첨가물(식품에 직접 사용하는 화학적 합성품인 첨가물을 제외한다)에 대하여는 그 제조·가공업자에게 제1항 각 호의 사항을 제출하게 하여 제24조제1항제1호 및 제2항제1호에 따라 지정된 식품위생검사기관의 검토를 거쳐 제1항에 따른 기준과 규격이 고시될 때까지 그 식품 또는 식품첨가물의 기준과 규격으로 인정할 수 있다.

③ 수출할 식품 또는 식품첨가물의 기준과 규격은 제1항 및 제2항에도 불구하고 수입자가 요구하는 기준과 규격을 따를 수 있다.

④ 제1항 및 제2항에 따라 기준과 규격이 정하여진 식품 또는 식품첨가물은 그 기준에 따라 제조·수입·가공·사용·조리·보존하여야 하며, 그 기준과 규격에 맞지 아니하는 식품 또는 식품첨가물은 판매하거나 판매할 목적으로 제조·수입·가공·사용·조리·저장·소분·운반·보존 또는 진열하여서는 아니 된다.

식품위생법 시행규칙

제3조(판매 등이 허용되는 식품등)

유독·유해물질이 들어 있거나 묻어 있는 식품등 또는 그러할 염려가 있는 식품등으로서 법 제4조제2호 단서에 따라 인체의 건강을 해칠 우려가 없다고 식품의약품안전처장이 인정하여 판매 등의 금지를 하지 아니할 수 있는 것은 다음 각 호의 어느 하나에 해당하는 것으로 한다.

1. 법 제7조제1항·제2항 또는 법 제9조제1항·제2항에 따른 식품등의 제조·가공 등에 관한 기준 및 성분에 관한 규격(이하 "식품등의 기준 및 규격"이라 한다)에 적합한 것
2. 제1호의 식품등의 기준 및 규격이 정해지지 아니한 것으로서 식품의약품안전처장이 법 제57조에 따른 식품위생심의위원회(이하 "식품위생심의위원회"라 한다)의 심의를 거쳐 유해의 정도가 인체의 건강을 해칠 우려가 없다고 인정한 것

〈사건에 대한 법원의 판단〉

식품위생법 제94조 제1호, 제4조 제2호는 유독·유해 물질이 들어 있거나 묻어 있는 것, 또는 그러할 염려가 있는 식품, 식품 첨가물 등을 판매한 경우에는 처벌하도록 규정하고 있다. 다만, 같은 제2호 단서에 의하여 식품의약품안전처장이 인체의 건강을 해칠 우려가 없다고 인정하는 것은 판매 등 금지 대상에서 제외하고 있으며, 같은 법 시행규칙 제3조는 법 제4조 제2호 단서에 따라 판매 등이 허용되는 식품의 범위를 '법 제7조 제1항·제2항에 따른 식품 등의 제조·가공 등에 관한 기준 및 성분에 관한 규격에 적합한 것과 그 기준 및 규격이 정해지지 아니한 것으로서 식품의약품안전처장이 식품위생심의위원회의 심의를 거쳐 유해의 정도가 인체의 건강을 해칠 우려가 없다고 인정한 것'으로 한정하고 있으므로, 이에 해당하지 않는 것은 그 판매 등이 금지된다고 보아야 한다.

한편, 같은 법 제7조, 제14조에서 식품의약품안전처장은 식품의 성분에 관한 규격을 정하여 고시할 수 있고, 그러한 규격에 대한 공전을 작성·보급하도록 규정하고 있다. 그러나 이 취지는 국민 보건상 특히 필요하다고 인정되는 판매용 식품의 성분 규격을 미리 정하여, 규격에 맞지 아니한 식품의 제조, 판매 등을 금지시키기 위한 것에 불과하므로, 식품의 각 품목마다 반드시 그 고시를 하여야 하는 것은 아니며, 또 이러한 고시를 하지 않았다고 하여 유독·유해한 성분을 용인하는 것이라고는 볼 수 없다.

식품으로 인하여 생기는 위생상의 위해를 방지하고 식품 영양의 질적 향상을 도모하며 식품에 관한 올바른 정보를 제공하여 국민 보건의 증진에 이바지함을 목적으로 하여 제정된 식품위생법 제4조 제2호는, 위해식품으로 인하여 생기는 위와 같은 피해의 특수성을 고려하여 유독·유해 물질이 들어 있거나 묻어 있는 것 외에 그러할 염려가 있는 것에 대해서까지도 판매하는 등의 행위를 금지하고 있다. 따라서 실제로 유독·유해 물질이 들어 있지 않거나 그로 인하여 사람의 건강을 해한 결과가 발생하지 아니하였더라도, 그러할 염려가 있다는 것만 인정된다면 위 규정에 의한 처벌 대상이 될 수 있다.

A가 판매한 대마씨 기름에서 테트라하이드로칸나비놀(THC) 성분이 검출되었다. 테트라하이드로칸나비놀은 마약류 관리에 관한 법률의 규정에 의한 마약류 성분으로서, 식품위생법 제4조 제2호에서 규정한 유독·유해 물질이라고 볼 수 있다. 기록된 바에 따르면 테트라하이드로칸나비놀은 같은 법 제7조의 규정에 의한 고시에 수록된 기준·규격에 적합하지 아니할 뿐만 아니라, 식품위생심의위원회의 심의를 거쳐 유해의 정도가 인체의 건강을 해칠 우려가 없는 것으로 인정된 것도 아닌 성분이라는 사실을 알 수 있다.

따라서 A가 주장하는 바와 같이 테트라하이드로칸나비놀 성분이 들어 있지 않은 대마씨 기름의 판매가 가능하고, 판매한 대마씨 기름 중에는 그 성분이 매우 적은 양만 포함되어 있어 인체의 건강에 영향이 없는 경우가 있을 수 있다고 하더라도, 인체의 건강에 유해할 정도의 테트라하이드로칸나비놀이 들어 있을 가능성을 배제할 수 없는 이상, 판매한 대마씨 기름 원액은 같은 법 제4조 제2호에서 판매 등을 금지하고 있는 유독·유해 물질이 들어 있거나 그러할 염려가 있는 식품에 해당한다고 할 것이다.

〈법원의 판단에 대한 해설〉

영업자가 유독·유해 물질이 들어 있는 식품을 시중에 판매하는 경우, 다수의 소비자들이 그 위험성을 미처 인식하지 못하고 섭취하게 되어, 사람의 생명과 신체에 대한 피해가 광범위하고 급속하게 발생할 우려가 있고, 일단 피해가 발생하면 사후적인 구제는 별 효과가 없는 경우가 대부분이다. 그러므로 위해성에 따른 소비자의 피해 여부는 매우 신중하게 판단되어야 하며, 설사 그 양에 따라서 위해성 여부를 판단하기 어렵다고 하더라도, 일단은 그 식품을 섭취하는 소비자의 입장에서 일말의 위험이라도 제거해야 하는 것이 식품위생법의 제정 목적일 것이다.

4. 잔류 식품 첨가물의 위해성 문제 (대법원 2014도8212)

〈사건의 개요〉

A는 냉동 소라를 수입하여 가공하면서 합법적인 식품 첨가물인 수산화나트륨을 원래 목적과 달리 중량 불리기 수단으로 사용하다가 식품의약품안전처에 적발되었다. 그러나 실제 중량과 표시 중량에 대해 차이가 있는 것은 허위 표시로 처벌이 가능하나, 수산화나트륨이 최종 제품에 남아 있는 것 자체에 대해서도 처벌이 가능할까?

〈사건에 대한 적용 법령〉

식품위생법

제7조(식품 또는 식품 첨가물에 관한 기준 및 규격)

① 식품의약품안전처장은 국민보건을 위하여 필요하면 판매를 목적으로 하는 식품 또는 식품 첨가물에 관한 다음 각 호의 사항을 정하여 고시한다. 다만, 식품 첨가물 중 기구 및 용기·포장을 살균·소독하는 데에 쓰여서 간접적으로 식품으로 옮아갈 수 있는 물질은 그 성분명만을 고시할 수 있다.

 1. 제조·가공·사용·조리·보존 방법에 관한 기준

 2. 성분에 관한 규격

② 식품의약품안전처장은 제1항에 따라 기준과 규격이 고시되지 아니한 식품 또는 식품 첨가물(식품에 직접 사용하는 화학적 합성품인 첨가물을 제외한다)에 대하여는 그 제조·가공업자에게 제1항 각 호의 사항을 제출하게 하여 「식품·의약품분야 시험·검사 등에 관한 법률」 제6조제3항제1호에 따라 식품의약품안전처장이 지정한 식품전문 시험·검사기관 또는 같은 조 제4항 단서에 따라 총리령으로 정하는 시험·검사기관의 검토를 거쳐 제1항에 따른 기준과 규격이 고시될 때까지 그 식품 또는 식품 첨가물의 기준과 규격으로 인정할 수 있다.

③ 수출할 식품 또는 식품 첨가물의 기준과 규격은 제1항 및 제2항에도 불구하고 수입자가 요구하는 기준과 규격을 따를 수 있다.

④ 제1항 및 제2항에 따라 기준과 규격이 정하여진 식품 또는 식품 첨가물은 그 기준에 따라 제조·수입·가공·사용·조리·보존하여야 하며, 그 기준과 규격에 맞지 아니하는 식품 또는 식품 첨가물은 판매하거나 판매할 목적으로 제조·수입·가공·사용·조리·저장·소분·운반·보존 또는 진열하여서는 아니 된다.

〈사건에 대한 법원의 판단〉

원심은 ① 피고인이 부피와 중량을 증가시키기 위하여 이 사건 소라를 수산화나트륨 희석액에 약 5시간 정도 담가 둔 다음 약 30시간 동안 3회에 걸쳐 물갈이를 한 점, ② 바닷물의 pH는 7.8 ~ 8.3이고 이 사건 소라의 해동수의 pH는 그보다 약간 높은 8.7 내지 9.4인 점, ③ 소라의 경우 종류, 생육 환경, 보관 기간 등의 조건에 따라 pH가 달라질 수 있는데 수산화나트륨이 첨가되기 전 이 사건 소라의 pH에 대한 자료가 없는 점 등 그 판시와 같은 사실을 인정한 다음, 소라의 pH는 여러 조건에 따라 변할 수 있으므로 수산화나트륨을 첨가하기 전 이 사건 소라의 pH가 밝혀지지 않은 이상 이 사건 소라의 해동수의 pH가 바닷물보다 다소 높다는 사정만으로 이 사건 소라에 수산화나트륨이 잔존하여 pH가 높아졌다고 단정할 수는 없기에 피고인들에게 이 부분 공소 사실에 대하여 무죄를 선고한 제1심판결을 유지하였다.

그러나 원심의 위와 같은 판단은 다음과 같은 이유에서 수긍하기 어렵다.

식품위생법 제7조 제1항은 식품의약품안전처장은 국민 보건을 위하여 필요하면 판매를 목적으로 하는 식품 첨가물 사용 등의 방법에 관한 기준을 정하여 그 기준에 따라 사용하여야 하며 그 기준에 맞지 아니하는 식품 또는 식품 첨가물은 판매하지 않아야 한다고 규정하고 있다. '식품 첨가물의 기준 및 규격'에서는 수산화나트륨이 최종 식품 완성 전에 중화 또는 제거되어야 한다는 사용 기준을 규정하고 있다.

신빙성이 있는 리트머스 시험지를 이용한 pH 값 측정 결과와 공소 외 회사의 pH 값 측정 결과가 유사한데, 위 두 pH 값은 소라가 서식하는 바닷물의 pH에 비하여 아주 높은 수치이므로, 피고인이 수산화나트륨 희석액에 소라를 담가 두었다가 물갈이를 하여 판매한 소라 제품은 그 자체로 강한 염기성을 띠고 있을 뿐만 아니라 위와 같은 가공 전의 소라와 비교하여도 염기성의 정도가 매우 심해졌다고 봄이 상당하다. 여기에 피고인이 가공 전의 소라를 고농도의 수산화나트륨 희석액에 오랜 시간 담가 두었음에도 수돗물로 물갈이를 한 횟수가 1 내지 2회에 불과한 사정 등을 보태어 앞서 본 법리에 비추어 보면, 피고인이 수입된 냉동 소라에 수산화나트륨을 식품 첨가물로 사용함으로써 그 소라가 수산화나트륨과 반응하였고, 그 결과 최종적으로 가공된 소라가 그 자체로 강한 염기성을 띠게 되었으며, 가공 전의 소라와 비교하여도 염기성의 정도가 매우 심해져 이로 인하여 위생상의 위해를 초래할 위험이 발생하였다고 봄이 타당하다.

〈법원의 판단에 대한 해설〉

냉동 수산물에 대해 식품 첨가물을 이용하여 중량을 부풀리는 사건은 지금까지 반복적으로 발생해 왔다. 식품의약품안전처를 비롯한 모든 수사 기관에서 식품위생법 제13조상 사실과 다른 허위 표시에만 초점을 맞추었기에 식품위생법 제7조에 따른 식품 첨가물의 기준 및 규격 위반에 대한 문제는 크게 부각되지 않았었다. 이는 물론 고의성을 입증하기 어려웠기 때문이었다. 합법적으로 사용이 가능한 식품 첨가물이기 때문에 사용 목적 이외의 용도로 사용했다는 것을 입증하는 것이 쉽지 않았고, 이번 대법원 판결처럼 위해성을 입증하는 것이 쉽지 않았다. 하지만 이번 판결은 매우 이례적으로 국립과학수사연구원의 결과까지 부정하면서 수산화나트륨용액의 위해성을 인정했다. 결과적으로 식품 첨가물 잔류 문제에 대해 처음으로 위해성을 인정한 것으로 보이는데, 향후 수사에 큰 힘을 실어 줄 것으로 보인다. 이번 기회를 통해 냉동 수산물의 중량 부풀리기 문제가 근절되는 계기가 되기를 바란다.

5. 산업용 식품 첨가물 사용 가능 사례 (서울고등법원(춘천) 2014노44)

〈사건의 개요〉

A는 향미유 제조를 하는 영업자인데, 들깻묵을 원료로 향미유의 원료인 식용유지를 제조하면서 식품 및 식품 첨가물의 기준과 규격에 맞지 않는 산업용 노말 헥산을 사용하다가 적발되었다. 산업용 식품 첨가물을 사용하면 무조건 위법한 것일까?

〈사건에 대한 적용 법령〉

식품위생법

제7조(식품 또는 식품 첨가물에 관한 기준 및 규격)

① 식품의약품안전처장은 국민보건을 위하여 필요하면 판매를 목적으로 하는 식품 또는 식품 첨가물에 관한 다음 각 호의 사항을 정하여 고시한다.

　1. 제조·가공·사용·조리·보존 방법에 관한 기준

　2. 성분에 관한 규격

② 식품의약품안전처장은 제1항에 따라 기준과 규격이 고시되지 아니한 식품 또는 식품 첨가물의 기준과 규격을 인정받으려는 자에게 제1항 각 호의 사항을 제출하게 하여 「식품·의약품분야 시험·검사 등에 관한 법률」 제6조제3항제1호에 따라 식품의약품안전처장이 지정한 식품전문 시험·검사기관 또는 같은 조 제4항 단서에 따라 총리령으로 정하는 시험·검사기관의 검토를 거쳐 제1항에 따른 기준과 규격이 고시될 때까지 그 식품 또는 식품 첨가물의 기준과 규격으로 인정할 수 있다.

③ 수출할 식품 또는 식품 첨가물의 기준과 규격은 제1항 및 제2항에도 불구하고 수입자가 요구하는 기준과 규격을 따를 수 있다.

④ 제1항 및 제2항에 따라 기준과 규격이 정하여진 식품 또는 식품 첨가물은 그 기준에 따라

제조·수입·가공·사용·조리·보존하여야 하며, 그 기준과 규격에 맞지 아니하는 식품 또는 식품 첨가물은 판매하거나 판매할 목적으로 제조·수입·가공·사용·조리·저장·소분·운반·보존 또는 진열하여서는 아니 된다.

〈사건에 대한 법원의 판단〉

원유를 제조하면서 식품 첨가물용 노말 헥산이 아니라 산업용 노말 헥산을 사용하였고, 추가적인 순도 검사를 거치지 않아 식품 첨가물공전에서 정한 식품 첨가물 기준과 규격을 위반하였다. 이에 보건범죄단속에 관한 특별조치법 제2조 제1항 제2호, 식품위생법 제7조 제4항을 적용하여 피고인들을 기소하였고, 원심도 같은 이유로 위법하다고 판단하였다. 그런데 내사 보고 및 수사 보고에 따르면 산업용 노말 헥산과 식품 첨가물용 노말 헥산은 화학식이 같은 동일한 물질로서 일반적으로 식품 첨가물용 노말 헥산이 더 많은 정제 과정을 거쳐 생산하는 것을 빼면 특별한 차이가 없는 사실을 인정할 수 있는데, 당시의 감정인 한국석유관리원 석유기술연구소장에 의한 감정 촉탁 결과에 따르면, 노말 헥산은 식품 첨가물공전에서 정한 노말 헥산의 성분 규격의 모든 항목에 부합하는 사실을 인정할 수 있다.

이 사건 원유에서 측정한 노말 헥산의 잔류량은 3.644g/kg으로 식품 첨가물공전의 잔류량 기준을 초과하고 있으나, 식품 첨가물공전은 식용유지에서 잔류량을 측정하도록 하고 있으므로 정제 과정을 거치지 않은 식용유지의 원료에 해당하는 이 사건 원유 자체에서 측정한 노말 헥산의 잔류량으로 식품 첨가물공전의 사용 기준 위반 여부를 판단할 것은 아니다. 그러므로 검사가 제출한 증거들만으로는 노말 헥산이 식품 첨가물공전에서 정한 식품 첨가물 기준과 규격에 맞지 않는 물질임을 합리적 의심 없이 인정하기에는 부족하며 달리 증거가 없다.

이 사건은 식품위생법 제7조의 식품의 기준 및 규격의 적용 대상을 반제품이나 원료가 아닌 최종 제품에 한정하여 적용한다는 일반 원칙을 충실히 따른 판결이다. 그러나 식품 안전을 위해서 식품 첨가물공전을 규정하여 관리하고 있는 식품의약품안전처의 입장에서 보면 수용하기 힘든 판결이기도 하다. 실제로 과학의 관점과 법률의 관점이 다르다는 것을 보여주는 대표적인 사례다. 식품 첨가물공전에 노말 헥산이 규정되어 있으나, 엄격하게 식품제조용으로 관리되고 있는 현실에서, 판결에 따라 제조 공정과 화학식이 같고 식품 첨가물공전의 기준 및 규격에 적합할 경우, 굳이 식품용을 사용할 필요가 없는 것처럼 판단하고 있다. 물론 대상 판결이 대법원의 전원합의체 판결과 같이 대표적 사례가 될 수는 없는 것이지만, 법원에서 이와 같은 판단을 했다는 것은 향후 유사 사건에 큰 영향을 끼칠 것으로 사료되며, 영업자와 식품의약품안전처도 이 판결을 더 연구하고 어떻게 적용시켜야 할지 고민해야 할 것이다.

6. 소분과 유통기한 표시 문제 (대전지방법원 2013고정7)

〈사건의 개요〉

글로벌 유통업체인 주식회사 우리집마트의 강남점 점장인 김점장 씨는 유통기한이 2013. 5. 1.로 표시된 동태고니 15kg짜리 박스를 소비자들에게 판매하기 위해 100g 단위로 소분하면서 유통기한을 별도로 표시하지 않은 채 비닐 랩으로 포장만 하여 판매하다가 관할 강남경찰서에 입건되어 법원에서 재판을 받게 되었다. 김점장 씨는 유통기한을 표시하지 않아 허위 표시를 한 것일까?

〈사건에 대한 적용 법령〉

식품위생법

제10조(표시기준)

① 식품의약품안전청장은 국민보건을 위하여 필요하면 다음 각 호의 어느 하나에 해당하는 표시에 관한 기준을 정하여 고시할 수 있다.

　1. 판매를 목적으로 하는 식품 또는 식품 첨가물의 표시

2. 제9조제1항에 따라 기준과 규격이 정하여진 기구 및 용기·포장의 표시

3. 삭제

② 제1항에 따라 표시에 관한 기준이 정하여진 식품 등은 그 기준에 맞는 표시가 없으면 판매하거나 판매할 목적으로 수입·진열·운반하거나 영업에 사용하여서는 아니 된다.

식품등의 표시기준

제2조(정의)

이 고시에서 사용하는 용어의 뜻은 다음과 같다.

4. "유통기한"이라 함은 제품의 제조일로부터 소비자에게 판매가 허용되는 기한을 말한다.

제3조(표시대상)

표시대상 식품등은 다음과 같다.

1. 식품 또는 식품 첨가물

사. 자연상태의 식품 중 다음에 해당하는 식품. 다만 식품의 보존을 위하여 비닐랩(Wrap) 등으로 포장(진공포장 제외)하여 관능으로 내용물을 확인할 수 있도록 투명하게 포장한 것은 제외한다.

1) 가목부터 바목까지 해당하는 식품 외의 용기·포장에 넣어진 식품

2) 수입 농·임·축·수산물로서 용기·포장에 넣어진 식품

식품등의 표시기준 별지 1

식품등의 세부표시기준(제9조 관련)

1. 식품등의 일반기준

다) 세부표시기준

(3) 품질유지기한 대상식품 및 표시방법

(가) 품질유지기한 대상식품

① 장기보관식품

㉮ 레토르트식품

㉯ 통조림식품

② 식품유형에 따른 대상식품

㉮ 쨈류

㉯ 당류(포도당, 과당, 엿류, 당시럽류, 덱스트린, 올리고당류에 한한다)

㉰ 다류 및 커피류(액상제품은 멸균에 한한다)

㉱ 음료류(멸균제품에 한한다)

㉲ 장류(메주를 제외한다)

㉳ 조미식품(식초와 멸균한 카레제품에 한한다)

㉴ 김치류, 젓갈류 및 절임식품

㉵ 조림식품(멸균에 한한다)

㉶ 주류(맥주에 한한다)

㉷ 기타식품류(전분, 벌꿀, 밀가루에 한한다)

〈사건에 대한 법원의 판단〉

형벌 법규는 문언에 따라 엄격하게 해석·적용하여야 하고 피고인에게 불리한 방향으로 지나치게 확장해석하거나 유추해석해서는 안 된다.

이 사건 동태고니가 1kg 단위로 들어 있던 박스에는 '유효일자 2012. 8. 24.'라고만 표시되어 있었고, 소비자에게 판매하기 위해 100g 단위로 소분하여 비닐 랩으로 포장한 동태고니 제품의 라벨 중 '제조년월일(포장일)'란에 2012. 8. 22.이라고 표시되었을 뿐 '유통기한(까지)'란에는 아무런 표시도 되어있지 않았던 점 등을 종합하여 보면, 피고인 김점장이 위 박스에 위와 같이 표시한 유효일자를 표시 기준상의 유통기한이라고 해석할 수 없다.

또한, 표시 기준에 의할 때 유통기한 표시 대상 식품이 아닌 식품에 유통기한을 표시한 경우 그 표시된 유통기한을 변경하여서는 안 된다는 규정을 둔 목적이, 식품에 유통기한을 표시하는 취지가 소비자에게 그 식품에 대한 정확하고도 신뢰성 있는 정보를 제공함으로써 소비자를 보호하고 국민 보건 증진에 있음을 감안하여, 표시 기준이 정하는 표시 사항 중 유통기한을 표시하지 않을 수 있는 해당 식품이라 하더라도, 업자 등이 자발적으로 그 식품에 유통기한을 설정·표시한 경우에는 유효한 유통기한이 설정된 것이나 다름없으므로 그 표시된 정보에 따라 이미 소비자에게 형성된 신뢰를 보호하기 위한 것인 바, 이 사건과 같이 소비자에게 판매하기 위하여 비닐 랩으로 포장한 제품에 유통기한을 표시하지 않았다면, 그 행위를 유통기한의 변경이라고 평가할 수도 없다.

〈법원의 판단에 대한 해설〉

'형벌법규는 문언에 따라 엄격하게 해석·적용하여야 하고 피고인에게 불리한 방향으로 지나치게 확장해석하거나 유추해석 하여서는 아니 된다.'는 법원의 판단은 헌법에 근거를 둔 것으로서, 법리해석의 가장 기본적인 원칙이다. 그러나 실제로 유권해석이나 수사를 담당하는 행정기관에서는 임의대로 법령을 해석하여 본 사건처럼 성실하게 자신의 위치에서 업무를 행한 무고한 사람들에게 피해를 주는 경우가 있다. 물론 공권력을 행사하는 책임을 고의로 저버리지는 않았을 것이다. 하지만 개인이 아닌 국가가 공권력을 행사함에 있어서 개인의 행위와는 비교가 될 수 없을 만큼 커다란 영향력이 있다는 것과 국민들이 스스로의 권리를 국가에 위임하여 형벌권과 행정권을 행사하도록 한 이유를 생각한다면, 노고에 지친 공무원들이지만 더욱 신중하게 업무를 수행해야 할 것이다.

7. 벌꿀의 과대광고 (전주지방법원 2008노607)

〈사건의 개요〉

벌꿀 관련 제품을 판매하는 김벌꿀 씨는 자신의 판매 사이트를 통해서 벌꿀을 이용한 식품을 판매하였는데, 홈페이지에 '벌꿀은 빈혈 예방 및 치료, 간장병의 예방 및 치료'라고 게시하였다. 이와 함께 제품과 별개의 하위 섹터에 벌꿀의 성분에 관하여, '벌꿀은 종합 영양제로서, 벌꿀에 함유된 비타민은 10종이 있다. 그 중 벌꿀에 함유된 B2는 간장 기능 강화 등의 작용을 하는데, 위 영양소가 결핍되면 간장 장애 증상이 발생할 수 있으며, 벌꿀에 함유된 엽산은 조혈 작용을 하는데, 위 영양소가 결핍되면 악성 빈혈 증상이 발생할 수 있다. 또한, 벌꿀에 함유된 유기물은 모두 12종이 있으며, 그 중 Fe, Cu는 헤모글로빈을 형성하는데, 위 영양소가 결핍되면 빈혈 등의 증상이 발생할 수 있다'고 게시하였다. 해당 내용은 일반적으로 벌꿀에 함유된 각 영양소의 종류, 함량, 작용, 결핍증에 대한 내용이었으며, 피고인이 판매하는 벌꿀에 대하여 어떠한 인위적 가공을 거쳤다는 표현도 없었다.

관련 지자체 특별사법경찰관은 이를 식품위생법 위반으로 보아 검찰에 송치하였다. 결과는 어떻게 되었을까?

<사건에 대한 적용 법령>

식품위생법

제11조 (허위표시등의 금지)

① 식품등의 명칭·제조방법, 품질, 영양표시, 제10조의3의 규정에 따른 쌀의 원산지 및 식육의 원산지등 표시에 관하여는 허위표시 또는 과대광고를 하지 못하고, 포장에 있어서는 과대포장을 하지 못하며, 식품·식품 첨가물의 표시에 있어서는 의약품과 혼동할 우려가 있는 표시를 하거나 광고를 하여서는 아니된다. 식품·식품 첨가물의 영양가·원재료·성분 및 용도에 관하여도 또한 같다.

② 제1항의 규정에 의한 허위표시·과대광고·과대포장의 범위 기타 필요한 사항은 보건복지부령으로 정한다.

식품위생법 시행규칙

제6조 (허위표시·과대광고 및 과대포장의 범위)

① 법 제11조의 규정에 의한 허위표시·과대광고의 범위는 용기·포장 및 라디오·텔레비전·신문·잡지·음곡·영상·인쇄물·간판·인터넷 그 밖의 방법에 의하여 식품등의 명칭·제조방법·품질·영양가·원재료·성분 또는 사용에 대한 정보를 나타내거나 알리는 행위중 다음 각 호의 어느 하나에 해당하는 것으로 한다. 다만, 「식품위생법 시행령」(이하 "영"이라 한다) 제7조제8호가목·나목에 따른 휴게음식점영업소 및 일반음식점영업소에서 조리·판매하는 식품과 동호바목에 따른 제과점영업소에서 제조·판매하는 식품에 대한 제2호 및 제6호에 해당하는 표시·광고는 허위표시·과대광고의 범위에서 제외한다.

  1.법 제22조의 규정에 의하여 허가·신고 또는 보고한 사항이나 제11조의 규정에 의하여 수입신고한 사항과 다른 내용의 표시·광고

  2. 질병의 치료에 효능이 있다는 내용 또는 의약품으로 혼동할 우려가 있는 내용의 표시·광고

  3. 제품의 원재료 또는 성분과 다른 내용의 표시·광고

4. 제조연월일 또는 유통기한을 표시함에 있어서 사실과 다른 내용의 표시·광고

5. 제조방법에 관하여 연구 또는 발견한 사실로서 식품학·영양학등의 분야에서 공인된 사항외의 표시·광고. 다만, 제조방법에 관하여 연구 또는 발견한 사실에 대한 식품학·영양학 등의 문헌을 인용하여 문헌의 내용을 정확히 표시하고, 연구자의 성명·문헌명·발표연월일을 명시하는 표시·광고는 그러하지 아니하다.

6. 각종의 감사장·상장(정부표창규정에 의하여 제품과 직접 관련하여 수여한 상장을 제외한다) 또는 체험기등을 이용하거나 "주문쇄도"·"단체추천" 또는 이와 유사한 내용을 표현하는 광고

7. 외국어의 사용등으로 외국제품으로 혼동할 우려가 있는 표시·광고 또는 외국과 기술제휴한 것으로 혼동할 우려가 있는 내용의 표시·광고

8. 다른 업소의 제품을 비방하거나 비방하는 것으로 의심되는 광고이거나 제품의 제조방법·품질·영양가·원재료·성분 또는 효과와 직접 관련이 적은 내용을 강조함으로써 다른 업소의 제품을 간접적으로 다르게 인식되게 하는 광고

9. 삭제

10. 미풍양속을 해치거나 해칠 우려가 있는 저속한 도안·사진 등을 사용하는 표시·광고 또는 미풍양속을 해치거나 해칠우려가 있는 음향을 사용하는 광고

11. 화학적합성품의 경우 그 원료의 명칭등을 사용하여 화학적 합성품이 아닌 것으로혼동할 우려가 있는 광고

12. 삭제

13. 판매사례품 또는 경품판매등 사행심을 조장하는 내용의 광고(「독점규제 및 공정거래에 관한 법률」에 의하여 허용되는 경우를 제외한다)

② 제1항제2호에 불구하고 별표 3에서 정하는 표현은 허위표시나 과대광고로 보지 아니한다.

③ 법 제11조의 규정에 의한 과대포장의 범위는 「자원의 절약과 재활용촉진에 관한 법률」 제15조제1항의 규정에 의한 「제품의 포장방법 및 포장재의 재질 등의 기준에 관한 규칙」이 정하는 바에 의한다.

구 식품위생법(2007. 12. 21. 법률 제8779호로 개정되기 전의 것, 이하 '법'이라고 한다) 제11조 제1항에서는 '…식품·식품 첨가물의 표시에 있어서는 의약품과 혼동할 우려가 있는 표시를 하거나 광고를 하여서는 아니된다. 식품·식품 첨가물의 영양가·원재료·성분 및 용도에 관하여도 또한 같다'고 규정하고 있고, 같은 법 시행규칙(2008. 1. 21. 보건복지부령 435호로 개정되기 전의 것) 제6조 제1항에서는 법 제11조의 규정에 의한 허위 표시·과대광고에 해당하는 행위 등을 열거하면서 그 제2호에서 '질병의 치료에 효능이 있다는 내용 또는 의약품으로 혼동할 우려가 있는 내용의 표시·광고'가 그러한 행위에 해당한다고 규정하고 있다.

그런데 위 규정이 식품의 약리적 효능에 관한 표시·광고를 전부 금지하고 있다고 볼 수는 없다. 그러한 내용의 표시·광고라 하더라도 그것이 식품으로서 갖는 효능이라는 본질적 한계 내에서 식품의 부수적인 영양 섭취의 결과로 나타나는 효과임을 표시·광고하는 것과 같은 경우에는 허용된다고 보아야 한다. 그러므로 결국 위 법령 조항은 특정 식품이 마치 특정 질병의 직접적인 치료·예방 등을 주된 목적으로 하는 것인 양 표시·광고하여 소비자로 하여금 의약품으로 혼동·오인하게 하는 경우만을 규제한다고 한정적으로 해석하여야 한다. 어떠한 표시·광고가 식품 광고로서의 한계를 벗어나 의약품으로 혼동·오인하게 하는지는 사회 일반인의 평균적 인식을 기준으로 법 적용 기관이 구체적으로 판단하여야 한다(헌법재판소 2000. 3. 30. 97헌마108 전원재판부 결정, 대법원 2006. 11. 14. 선고 2005도844 판결 등 참조).

그러므로 피고인이 자신이 운영하는 웰빙세상의 홈페이지에 게재한 광고가 소비자로 하여금 의약품으로 혼동·오인하게 하는지 여부를 살피건대, 기록에 의하면 피고인은 위 홈페이지에 벌꿀의 종합적인 작용에 관하여, '빈혈 예방 및 치료, 간장병의 예방 및 치료'라고 게시하였으나, 이와 함께 벌꿀의 성분에 관하여, '벌꿀은 종합 영양제로서 벌꿀에 함유된 비타민은 10종이 있으며, 그 중 벌꿀에 함유된 B2는 간장 기능 강화 등의 작용을 하는데, 위 영양소가 결핍되면 간장 장애 증상이 발생할 수 있으며, 벌꿀에 함유된 엽산은 조혈 작용을 하는데, 위 영양소가 결핍되면 악성 빈혈 증상이 발생할 수 있다. 또한, 벌꿀에 함유된 유기물은 모두 12종이 있으며, 그 중 Fe, Cu는 헤모글로빈을 형성하는데 위 영양소가 결핍되면 빈혈 등의 증상이 발생할 수 있다'고 게시하였다. 해당 내용은 일반적으로 벌꿀에 함유된 각 영양소의 종류, 함량, 작용, 결핍증에 대한 내용이었으며, 피고인이 판매하는 벌꿀에 대하여 어떠한 인위적 가공을 거쳤다는 표현도 없다. 따라서, 위 글을 전체적으로 살펴보면, 벌꿀에 함유된 비타민 및 유기물은 체내에서 간장 기능의 강화와 조혈 작용 및 헤모글로빈의 형성 작용을 하는 식품영양학적 내지 생리학적 기능을 가지고 있고, 그러한 기능의 결과로 빈혈, 간장병 환자가 이를 섭취하는 경우 건강 유지에 도움이 된다는 취지를 표현하였다고 보인다. 그와 같은 벌꿀의 일반적인 약리적 효능에 대한 것은 이미 사회 일반인에게도 널리 알려진 내용에 불과하여, 피고인이 판매하는 벌꿀이 위 질병들의 직접적인 치료·예방을 주된 목적으로 하는 것인 양 표현하였다고 보기는 어려우며, 사회 일반인의 관점에서 위와 같은 게시 내용을 보게 된다고 하여 피고인이 판매하는 벌꿀을 식품이 아닌 의약품으로 혼동·오인할 우려가 있다고 볼 수는 없다. 그러므로 결국 원심이 이를 유죄로 인정한 잘못이 있으므로 형사소송법 제364조 제7항에 의하여 원심을 파기하고 변론을 거쳐 무죄를 선고한다.

〈법원의 판단에 대한 해설〉

현행 식품위생법 또는 건강기능식품에 관한 법률에 규정된 허위·과장 광고의 범위가 명확하지 않아 법원에서는 새로운 기준을 적용하여 판단하고 있다. 대법원 판례는 일관되게 사회 일반인의 기준에서 의약품과의 오인·혼돈을 하지 않을 정도면 무난하다고 판단하고 있다. 그렇지만 단속을 하는 행정 기관에서는 관리 차원에서 유권해석을 강화하여 시행할 수밖에 없기 때문에 간혹 이런 불합리한 수사나 행정 처분이 행해지고 있다.

예전에는 행정기관에 대한 불복이나 소송 자체를 두려워하여 과징금이나 벌금을 납부하고 다투지 않는 경우가 많았지만, 지금은 해당 지방자치단체나 식품의약품안전처의 잘못된 유권해석에 대한 다툼도 많고 실제로도 소송에서 승소를 하는 경우가 많다. 결국 법을 집행함에 있어서 법률 유보의 원칙에 따라 법적인 근거를 가지고 해야 하며, 법원만이 정확하게 법을 판단할 수 있으므로, 이 점을 유의해서 행정기관이 더욱 세심하게 법 집행을 해야 할 것이다.

8. 홍삼의 과대광고 여부 (서울남부지방법원 2008노1045)

〈사건의 개요〉

A는 인터넷에 홈페이지를 개설하고 간고등어 제품을 판매하면서, '홍삼이 첨가되어 있으므로 당뇨병 예방과 항암 작용이 있다'고 광고를 하다가 관할 수사 기관에 적발되었고, 기소되었다. 과연 처벌을 받았을까?

〈사건에 대한 적용 법령〉

식품위생법

제13조(허위표시 등의 금지)

① 누구든지 식품등의 명칭·제조방법, 품질·영양 표시, 유전자재조합식품등 및 식품이력추적관리 표시에 관하여는 다음 각 호에 해당하는 허위·과대·비방의 표시·광고를 하여서는 아니 되고, 포장에 있어서는 과대포장을 하지 못한다. 식품 또는 식품 첨가물의 영양가·원재료·성분·용도에 관하여도 또한 같다.

  1. 질병의 예방 및 치료에 효능·효과가 있거나 의약품 또는 건강기능식품으로 오인·혼동할 우려가 있는 내용의 표시·광고

  2. 사실과 다르거나 과장된 표시·광고

  3. 소비자를 기만하거나 오인·혼동시킬 우려가 있는 표시·광고

  4. 다른 업체 또는 그 제품을 비방하는 광고

  5. 제12조의3제1항에 따라 심의를 받지 아니하거나 심의받은 내용과 다른 내용의 표시·광고

② 제1항에 따른 허위표시, 과대광고, 비방광고 및 과대포장의 범위와 그 밖에 필요한 사항은 총리령으로 정한다.

제8조(허위표시, 과대광고, 비방광고 및 과대포장의 범위)

① 법 제13조에 따른 허위표시 및 과대광고의 범위는 용기·포장 및 라디오·텔레비전·신문·잡지·음악·영상·인쇄물·간판·인터넷, 그 밖의 방법으로 식품등의 명칭·제조방법·품질·영양가·원재료·성분 또는 사용에 대한 정보를 나타내거나 알리는 행위 중 다음 각 호의 어느 하나에 해당하는 것으로 한다.

1. 법 제19조에 따라 수입신고한 사항이나 법 제37조에 따라 허가받거나 신고·등록 또는 보고한 사항과 다른 내용의 표시·광고

2. 질병의 예방 또는 치료에 효능이 있다는 내용의 표시·광고

3. 식품등의 명칭·제조방법, 품질·영양표시, 식품이력추적표시, 식품 또는 식품 첨가물의 영양가·원재료·성분·용도와 다른 내용의 표시·광고

4. 제조 연월일 또는 유통기한을 표시함에 있어서 사실과 다른 내용의 표시·광고

5. 제조방법에 관하여 연구하거나 발견한 사실로서 식품학·영양학 등의 분야에서 공인된 사항 외의 표시·광고. 다만, 제조방법에 관하여 연구하거나 발견한 사실에 대한 식품학·영양학 등의 문헌을 인용하여 문헌의 내용을 정확히 표시하고, 연구자의 성명, 문헌명, 발표 연월일을 명시하는 표시·광고는 제외한다.

6. 각종 상장·감사장 등을 이용하거나 "인증"·"보증" 또는 "추천"을 받았다는 내용을 사용하거나 이와 유사한 내용을 표현하는 광고. 다만, 다음 각 목에 해당하는 내용을 사용하는 경우는 제외한다.가. 「정부표창규정」에 따라 제품과 직접 관련하여 받은 상장나. 「정부조직법」 제2조부터 제4조까지의 규정에 따른 중앙행정기관·특별지방행정기관 및 그 부속기관, 「지방자치법」 제2조에 따른 지방자치단체 또는 「공공기관의 운영에 관한 법률」 제4조에 따른 공공기관으로부터 받은 인증·보증다. 「식품산업진흥법」 제22조에 따른 전통식품 품질인증, 「산업표준화법」 제15조에 따른 제품인증 등 다른 법령에 따라 받은 인증·보증

7. 외국어의 사용 등으로 외국제품으로 혼동할 우려가 있는 표시·광고 또는 외국과 기술제휴한 것으로 혼동할 우려가 있는 내용의 표시·광고

8. 다른 업소의 제품을 비방하거나 비방하는 것으로 의심되는 표시·광고나 "주문 쇄도" 등 제품의 제조방법·품질·영양가·원재료·성분 또는 효과와 직접적인 관련이 적은 내용 또는 사용하지 않은 성분을 강조함으로써 다른 업소의 제품을 간접적으로 다르게 인식하게 하는 표시·광고

9. 미풍양속을 해치거나 해칠 우려가 있는 저속한 도안·사진 등을 사용하는 표시·광고 또는 미풍양속을 해치거나 해칠 우려가 있는 음향을 사용하는 광고

10. 화학적 합성품의 경우 그 원료의 명칭 등을 사용하여 화학적 합성품이 아닌 것으로 혼동할 우려가 있는 광고

11. 판매사례품 또는 경품 제공·판매 등 사행심을 조장하는 내용의 표시·광고(「독점규제 및 공정거래에 관한 법률」에 따라 허용되는 경우는 제외한다)

12. 소비자가 건강기능식품으로 오인·혼동할 수 있는 특정 성분의 기능 및 작용에 관한 표시·광고

13. 체험기를 이용하는 광고

② 제1항 제2호·제5호 및 제6호에도 불구하고 다음 각 호에 해당되는 경우에는 허위표시나 과대광고로 보지 아니한다.

1. 「식품위생법 시행령」(이하 "영"이라 한다) 제21조제8호가목·나목에 따른 휴게음식점영업소 및 일반음식점영업소에서 조리·판매하는 식품과 같은 호 바목에 따른 제과점영업소에서 제조·판매하는 식품에 대한 표시·광고

2. 영 제25조제2항제6호 본문에 따라 영업신고를 하지 아니한 식품에 대한 표시·광고

3. 「농어촌발전특별조치법」 제2조제2호에 따른 농업인등 및 「농업·농촌 및 식품산업 기본법」 제28조에 따른 영농조합법인과 「수산업법」 제10조에 따른 영어조합법인이 국내산 농·임·수산물을 주된 원료로 하여 제조·가공한 메주·된장·고추장·간장·김치에 대하여 식품영양학적으로 공인된 사실이라고 식품의약품안전처장이 인정한 표시·광고

4. 그 밖에 별표 3에 따른 허위표시·과대광고로 보지 아니하는 표시 및 광고의 범위에 해당하는 표시·광고

③ 법 제13조에 따른 과대포장의 범위는 「자원의 절약과 재활용촉진에 관한 법률」 제9조에 따른 「제품의 포장재질·포장방법에 관한 기준 등에 관한 규칙」에서 정하는 바에 따른다.

④ 누구든지 식품 또는 식품 첨가물에는 의약품과 혼동할 우려가 있는 표시를 하거나 광고를
   하여서는 아니 된다.

〈사건에 대한 법원의 판단〉

피고인의 이 법정 및 수사 기관에서의 각 진술 및 인터넷 광고 화면 출력물의 기재에 의하면, 피고인이 인터넷을 통하여 '간고등어'를 판매하면서 홈페이지에 홍삼의 당뇨병 예방과 항암 작용에 대해서 기재한 것은 인정된다. 그러나 게재한 위 표시 또는 광고의 내용은 공소 사실 자체에 의하더라도 홍삼의 약리적 효능을 설명하고 있는 것에 불과하고, 그와 같은 효능이 피고인이 판매하는 '간고등어'에만 고유하게 있는 것이라거나 어떠한 관련이 있다는 내용은 포함되어 있지 아니한 점 등에 비추어 보면, 피고인은 단순히 자신이 판매하는 '간고등어'가 건강의 증진에 도움이 되는 식품이라는 점을 홍보하여 그 판매를 촉진하고자 하는 의도에서 위와 같은 내용을 인터넷 홈페이지에 게시하였던 것으로 보인다. 따라서 피고가 '특정 질병'의 치료 및 예방 등을 직접적이고 주된 목적으로 하였다고는 보기 어려우므로, 위와 같은 표시·광고는 어디까지나 피고인이 판매하는 식품에 대한 표시·광고일 뿐이고, 사회 일반인으로 하여금 이 사건 '간고등어'를 식품이 아닌 의약품으로 혼동하게 할 우려가 있다고 볼 수 없으며, 달리 이를 인정할 증거가 없다.

그렇다면 이 사건 공소사실은 범죄로 되지 아니하거나 범죄의 증명이 없는 경우에 해당하므로, 형사소송법 제325조에 의하여 피고인에게 무죄를 선고한다.

〈법원의 판단에 대한 해설〉

영업자들은 일반적으로 자신의 상품을 판매하기 위해 소위 상거래상 상식 선에서 적당한 과대광고를 진행하는 것이 용인되고 있다. 그러나 특별히 식품에 있어서는 행정법을 통해 소비자들이 의약품으로 오인·혼돈하게 하는 경우를 엄벌하고 있는데, 관할 행정기관에서는 이를 지나치게

문구 그대로 해석하여 영업자의 자유를 기속하는 일이 다반사로 발생하고 있다. 실제 식품위생법의 과대광고 금지의 목적은 의약품처럼 식품을 판매할 경우로 국한한다고 봐야한다. 그럼에도 불구하고 식품위생법 제13조 제1항 제1호에는 의약품 이외에 건강기능식품을 포함해 놓았기 때문에, 가공식품의 경우에는 예외 없이 이 조항을 피할 수 없게 만들어 놓고 있다. 영업자는 식품 광고에 있어서 전문가와 반드시 상의하여 문구나 디자인을 제작해야 하며, 소비자들도 의심이 드는 경우에는 식품의약품안전처 등 전문 기관에 신고해야 할 것이다.

9. 등록과 보증의 차이 (춘천지방법원 원주지원 2014고정144)

〈사건의 개요〉

한 영업자가 자신의 홈페이지에 미국에 수출하는 블루베리즙 제품을 '미국 FDA 등록'이라고 표시하였다는 이유로 피소되어 허위·과대광고로 재판을 받게 되었다. 과연 식품위생법상 '인증', '보증', '추천'을 금하고 있는 조항을 위반한 것일까?

〈사건에 대한 적용 법령〉

식품위생법

제13조(허위표시 등의 금지)

① 누구든지 식품등의 명칭·제조방법, 품질·영양 표시, 유전자재조합식품등 및 식품이력추적관리 표시에 관하여는 다음 각 호에 해당하는 허위·과대·비방의 표시·광고를 하여서는 아니 되고, 포장에 있어서는 과대포장을 하지 못한다. 식품 또는 식품 첨가물의 영양가·원재료·성분·용도에 관하여도 또한 같다.

1. 질병의 예방 및 치료에 효능·효과가 있거나 의약품 또는 건강기능식품으로 오인·혼동할 우려가 있는 내용의 표시·광고

2. 사실과 다르거나 과장된 표시·광고

3. 소비자를 기만하거나 오인·혼동시킬 우려가 있는 표시·광고

4. 다른 업체 또는 그 제품을 비방하는 광고

5. 제12조의3제1항에 따라 심의를 받지 아니하거나 심의받은 내용과 다른 내용의 표시·광고

② 제1항에 따른 허위표시, 과대광고, 비방광고 및 과대포장의 범위와 그 밖에 필요한 사항은 총리령으로 정한다.

제8조(허위표시, 과대광고, 비방광고 및 과대포장의 범위)

① 법 제13조에 따른 허위표시 및 과대광고의 범위는 용기·포장 및 라디오·텔레비전·신문·잡지·음악·영상·인쇄물·간판·인터넷, 그 밖의 방법으로 식품등의 명칭·제조방법·품질·영양가·원재료·성분 또는 사용에 대한 정보를 나타내거나 알리는 행위 중 다음 각 호의 어느 하나에 해당하는 것으로 한다.

1. 법 제19조에 따라 수입신고한 사항이나 법 제37조에 따라 허가받거나 신고·등록 또는 보고한 사항과 다른 내용의 표시·광고

2. 질병의 예방 또는 치료에 효능이 있다는 내용의 표시·광고

3. 식품등의 명칭·제조방법, 품질·영양표시, 식품이력추적표시, 식품 또는 식품 첨가물의 영양가·원재료·성분·용도와 다른 내용의 표시·광고

4. 제조 연월일 또는 유통기한을 표시함에 있어서 사실과 다른 내용의 표시·광고

5. 제조방법에 관하여 연구하거나 발견한 사실로서 식품학·영양학 등의 분야에서 공인된 사항 외의 표시·광고. 다만, 제조방법에 관하여 연구하거나 발견한 사실에 대한 식품학·영양학 등의 문헌을 인용하여 문헌의 내용을 정확히 표시하고, 연구자의 성명, 문헌명, 발표 연월일을 명시하는 표시·광고는 제외한다.

6. 각종 상장·감사장 등을 이용하거나 "인증"·"보증" 또는 "추천"을 받았다는 내용을 사용하거나 이와 유사한 내용을 표현하는 광고. 다만, 다음 각 목에 해당하는 내용을 사용하는 경우는 제외한다.

  가. 「정부표창규정」에 따라 제품과 직접 관련하여 받은 상장

  나. 「정부조직법」 제2조부터 제4조까지의 규정에 따른 중앙행정기관·특별지방행정기관 및 그 부속기관, 「지방자치법」 제2조에 따른 지방자치단체 또는 「공공기관의 운영에 관한 법률」 제4조에 따른 공공기관으로부터 받은 인증·보증

  다. 「식품산업진흥법」 제22조에 따른 전통식품 품질인증, 「산업표준화법」 제15조에 따른 제품인증 등 다른 법령에 따라 받은 인증·보증

7. 외국어의 사용 등으로 외국제품으로 혼동할 우려가 있는 표시·광고 또는 외국과 기술제

휴한 것으로 혼동할 우려가 있는 내용의 표시·광고

8. 다른 업소의 제품을 비방하거나 비방하는 것으로 의심되는 표시·광고나 "주문 쇄도" 등 제품의 제조방법·품질·영양가·원재료·성분 또는 효과와 직접적인 관련이 적은 내용 또는 사용하지 않은 성분을 강조함으로써 다른 업소의 제품을 간접적으로 다르게 인식하게 하는 표시·광고

9. 미풍양속을 해치거나 해칠 우려가 있는 저속한 도안·사진 등을 사용하는 표시·광고 또는 미풍양속을 해치거나 해칠 우려가 있는 음향을 사용하는 광고

10. 화학적 합성품의 경우 그 원료의 명칭 등을 사용하여 화학적 합성품이 아닌 것으로 혼동할 우려가 있는 광고

11. 판매사례품 또는 경품 제공·판매 등 사행심을 조장하는 내용의 표시·광고(「독점규제 및 공정거래에 관한 법률」에 따라 허용되는 경우는 제외한다)

12. 소비자가 건강기능식품으로 오인·혼동할 수 있는 특정 성분의 기능 및 작용에 관한 표시·광고

13. 체험기를 이용하는 광고

② 제1항제2호·제5호 및 제6호에도 불구하고 다음 각 호에 해당되는 경우에는 허위표시나 과대광고로 보지 아니한다.

1. 「식품위생법 시행령」(이하 "영"이라 한다) 제21조제8호가목·나목에 따른 휴게음식점영업소 및 일반음식점영업소에서 조리·판매하는 식품과 같은 호 바목에 따른 제과점영업소에서 제조·판매하는 식품에 대한 표시·광고

2. 영 제25조제2항제6호 본문에 따라 영업신고를 하지 아니한 식품에 대한 표시·광고

3. 「농어촌발전특별조치법」 제2조제2호에 따른 농업인등 및 「농업·농촌 및 식품산업 기본법」 제28조에 따른 영농조합법인과 「수산업법」 제10조에 따른 영어조합법인이 국내산 농·임·수산물을 주된 원료로 하여 제조·가공한 메주·된장·고추장·간장·김치에 대하여 식품영양학적으로 공인된 사실이라고 식품의약품안전처장이 인정한 표시·광고

4. 그 밖에 별표 3에 따른 허위표시·과대광고로 보지 아니하는 표시 및 광고의 범위에 해당하는 표시·광고

③ 법 제13조에 따른 과대포장의 범위는 「자원의 절약과 재활용촉진에 관한 법률」 제9조에 따

른 「제품의 포장재질·포장방법에 관한 기준 등에 관한 규칙」에서 정하는 바에 따른다.

④ 누구든지 식품 또는 식품 첨가물에는 의약품과 혼동할 우려가 있는 표시를 하거나 광고를 하여서는 아니 된다.

〈사건에 대한 법원의 판단〉

검사는 피고인이 이 사건 홈페이지에 피고인이 판매하는 블루베리즙 등의 제품에 관하여 'FDA 등록'이라는 표현을 사용한 것이 'FDA 인증, 보증, 추천'을 받은 상품과 혼동할 우려가 있음을 전제로 피고인에 대한 처벌을 구하고 있다. 살피건대, ① 미국에 식품을 수출할 경우 FDA에 제품의 생산자, 주소지 등을 FDA 홈페이지에 입력하는 방법으로 등록(Registration) 절차를 마친 점, ② 이 사건 제품과 같이 냉동 상태로 수출되는 상품의 경우 상품 출처 등을 확인하기 위해 위와 같은 FDA 등록 절차가 필수적인 점 등이 인정된다.

위 인정 사실에 의하면, 피고인이 이 사건 제품의 미국 수출을 위해 미국 FDA에 등록 절차를 마친 이상 'FDA 등록'이라는 표현에 허위가 있다고 할 수 없고, '등록'과 '인증, 보증, 추천'은 그 사전적 의미도 전혀 다르다. 따라서 피고인이 'FDA 등록'이라는 표현을 사용하였다고 하여, 소비자들이 이 사건 제품을 'FDA 인증, 보증, 추천'을 받은 것으로 혼동할 우려가 있다고 단정하기는 어렵다.

〈법원의 판단에 대한 해설〉

필자가 식품의약품안전청 식품안전기준팀에 근무할 당시, 식품의약품안전청이 지정한 HACCP 마크 이외에 ISO 등에서 인증한 HACCP 마크를 제품에 표시하는 문제로 민원이 제기되었던 기억이 난다. 당시만 하더라도 여러 차례 법률 검토를 통해 민간 기관의 HACCP 마크도 실제로 받은 것이 사실이라면, 표시하는 데 아무런 문제가 없다는 답변을 했었다. 그러나 이전에는 이런 문제에 대해서 국가가 지정하는 HACCP 제도와 혼돈을 우려하여 불허했던 시대도 있었다고 전해 들었다. 물론 정책적인 목적이 있는 것에 대해 이해가 가지 않는 것은 아니지만, 공무원들의 유권 해석은 법령에 근거가 명확한 범위 내에서만 가능한 것이며, 법을 넘어서서는 안 된다. 이 사건도 사실 관계에 입각해서 본다면 너무나 명확한 것인데도, 마치 실제로 식품 첨가물을 아무것도 넣지 않은 제품에 '식품 첨가물 무첨가'처럼 표시하는 것이 소비자에게 오인·혼동을 준다고 잘못 처분한 것과 다름이 없다. 법령 해석은 엄격하고 정확해야 한다는 것을 다시 한 번 일깨워 준 판결이었다.

10. 광고의 정의와 범위 (대법원 2013도15002)

〈사건의 개요〉

A는 제주도에 소재한 방문 판매 전문 기업 (주)스카이의 사원으로서, 2015. 6. 1. 동네 주민 3-4명이 모인 이웃 B의 집에서 신제품인 '울트라비타민'에 대해 구매 상담을 하며, 해당 제품이 신경통 등에 효과가 있고 당뇨 합병증도 막아주는 등 만병통치약과 같다는 이야기를 했다가, 함께 있던 주민의 신고로 경찰 조사를 받고 기소되었다. 식품 전문 변호사를 통해 형사재판이 진행되었는데, 결과는 어떻게 되었을까?

〈사건에 대한 적용 법령〉

식품위생법

제13조 (허위표시 등의 금지)

① 누구든지 식품등의 명칭·제조방법, 품질·영양 표시, 유전자재조합식품등 및 식품이력추적관리 표시에 관하여는 다음 각 호에 해당하는 허위·과대·비방의 표시·광고를 하여서는 아니 되고, 포장에 있어서는 과대포장을 하지 못한다. 식품 또는 식품 첨가물의 영양가·원재료·성분·용도에 관하여도 또한 같다.

  1. 질병의 예방 및 치료에 효능·효과가 있거나 의약품 또는 건강기능식품으로 오인·혼동할 우려가 있는 내용의 표시·광고

  2. 사실과 다르거나 과장된 표시·광고

  3. 소비자를 기만하거나 오인·혼동시킬 우려가 있는 표시·광고

  4. 다른 업체 또는 그 제품을 비방하는 광고

  5. 제12조의3제1항에 따라 심의를 받지 아니하거나 심의받은 내용과 다른 내용의 표시·광고

② 제1항에 따른 허위표시, 과대광고, 비방광고 및 과대포장의 범위와 그 밖에 필요한 사항은

총리령으로 정한다.

〈사건에 대한 법원의 판단〉

구 식품위생법(2011. 6. 7. 법률 제10787호로 개정되기 전의 것, 이하 '법'이라고 한다) 제97조 제1호는 제13조 제1항을 위반한 자 등을 처벌한다고 규정하고 있고, 법 제13조 제1항은 누구든지 식품에 관하여 의약품과 혼동할 우려가 있는 광고 등을 하여서는 아니 된다고 규정하고 있으며, 같은 조 제2항은 제1항에 따른 허위 표시, 과대광고 및 과대포장의 범위와 그 밖에 필요한 사항은 보건복지부령으로 정한다고 규정하고 있다.

이에 따라 법 시행규칙(2011. 8. 19. 보건복지부령 제73호로 개정되기 전의 것) 제8조는, 법 제13조에 따른 허위 표시 및 과대광고의 범위가 용기·포장 및 라디오·텔레비전·신문·잡지·음악·영상·인쇄물·간판·인터넷 등 그 밖의 방법으로 식품 등의 명칭·제조방법·품질·영양가·원재료·성분·사용에 대한 정보를 나타내거나 알리는 행위 중 질병의 치료에 효능이 있다는 내용의 광고 등 어느 하나에 해당하는 것으로 한다고 규정하고 있다.

이러한 관련 규정의 내용을 종합하면, 법 제13조 제1항에서 금지하는 '식품에 관하여 의약품과 혼동할 우려가 있는 광고'라 함은, 라디오·텔레비전·신문·잡지·음악·영상·인쇄물·간판·인터넷 등 그 밖의 방법으로 식품 등의 품질·영양가·원재료·성분 등에 대하여 질병의 치료에 효능이 있다는 정보를 나타내거나 알리는 행위를 의미한다고 보아야 한다. 따라서 식품 판매자가 식품을 판매하면서 특정 구매자에게 그 식품이 질병의 치료에 효능이 있다고 설명하고 상담하였다고 하더라도, 이를 가리켜 법 제13조 제1항에서 금지하는 '광고'를 하였다고 볼 수 없고, 그와 같은 행위를 반복하였다고 하여 달리 볼 것은 아니다.

이 사건 공소 사실의 요지는, 누구든지 식품에 관하여 의약품과 혼동할 우려가 있는 광고를 하지 않아야 함에도 불구하고, 피고인은 공소 외 1 주식회사의 다단계 판매조직 총판으로 혼합음료 '○○○○'을 판매하면서, 공소 외 2 등 3인을 상대로 당뇨, 관절, 고혈압, 동맥경화 등에 효능이 있는 만병통치약이라고 설명하고 상담하는 등의 방법으로 의약품과 혼동할 우려가 있는 광고를 하였다는 것이다.

원심은, 피고인이 다단계 판매조직 총판의 지위에서 이 사건 식품의 효능을 특정인에게 설명하였다고 하여 법 제13조 제1항에서 금지하는 '광고'를 하였다고 볼 수 없다는 등의 이유로 이 사건 공소 사실을 무죄로 판단하였다. 원심판결 이유를 앞서 본 법리와 기록에 비추어 살펴보면, 원심의 위와 같은 판단은 정당한 것으로 수긍할 수 있고, 거기에 상고 이유 주장과 같이 법 제13조 제1항이 규정하는 '광고'의 개념에 관한 법리를 오해한 잘못이 없다.

〈법원의 판단에 대한 해설〉

과대광고에 대한 법원의 판결은 해당 법령 조항의 특성상 개별 사건별로 달라질 수밖에 없는 구조를 가지고 있었다. 하지만 이번 사안은 광고 내용이 아닌 '광고' 자체의 정의에 대한 문제로서 법리적 쟁점에 대해서 일반인들이 이해하기 어려울 수도 있다. 관련 법령에 규정된 것을 고려할 때, 과대광고에 해당되려면 기본 전제 조건이 '광고'여야 하므로, 본 사안과 같이 특정 구매자 몇 명이 모인 자리에서 설명과 상담을 한 것은 '광고' 행위로 볼 수 없다는 취지이다. 이런 판결을 받기 위해서는 변호사가 반드시 선임되어야 할 것이다. 결국 법원의 판단은 법률 해석과 용어에 대한 것으로 사회 일반인이나 실무자 입장에서는 도저히 납득할 수 없는 결과가 나올 수 있기 때문이다. 결과적으로 모든 사안이 그렇듯이 사건과 사고가 발생했을 때에는 전문가를 찾아가는 것이 가장 현명한 방법이다.

11. 유통기한 변조는 허위 표시 (대전지방법원 논산지원 2012고단290)

〈사건의 개요〉

A는 50여 개 가맹점에 찐빵류와 만두류를 공급하고 있는 주식회사 C의 대표이사이다. A는 약 3개월 동안 위 회사 공장에서 제조한 찐빵류와 만두류에 대하여 유통기한을 늘리기 위한 목적으로, 생산 당시 부착한 제조일자가 표기된 라벨지를 떼어 내고 출고 당시 날짜가 제조일자로 표기된 라벨지를 재부착하는 방법으로 제조연월일을 임의로 변경하여 표시한 다음, 위 회사 산하 가맹점들에게 약 4억 원어치를 판매하였다. 이에 대한 적용 법령과 양형은?

〈사건에 대한 적용 법령〉

식품위생법

제13조(허위표시 등의 금지)

① 누구든지 식품등의 명칭·제조방법, 품질·영양 표시, 유전자재조합식품등 및 식품이력추적관리 표시에 관하여는 다음 각 호에 해당하는 허위·과대·비방의 표시·광고를 하여서는 아니 되고, 포장에 있어서는 과대포장을 하지 못한다. 식품 또는 식품 첨가물의 영양가·원재료·성분·용도에 관하여도 또한 같다.

  1. 질병의 예방 및 치료에 효능·효과가 있거나 의약품 또는 건강기능식품으로 오인·혼동할 우려가 있는 내용의 표시·광고
  2. 사실과 다르거나 과장된 표시·광고
  3. 소비자를 기만하거나 오인·혼동시킬 우려가 있는 표시·광고
  4. 다른 업체 또는 그 제품을 비방하는 광고
  5. 제12조의3제1항에 따라 심의를 받지 아니하거나 심의받은 내용과 다른 내용의 표시·광고

② 제1항에 따른 허위표시, 과대광고, 비방광고 및 과대포장의 범위와 그 밖에 필요한 사항은

보건복지부령으로 정한다.

〈사건에 대한 법원의 판단〉

피고인이 범행을 인정하고 반성하고 있는 점, 피고인에게 식품위생법 위반의 벌금 전과가 3차
례 있으나 소규모의 무신고 휴게음식점 영업 등 본 건과는 유형과 규모에서 차이가 있고 피고인
에게 다른 범죄 전력은 없는 점, 다행히 이 사건 범행으로 인한 인명 피해가 발생하였다는 자료가
제출되지는 아니한 점, 기타 변론에 나타난 제반 사정을 고려하여 권고형의 범위 내에서 집행유예
의 형을 선고한다.

(징역 1년, 집행유예 2년)

〈법원의 판단에 대한 해설〉

일반적으로 수사기관에서 라벨지를 바꿔치기하는 수법(일명 '박스갈이')를 하는 것을 적발하기
위해서는 제일 먼저 영업소의 쓰레기통을 확인하여야 한다. 라벨지 바꿔치기를 일상적으로 하는
영업소에서는 종업원들도 아무런 죄의식이나 위험성을 느끼지 못하기 때문에, 증거를 허술하게
처리하기 때문이다. 물론 라벨지를 바꿔치기하는 경우를 실제로 현장에서 적발하지 못할 경우 증
거 확보가 쉽지 않다. 그래서 일반적으로 생산 일지와 제품 재고 일지, 출고 기록 등을 종합해서
제품을 역으로 추적할 수밖에 없는 어려움이 있다. 어쨌든 유통기한을 임의대로 변경하는 것은
설사 유통기한과 소비기한의 차이가 있어서 국민의 건강에 직접적으로 위해가 발생할 우려가 크
지는 않다 할지라도 실질적으로 언제 소비자가 섭취하고 어떻게 보관할지 모르는 상황에서는 이
를 중대 범죄로 간주할 수밖에 없다. 비용 발생과 수익 감소로 이어지는 유통기한 경과 예정 제품
에 대해, 영업자는 당장의 작은 이익보다는 회사 이미지 및 거래처의 신뢰를 고려하여 절대로 이
런 위법 행위를 해서는 안 될 것이다.

12. 중량 표시 위반 문제 ① (대전지방법원 2012고단2052)

〈사건의 개요〉

식품제조가공업을 운영하고 있는 A는, 사업장 내에서 건마늘·마늘 분말·밀가루를 이용하여 함량 표시를 마늘 100%로 표시하고, 또한 건양파·양파 분말·밀가루를 이용하여 함량 표시를 양파 100%로 표시하여, 이를 중간 판매 업체인 식품제조가공업소에 판매하였다. 이에 대한 처벌은?

〈사건에 대한 적용 법령〉

제13조(허위표시 등의 금지)

① 누구든지 식품등의 명칭·제조방법, 품질·영양 표시, 유전자재조합식품등 및 식품이력추적관리 표시에 관하여는 다음 각 호에 해당하는 허위·과대·비방의 표시·광고를 하여서는 아니 되고, 포장에 있어서는 과대포장을 하지 못한다. 식품 또는 식품 첨가물의 영양가·원재료·성분·용도에 관하여도 또한 같다.

1. 질병의 예방 및 치료에 효능·효과가 있거나 의약품 또는 건강기능식품으로 오인·혼동할 우려가 있는 내용의 표시·광고

2. 사실과 다르거나 과장된 표시·광고

3. 소비자를 기만하거나 오인·혼동시킬 우려가 있는 표시·광고

4. 다른 업체 또는 그 제품을 비방하는 광고

5. 제12조의3제1항에 따라 심의를 받지 아니하거나 심의받은 내용과 다른 내용의 표시·광고

② 제1항에 따른 허위표시, 과대광고, 비방광고 및 과대포장의 범위와 그 밖에 필요한 사항은 총리령으로 정한다.

제95조(벌칙)

다음 각 호의 어느 하나에 해당하는 자는 5년 이하의 징역 또는 5천만원 이하의 벌금에 처하거나 이를 병과할 수 있다.

1. 제7조제4항(제88조에서 준용하는 경우를 포함한다), 제9조제4항(제88조에서 준용하는 경우를 포함한다), 제13조제1항제2호부터 제5호까지의 규정 또는 제19조제1항을 위반한 자
2. 삭제
    2의2. 제37조제5항을 위반한 자
3. 제43조에 따른 영업 제한을 위반한 자
4. 제72조제1항·제3항(제88조에서 준용하는 경우를 포함한다) 또는 제73조제1항에 따른 명령을 위반한 자
5. 제75조제1항에 따른 영업정지 명령을 위반하여 영업을 계속한 자(제37조제1항에 따른 영업허가를 받은 자만 해당한다)

〈사건에 대한 법원의 판단〉

〔법률상 처단형의 범위〕
 징역 7년 6월 이하, 벌금 7,500만 원 이하
〔유형의 결정〕
① 식품의약품안전청장이 정한 기준과 규격에 맞지 아니한 식품 판매에 의한 식품 위생법위반죄: 식품·보건범죄군 중 유해 식품·의약품·화장품의 제1유형(가짜 등 기준·규격위반 식품 등의 제조 등)
② 식품 또는 식품 첨가물의 원재료·성분에 관한 허위표시에 의한 식품위생법위반죄: 식품·보건범죄 중 허위표시의 제2유형(일반 유형)
〔특별양형인자〕
① 식품의약품안전청장이 정한 기준과 규격에 맞지 아니한 식품 판매에 의한 식품위생법위반

죄의 가중인자: 식품 등의 소매가격이 1억 원 이상인 경우

② 식품 또는 식품 첨가물의 원재료·성분에 관한 허위표시에 의한 식품위생법위반죄의 감경인

　　자: 원산지 허위표시나 가축에 대한 부정행위가 아닌 경우

〔권고형의 범위〕

① 식품의약품안전청장이 정한 기준과 규격에 맞지 아니한 식품 판매에 의한 식품위생법위반죄의

　　가중인자: 가중영역, 징역 2년 내지 4년

② 식품 또는 식품 첨가물의 원재료·성분에 관한 허위표시에 의한 식품위생법위반죄의 감경인

　　자: 감경영역, 징역 4월 내지 1년

〔일반양형인자〕

① 형사처벌 전력 없음

② 원재료값 상승에도 거래처에서 납품단가를 낮게 책정하는 바람에 범행을 저질렀다는 피고

　　인의 범행 동기

〔집행유예 참작사유〕 종합적으로 비교·평가하여 집행유예 여부를 결정하는 영역

① 부정적 주요참작사유로 식품 등 소매가격이 1억 원 이상인 경우

② 긍정적 주요참작사유로 형사처벌 전력 없음

〔선고형의 결정〕 징역 1년에 집행유예 2년, 벌금 1,500만 원

원재료인 마늘 가루나 양파 가루에 밀가루를 섞은 이 사건 범행은 사회적으로 비난받을 가능성이 크나, 다행히 그 유해성은 거의 없을 것으로 보이는 점, 피고인이 형사처벌을 받은 전력이 전혀 없는 점, 피고인의 구금이 부양가족에게 과도한 곤경을 수반할 가능성이 있는 점, 그리고 이 사건 범행으로 얻은 실질적 이득의 규모와 벌금형을 병과하는 사정을 참작하여 양형 기준의 권고형보다 가벼운 형기를 정하고, 징역형의 집행을 유예한다.

<법원의 판단에 대한 해설>

식품의약품안전처는 불량식품 근절을 위한 연구 사업을 지속적으로 진행 중이다. 가짜 참기름과 고춧가루 등 유사 이래 근절되지 않고 지속적으로 발생하고 있는 가짜 식품에 대해 관할 기관인 식품의약품안전처에서 과학적인 분석법을 개발하여 뿌리를 뽑고자 노력하는 것으로 보인다. 유전자 분석 방법 등 첨단 기법을 동원하여 수십 여 종의 분석법이 수년 내에 개발된다고 하니 기대가 크다. 본 사안의 경우, 다행히 위해성이 없는 밀가루를 사용하여 중량을 늘린 것이지만, 식품에 사용할 수 없는 각종 화공 약품 등을 이용하여 수산물의 중량을 증가시키는 행위는 이미 수차례 보도되어 식상하기까지 한 지경에 이르렀다. 결국 이런 행위를 하는 영업자에 대해서는 엄중한 처벌만이 해결책이 될 수밖에 없다.

13. 중량 표시 위반 문제 ② (서울중앙지방법원 2011고단5397)

〈사건의 개요〉

A는 식품제조·가공업체를 운영하는 대표자다. A는 약 2년 동안 위 업체 사무실에서 액상 칡차를 제조하면서 그 원재료로 '칡즙(고형분 8%) 100%를 사용한다'고 품목 제조 보고를 하였으나, 고형분 함량이 10~12%인 칡 추출액에 정제수를 원재료로 가수하여 보고된 고형분 함량을 맞추는 방법으로 제조한 다음, 제품 포장지에 '칡즙(고형분 8%) 100%'로만 표시하고 원재료로 사용한 정제수를 기재하지 않아, 마치 칡 원액 100%로만 제품을 제조한 것처럼 원재료 및 함량을 허위로 표시하여 전국의 소비자들에게 판매하였다. A는 어떤 법령 위반으로 처벌될까?

〈사건에 대한 적용 법령〉

식품위생법

제13조(허위표시 등의 금지)

① 누구든지 식품등의 명칭·제조방법, 품질·영양 표시, 유전자재조합식품등 및 식품이력추적관리 표시에 관하여는 다음 각 호에 해당하는 허위·과대·비방의 표시·광고를 하여서는 아니 되고, 포장에 있어서는 과대포장을 하지 못한다. 식품 또는 식품 첨가물의 영양가·원재료·성분·용도에 관하여도 또한 같다.

  1. 질병의 예방 및 치료에 효능·효과가 있거나 의약품 또는 건강기능식품으로 오인·혼동할 우려가 있는 내용의 표시·광고

  2. 사실과 다르거나 과장된 표시·광고

  3. 소비자를 기만하거나 오인·혼동시킬 우려가 있는 표시·광고

  4. 다른 업체 또는 그 제품을 비방하는 광고

  5. 제12조의3제1항에 따라 심의를 받지 아니하거나 심의받은 내용과 다른 내용의 표시·광고

② 제1항에 따른 허위표시, 과대광고, 비방광고 및 과대포장의 범위와 그 밖에 필요한 사항은 총리령으로 정한다.

〈사건에 대한 법원의 판단〉

위 각 증거에 의하면 알 수 있는 다음과 같은 사정, 즉 ① '식품공전'에 의하면 '단순추출물'이란 '원재료를 물리적으로 또는 용매를 사용하여 추출한 것으로 특정한 성분이 제거되거나 분리되지 않은 추출물'을 말하는데, 2007. 10. 19. 개정되기 전의 고시인 '식품등의 표시기준' 제2조 제5호에 의하면 '원재료'란 '인위적으로 가하는 정제수를 제외한 식품 또는 식품 첨가물의 제조·가공 또는 조리에 사용되는 물질로서 최종 제품 내에 들어 있는 것'을 말하는 바, 위와 같은 규정 및 그 개정, '추출'의 물리적 의미 등에 비추어 보면, 피고인이 위 각 제품을 제조하면서 보고된 고형분 함량을 맞추기 위하여 고형분 함량이 10~12%인 기존의 칡 추출액에 가한 정제수는 원재료에 해당한다고 봄이 옳은 점, ② 일반 소비자의 입장에서도 이 사건과 같이 칡 추출액에 정제수가 가하여졌다면 그 사실 및 그 함량을 인식함으로써 제품에 대한 인식이 높아질 수 있고, 그러한 맥락에서 위 규정의 개정 경위를 이해할 수 있는 점, ③ 피고인은, 이 사건과 같이 칡 추출액에 가해지는 정제수를 원재료로 본다면 칡의 상태에 따라 추출액의 고형분 함량이 달라지고, 보고된 고형분 함량을 맞추기 위하여 가해지는 정제수 함량이 달라질 수밖에 없는 관계로, 매번 그 표시를 다시 해야 되는 결과에 이른다고 주장하나, 칡 농축액을 만들어 고형분 함량을 표준화하거나 고형분 함량을 일정 %로 표시하지 않고 일정 % 이상으로 표시하는 등의 방법으로 그 문제를 해결할 수 있는 점, ④ 2007. 10. 19. 개정된 위 고시는 2009. 5. 1.부터 시행되었고, 그러한 사실을 잘 알고 있던 피고인으로서는 원재료 및 함량의 적절한 표시 방법에 관하여 검토할 충분한 시간이 있었음에도 식약청 등 관계 기관에 질의를 하는 등의 노력조차도 하지 않은 채 개정 전의 고시에 따른 기존의 표시 방법을 그대로 사용한 점 등을 종합하여 보면, 피고인의 이 사건 범행을 인정할 수 있으므로 피고인의 무죄 주장은 받아들이지 않는다.

〈법원의 판단에 대한 해설〉

　식품의약품안전처에서는 소비자들의 알권리 충족을 위해 다른 나라보다 더 깐깐하게 표시 기준을 정해서 운용하고 있다. 실제로 영업자들도 식품 등의 표시 기준을 지키는 것이 쉽지 않아 필자와 같은 전문가에게 많은 문의를 하고 있다. 그러나 이러한 까다로운 규정에도 불구하고 영업자가 함량과 같은 기초 정보를 올바르게 제공하지 않을 경우, 식품의약품안전처나 지방자치단체에서 일일이 개별 제품을 조사하기 전에는 소비자들이 이에 대해 알 수 있는 방법이 없다. 이러한 점을 악용하여 소비자들을 속이고 부당 이득을 편취하는 영업자에게는 더욱 엄한 처벌이 필요할 것이며, 그 부당 이득에 대해서도 굳이 재범을 고려할 필요 없이 곧바로 회수하는 조치도 필요하다고 생각한다. 최근 경찰과 검찰이 연이어 불량식품 제조 및 판매업자에 대해 구속 수사 원칙을 천명한 바 있다. 물론 원칙적으로는 이를 반대하나, 그만큼 온정주의에 입각하여 처벌이 약한 점을 모르지 않기 때문에, 일견 필요한 조치라고도 생각된다. 어찌됐든 양심적인 영업자와 소비자들을 보호하는 정책을 강력하게 추진되어야 한다.

14. 소분업의 원재료 유통기한 설정 문제 (의정부지방법원 2011노1555)

〈사건의 개요〉

A는 '(주)B'라는 상호로 식품소분업을 운영하는 사람이다. 누구든지 유통기한을 표시함에 있어 사실과 다른 내용의 표시·광고를 하여서는 안 되며, 유통기한이나 품질유지기한이 서로 다른 각각의 여러 가지 제품을 함께 포장하였을 경우, 그 중 가장 짧은 유통기한 또는 품질유지기한을 표시하여야 함에도 불구하고, 유통기한이 2015. 4. 1.까지인 어묵과 유통기한이 2015. 10. 24.까지인 냉동 해산물(오징어, 꽃게, 새우, 홍합, 쭈구미, 낙지)을 소분하여 해물 떡볶이 제품으로 생산하면서 유통기한을 2015. 10. 24.로 표시하였다. 이때 위반 법령은?

〈사건에 대한 적용 법령〉

식품위생법

제13조(허위표시 등의 금지)

① 누구든지 식품등의 명칭·제조방법, 품질·영양 표시, 유전자재조합식품등 및 식품이력추적관리 표시에 관하여는 다음 각 호에 해당하는 허위·과대·비방의 표시·광고를 하여서는 아니 되고, 포장에 있어서는 과대포장을 하지 못한다. 식품 또는 식품 첨가물의 영양가·원재료·성분·용도에 관하여도 또한 같다.

  1. 질병의 예방 및 치료에 효능·효과가 있거나 의약품 또는 건강기능식품으로 오인·혼동할 우려가 있는 내용의 표시·광고

  2. 사실과 다르거나 과장된 표시·광고

  3. 소비자를 기만하거나 오인·혼동시킬 우려가 있는 표시·광고

  4. 다른 업체 또는 그 제품을 비방하는 광고

  5. 제12조의3제1항에 따라 심의를 받지 아니하거나 심의받은 내용과 다른 내용의 표시·광고

② 제1항에 따른 허위표시, 과대광고, 비방광고 및 과대포장의 범위와 그 밖에 필요한 사항은
보건복지부령으로 정한다.

식품위생법 시행규칙

제8조(허위표시, 과대광고, 비방광고 및 과대포장의 범위)

① 법 제13조에 따른 허위표시 및 과대광고의 범위는 용기·포장 및 라디오·텔레비전·신문·잡
지·음악·영상·인쇄물·간판·인터넷, 그 밖의 방법으로 식품등의 명칭·제조방법·품질·영
양가·원재료·성분 또는 사용에 대한 정보를 나타내거나 알리는 행위 중 다음 각 호의 어느
하나에 해당하는 것으로 한다.

1. 법 제19조에 따라 수입신고한 사항이나 법 제37조에 따라 허가받거나 신고·등록 또는
   보고한 사항과 다른 내용의 표시·광고

2. 질병의 예방 또는 치료에 효능이 있다는 내용의 표시·광고

3. 식품등의 명칭·제조방법, 품질·영양표시, 식품이력추적표시, 식품 또는 식품 첨가물의
   영양가·원재료·성분·용도와 다른 내용의 표시·광고

4. 제조 연월일 또는 유통기한을 표시함에 있어서 사실과 다른 내용의 표시·광고

5. 제조방법에 관하여 연구하거나 발견한 사실로서 식품학·영양학 등의 분야에서 공인된
   사항 외의 표시·광고. 다만, 제조방법에 관하여 연구하거나 발견한 사실에 대한 식품학·
   영양학 등의 문헌을 인용하여 문헌의 내용을 정확히 표시하고, 연구자의 성명, 문헌명,
   발표 연월일을 명시하는 표시·광고는 제외한다.

6. 각종 상장·감사장 등을 이용하거나 "인증"·"보증" 또는 "추천"을 받았다는 내용을 사용하거나
   이와 유사한 내용을 표현하는 광고. 다만, 다음 각 목에 해당하는 내용을 사용하는 경우는
   제외한다.

   가. 「정부표창규정」에 따라 제품과 직접 관련하여 받은 상장

   나. 「정부조직법」 제2조부터 제4조까지의 규정에 따른 중앙행정기관·특별지방행정기관
       및 그 부속기관, 「지방자치법」 제2조에 따른 지방자치단체 또는 「공공기관의 운영에 관
       한 법률」 제4조에 따른 공공기관으로부터 받은 인증·보증

다. 「식품산업진흥법」 제22조에 따른 전통식품 품질인증, 「산업표준화법」 제15조에 따른 제품인증 등 다른 법령에 따라 받은 인증·보증

7. 외국어의 사용 등으로 외국제품으로 혼동할 우려가 있는 표시·광고 또는 외국과 기술제휴한 것으로 혼동할 우려가 있는 내용의 표시·광고

8. 다른 업소의 제품을 비방하거나 비방하는 것으로 의심되는 표시·광고나 "주문 쇄도" 등 제품의 제조방법·품질·영양가·원재료·성분 또는 효과와 직접적인 관련이 적은 내용 또는 사용하지 않은 성분을 강조함으로써 다른 업소의 제품을 간접적으로 다르게 인식하게 하는 표시·광고

9. 미풍양속을 해치거나 해칠 우려가 있는 저속한 도안·사진 등을 사용하는 표시·광고 또는 미풍양속을 해치거나 해칠 우려가 있는 음향을 사용하는 광고

10. 화학적 합성품의 경우 그 원료의 명칭 등을 사용하여 화학적 합성품이 아닌 것으로 혼동할 우려가 있는 광고

11. 판매사례품 또는 경품 제공·판매 등 사행심을 조장하는 내용의 표시·광고(「독점규제 및 공정거래에 관한 법률」에 따라 허용되는 경우는 제외한다)

12. 소비자가 건강기능식품으로 오인·혼동할 수 있는 특정 성분의 기능 및 작용에 관한 표시·광고

13. 체험기를 이용하는 광고

② 제1항제2호·제5호 및 제6호에도 불구하고 다음 각 호에 해당되는 경우에는 허위표시나 과대광고로 보지 아니한다.

1. 「식품위생법 시행령」(이하 "영"이라 한다) 제21조제8호가목·나목에 따른 휴게음식점영업소 및 일반음식점영업소에서 조리·판매하는 식품과 같은 호 바목에 따른 제과점영업소에서 제조·판매하는 식품에 대한 표시·광고

2. 영 제25조제2항제6호 본문에 따라 영업신고를 하지 아니한 식품에 대한 표시·광고

3. 「농어촌발전특별조치법」 제2조제2호에 따른 농업인등 및 「농업·농촌 및 식품산업 기본법」 제28조에 따른 영농조합법인과 「수산업법」 제10조에 따른 영어조합법인이 국내산 농·임·수산물을 주된 원료로 하여 제조·가공한 메주·된장·고추장·간장·김치에 대하여 식품영양학적으로 공인된 사실이라고 식품의약품안전처장이 인정한 표시·광고

4. 그 밖에 별표 3에 따른 허위표시·과대광고로 보지 아니하는 표시 및 광고의 범위에 해
　당하는 표시·광고

③ 법 제13조에 따른 과대포장의 범위는 「자원의 절약과 재활용촉진에 관한 법률」 제9조에 따
　른 「제품의 포장재질·포장방법에 관한 기준 등에 관한 규칙」에서 정하는 바에 따른다.

④ 누구든지 식품 또는 식품 첨가물에는 의약품과 혼동할 우려가 있는 표시를 하거나 광고를
　하여서는 아니 된다.

〈사건에 대한 법원의 판단〉

원심이 적법하게 채택하여 조사한 증거들(A가 작성한 확인서, 단속 증거 사진 등)에 의하면 A는 단속 당시, '상기 업소는 식품소분판매업을 운영하는 곳으로서, 2015. 3. 24. 원제품인 부산어묵의 유통기한이 2015. 4. 1.까지인 제품을 소분하여 유통기한을 2015. 10월로 표기하였고, 해물 떡볶이 제품을 생산하면서 임의로 유통기한을 연장 표시하였음을 확인한다'는 내용의 확인서를 작성한 사실, 이 사건 해물 떡볶이 제품은 어묵과 홍합, 꽃게, 오징어 등 해산물인 원재료에 대하여 별다른 조리·가공 등을 거치지 아니한 채 하나의 포장 용기에 각 원재료를 나누어 담아 이를 포장하여 유통·판매하는 것으로 보이는 사정 등이 인정된다.

이러한 사실 내지 사정을 고려해 보면, 이 사건 해물 떡볶이 제품 생산 행위는 식품을 제조·가공하는 영업에 해당한다고 하기보다는 식품 등을 나누어 유통할 목적으로 재포장·판매하는 식품소분업 영업에 해당하는 것으로 판단된다.

또한 위와 같이 식품소분업에 의해 생산된 제품의 경우 각 원제품이 혼합되어 새로운 식품이 된 것으로는 볼 수는 없고 각 원제품이 함께 포장된 것에 불과하므로, 이 사건 해물 떡볶이 제품에 함께 포장된 부산 어묵의 유통기한이 2015. 4. 1.까지임에도 불구하고 이 사건 해물 떡볶이 제품의 유통기한을 2015. 10. 24.로 기재한 이 사건 공소 사실 기재 행위는 식품위생법 제13조 제1항의 '허위표시' 및 식품위생법 시행규칙 제8조 제1항 제4호 소정의 '유통기한을 표시함에 있

어 사실과 다른 내용의 표시·광고를 한 경우'에 해당하는 것으로 판단된다.

〈법원의 판단에 대한 해설〉

　제조업과 소분업에 대한 유통기한의 표시는 다르다. 예를 들어 제조업에서 초콜릿 과자를 만들 경우, 유통기한이 오늘까지인 초콜릿을 원재료로 사용하여 6개월 뒤 유통기한이 종료되는 과자를 만들어도 식품위생법 상 표시 기준에 대한 위반이 되지 않아, 허위 표시에 해당되지 않는다. 실제로 소비자나 기자들이 가끔씩 굉장히 의아하게 질문을 하는 경우도 있는데, 이건 명백히 위반이 아니다. 하지만 상기 사안처럼 소분업일 경우에는 다르다. 제품의 물성의 변화가 없는 단순 소분일 경우 그대로 소비자가 섭취하게 되므로 유통기한이 변동될 수 없다. 최근 품질유지기한, 유통기한 등 여러 가지 용어가 사용되고 있어서 오히려 소비자의 알권리 충족보다는 혼돈을 주는 것 같은 문제가 발생하고 있다. 예를 들어 언론에서 품질 유지 기한이 지난 식품은 섭취하는 데에 아무런 문제가 없다고 보도했을 때, 실제로 유통기한이 만료된 제품을 판매하다가 적발되면 영업정지 15일의 처분을 받는다. 그렇다면 소비자들에게 신고를 하라는 건지, 그냥 먹어도 괜찮으니 먹으라는 건지에 대해 명확하게 알려줘야 하며, 용어에 있어서도 정확한 전달을 위해 해당 내용을 통일할 필요가 있다. 무엇이든 다 아는 소비자는 존재하지 않기 때문이다. 알기 쉽게 풀어서 전달하고, 가능한 단편적으로 표현하는 것이 소비자들에게 도움이 되지 않을까 생각해 본다.

15. 제품 특성에 대한 광고와 과대광고 (부산지방법원 2013고정4698)

〈사건의 개요〉

A는 자신의 매장에서 '암, 당뇨, 고혈압, 뇌세포 증식, 두뇌 활동 촉진, 노화 방지, 피로 회복, 정력 증강, 지구력 증진, 여성 피부 미용, 동맥경화, 고지혈증, 혈액 순환, 노인성 치매, 골다공증, 간장 보호, 숙취 해소, 빈혈, 방사능 방어, 스트레스 해소', '면역력 증가로 신체의 모든 기능 방어 능력 강화'라는 내용의 입간판을 세웠고, '혈관을 넓혀주고 혈관을 맑게, 일본 G박사 순환기내과', '암이 개시된 상태라도 암의 촉진 단계 차단, 항염증 작용 등 만병통치에 맞는 효능, H대 I 교수', '종양 세포를 직접 살상하여 종양 발생 예방, J병원 비교기과 K교수', '골다공증 예방치료 심장의 허혈 예방, L대 약리학 M교수', '항암 효과 성분 많이 포함, N대 암 연구소 O교수'라는 내용을 사무실 벽면에 게재하는 방법으로 표시·광고를 하였다. 그렇다면 A는 과대광고 행위로 처벌될까?

〈사건에 대한 적용 법령〉

식품위생법

제13조(허위표시 등의 금지)

① 누구든지 식품등의 명칭·제조방법, 품질·영양 표시, 유전자재조합식품등 및 식품이력추적관리 표시에 관하여는 다음 각 호에 해당하는 허위·과대·비방의 표시·광고를 하여서는 아니 되고, 포장에 있어서는 과대포장을 하지 못한다. 식품 또는 식품 첨가물의 영양가·원재료·성분·용도에 관하여도 또한 같다.

  1. 질병의 예방 및 치료에 효능·효과가 있거나 의약품 또는 건강기능식품으로 오인·혼동할 우려가 있는 내용의 표시·광고

  2. 사실과 다르거나 과장된 표시·광고

  3. 소비자를 기만하거나 오인·혼동시킬 우려가 있는 표시·광고

4. 다른 업체 또는 그 제품을 비방하는 광고

5. 제12조의3제1항에 따라 심의를 받지 아니하거나 심의받은 내용과 다른 내용의 표시·광
   고

② 제1항에 따른 허위표시, 과대광고, 비방광고 및 과대포장의 범위와 그 밖에 필요한 사항은
   총리령으로 정한다.

〈사건에 대한 법원의 판단〉

식품이나 그 원재료 등에 관하여 '의약품과 혼동할 우려가 있는 표시나 광고'를 금지한 식품위
생법 규정을 해석함에 있어서 위 규정이 식품의 약리적 효능에 관한 표시·광고를 전부 금지하고
있다고 볼 수는 없다. 그러한 내용의 표시·광고라 하더라도 그것이 식품으로서 갖는 효능이라는
본질적 한계 내에서 식품의 부수적인 영양 섭취의 결과 나타나는 효과임을 표시·광고하는 것과
같은 경우에는 허용된다고 보아야 할 것이다. 결국 위 법령 조항을 해석할 때에는, 특정 식품이 마
치 특정 질병의 직접적인 치료·예방 등을 주된 목적으로 하는 것인 양 표시·광고하여 소비자로
하여금 의약품으로 혼동·오인하게 하는 경우만을 규제하고 있는 것이라고 한정적으로 해석하여
야 할 것이며, 어떤 표시·광고가 식품 광고로서의 한계를 벗어나 의약품으로 혼동·오인하게 하는
것인지는 법 적용 기관이 사회 일반인의 평균적 인식을 기준으로 구체적으로 판단하여야 할 것이
다(대법원 2006. 11. 24. 선고 2005도844 판결, 대법원 2008. 8. 11. 선고 2007도7415 판
결, 헌법재판소 2000. 3. 30. 선고 97헌마108 결정 등 참조).

기록에 의하면, 피고인이 이 사건 매장에서 '명품 원형 홍삼 엑기스' 등의 인삼을 원재료로 하는
식품을 제조·판매하면서, 매장 입구 쪽에 설치된 이 사건 입간판에 '현대 과학이 밝힌 적삼의 효
능'이라는 제목 아래 '암, 당뇨, 고혈압, 뇌세포 증식, 두뇌 활동 촉진, 노화 방지, 피로 회복, 정력
증강, 지구력 증진, 여성 피부 미용, 동맥경화, 고지혈증, 혈액 순환, 노인성 치매, 골다공증, 간장
보호, 숙취 해소, 빈혈, 방사능 방어, 스트레스 해소', '면역력 증가로 신체의 모든 기능 방어 능력
강화'라는 내용을 게시하고, 이 사건 매장 내부 벽면에는 '홍삼의 신비가 일간지 및 방송에 보도된

사례'라는 제목 아래 이 사건 각 게시물과 같은 내용을 게시한 사실을 인정할 수 있다.

그런데, 위와 같은 게시 자료 등은 그 게시한 형식이나 내용, 표현 방법 등에 비추어 보았을 때, 일반적으로 널리 알려져 있는 '홍삼' 또는 '인삼' 그 자체의 다양한 약리적 효능을 인용·소개한 것이 명백하고, 그와 같은 효능이 피고인이 제조·판매하는 제품이 가지는 고유한 특징 또는 효능이라고 표시하거나 광고한 것은 아니므로, 위와 같이 널리 알려진 '홍삼' 또는 '인삼'의 효능에 대하여 인용·소개하는 글을 게재한 것만으로는 사회 일반인의 시각에서 피고인이 판매하는 제품이 '특정 질병의 치료·예방 등을 직접적으로 주된 목적으로 하는 의약품'으로 혼동할 우려가 있다고 할 수 없다. 달리 피고인이 그가 판매하는 식품에 대하여 질병의 예방 및 치료에 효능·효과가 있다는 내용의 허위·과대광고를 하였음을 인정할 증거가 없다.

〈법원의 판단에 대한 해설〉

수험생을 대상으로 캐나다산 하프물범 등을 이용한 건강식품에 대해 식품의약품안전처에서 조사를 한다는 보도를 보았는데, 실제로 건강원 등에서 판매되는 제품은 제조·가공 식품이 아니고 대부분 즉석 제조 식품이기 때문에 원재료를 단순히 끓인 것이 전부이다. 또한 이런 제품을 만드는 과정에서 원재료에 대해서 TV나 신문을 통해 알려진 효능을 기재하거나 광고하는 것은 일반적인 일이며, 실제로 대법원 판례 등을 통해서 과대광고로 보기 어렵다고 판단된 바도 있다. 방송을 보면 의사나 한의사 등 의료인들이 나와서 어떤 식품 원재료인 한약재나 채소 등이 마치 만병통치약인 듯이 표현하면서 소비를 부추기는 것을 쉽게 접할 수 있는데, 이 부분에 대해서는 어느 정도 관련 논문이나 처방 등이 있기 때문에 전부를 과대광고로 볼 수는 없고, 특정 가공 식품에 대한 효능의 광고만을 대상으로 판단해야 한다는 것이 법원의 일관된 기준이었다. 그러므로 과대광고에 대해서 판단하는 수사기관이나 행정기관도 엄격한 잣대를 가지고 수사나 조사에 임해야 할 것이다

16. 등록된 특허 명칭 사용과 과대광고 (서울서부지방법원 2015고단874)

〈사건의 개요〉

A는 다이어트 제품을 판매하는 영업자로서 인터넷에 '대장염 예방과 체중 조절에 도움을 주는 물'이라는 명칭을 가진 특허 물질을 해당 제품에 사용했다는 광고를 하다가 식품의약품안전처에 적발되었다. 해당 영업자는 해당 특허가 특허청에 정식으로 등록된 특허라고 주장하고 있는데, 과연 A는 처벌을 받게 될까?

〈사건에 대한 적용 법령〉

식품위생법

제13조(허위표시 등의 금지)

① 누구든지 식품등의 명칭·제조방법, 품질·영양 표시, 유전자재조합식품등 및 식품이력추적관리 표시에 관하여는 다음 각 호에 해당하는 허위·과대·비방의 표시·광고를 하여서는 아니 되고, 포장에 있어서는 과대포장을 하지 못한다. 식품 또는 식품 첨가물의 영양가·원재료·성분·용도에 관하여도 또한 같다.

 1. 질병의 예방 및 치료에 효능·효과가 있거나 의약품 또는 건강기능식품으로 오인·혼동할 우려가 있는 내용의 표시·광고

 2. 사실과 다르거나 과장된 표시·광고

 3. 소비자를 기만하거나 오인·혼동시킬 우려가 있는 표시·광고

 4. 다른 업체 또는 그 제품을 비방하는 광고

 5. 제12조의3제1항에 따라 심의를 받지 아니하거나 심의받은 내용과 다른 내용의 표시·광고

 ② 제1항에 따른 허위표시, 과대광고, 비방광고 및 과대포장의 범위와 그 밖에 필요한 사항은

보건복지부령으로 정한다.

〈사건에 대한 법원의 판단〉

일반 식품이 질병의 치료에 효능이 있는 것이 사실이라 할지라도, 그 제품을 식품위생법에 의하여 식품으로만 공인받고 의약품으로 공인받은 게 아니라면, 다음과 같이 판단할 수 있다. 즉, 식품위생법 제2조 제1호의 규제 대상인 식품에는 처음부터 의약품은 제외되어 있으므로, 그 식품을 표시·광고할 때 의약품과 혼동할 우려가 있는 표현을 사용할 경우, 이는 식품에 관한 표시나 광고로서의 범위를 벗어나, 그 자체만으로 식품의 품질에 관한 허위 표시나 과대광고로서 소비자의 위생에 위해를 가할 우려가 있다고 할 수 있게 된다. 따라서 식품으로 인한 위생상의 위해를 방지한다는 관점에서 식품에 관한 표시와 광고를 규제하는 식품위생법 제13조를 위반하게 되는 것이다.

피고인이 이 사건 식품에 들어 있는 물질에 대하여 위와 같은 내용의 특허를 받았다고 하더라도, ① 특허는 출원 발명의 목적, 구성 및 효과를 종래 기술과 비교하여 신규성 및 진보성 등을 심사하는 제도이지, 발명의 효능과 품질을 보증하는 제도가 아닌 바, 특허청의 심사는 어디까지나 '해당 발명이 새롭고 진보된 것인지'가 주된 관심일 뿐, '해당 발명이 정말로 그 기재와 같은 효과를 가지는지'는 주된 관심 사항이 아니고 특허성의 판단에 있어서 부차적인 고려 사항에 불과한 점, ② 설명 명세서 기재와 같은 효과가 있다 하더라도, 그 투약 용법이나 다른 원료와의 배합 비율 등에 따른 부작용 발생 가능성에 대한 어떠한 검증도 없이 무분별하게 그 기능을 광고하도록 허용할 수 없는 점, ③ 피고인들로서는 해당 효능을 입증하여 의약품으로 허가받거나 건강 기능 식품으로 등록한 후 그 기능을 광고함으로써 특허권의 충분한 실시를 보장받을 수 있는 점 등에 비추어 보면, 특허 등록을 받았다는 사정만으로 위와 같은 식품위생법위반죄의 적용이 제외된다고 보기는 어렵다.

상기 문제는 아직 1심 판결인지라 모든 사건에 적용된다고 볼 수는 없다. 하지만 식품판매업자들에게는 앞으로 발생할 유사 사건에 있어서 지표가 될 수 있는 중요한 판단이 될 것이기에 소개한다. 사실 특허 출원 및 등록의 필요성이나 권리에 대해서 원론적인 얘기를 할 필요는 없지만, 특허 권리자로서 자신의 권리가 제한된다는 명백한 근거가 없다는 점은, 추후 다른 재판을 통해서 충분히 다투어 볼 만한 여지가 있다고 생각한다. 어찌 되었든 지금까지 식품의약품안전처에서는 비공식적으로 식품위생법 제13조 과대광고에 해당된다는 이유로 특허 명칭을 사용하지 못하도록 행정 지도를 해 왔고, 이에 따라 대부분의 영업자들은 이를 사용하지 않았다. 특별히 다른 재판을 통해서 상기 판결 내용이 뒤집히기 전까지는, 모든 영업자들이 특허 명칭을 사용하는 데 각별한 주의를 기울여야 할 것이다.

〈사건의 개요〉

A는 인터넷 쇼핑몰을 개설하여 참웅진액 등의 식품을 판매하면서 위 제품이 특정 질병의 치료나 예방에 효능과 효과가 있다는 표현을 포함하여 광고하였다. A의 이러한 광고는 식품위생법 위반일까?

〈사건에 대한 적용 법령〉

식품위생법

제11조 (허위표시등의 금지)
① 식품등의 명칭·제조방법 및 품질에 관하여는 허위표시 또는 과대광고를 하지 못하고, 포장에 있어서는 과대포장을 하지 못하며, 식품·식품 첨가물의 표시에 있어서는 의약품과 혼동할 우려가 있는 표시를 하거나 광고를 하여서는 아니된다. 식품·식품 첨가물의 영양가·원재료·성분 및 용도에 관하여도 또한 같다.
② 제1항의 규정에 의한 허위표시·과대광고·과대포장의 범위 기타 필요한 사항은 보건복지부령으로 정한다.

〈사건에 대한 법원의 판단〉

식품위생법의 규제 대상인 식품에는 위 법 제2조 제1호에 따라 처음부터 의약품은 제외되어 있다. 따라서 일반 식품이 질병의 치료에 효능이 있는 것이 사실이라 할지라도 그 제품을 식품위생법에 의하여 식품으로만 공인받고 의약품으로 공인받은 게 아니라면, 다음과 같이 판단할 수 있다. 그 식품을 표시하거나 광고할 때 의약품과 혼동할 우려가 있는 표현을 사용할 경우, 이는 식품에 관한 표시나 광고로서의 범위를 벗어나 그 자체만으로 식품의 품질에 관한 허위 표시나 과대광고로서 소비자의 위생에 위해를 가할 우려가 있다고 할 수 있게 된다. 따라서 식품으로 인한 위생상의 위해를 방지한다는 관점에서 식품에 관한 표시와 광고를 규제하는 식품위생법 제11조, 같은 법 시행규칙 제6조 제1항 제2호를 위반하게 되는 것이다.(대법원 2002. 11. 26. 선고 2002도2998 판결 참조) 한편, 식품의 표시나 광고 내용에 특정 질병의 치료나 예방에 효능·효과가 있다는 표현이 포함되어 있는 경우, 그 표시나 광고는 의약품과 혼동할 우려가 있는 표시나 광고에 해당한다고 할 것이다.

기록을 살펴보면, 원심이 그 설시 증거를 종합하여, 피고인이 개설·운영하는 인터넷 쇼핑몰에서 '참옻진액'과 '폴시노'에 대하여 의약품과 혼동할 우려가 있는 표현을 사용하였다는 판시 범죄사실을 유죄로 인정한 것은 앞서 본 법리에 따른 것이기에 정당하고, 거기에 사실을 오인하거나 식품위생법 제11조 제1항에 관한 법리를 오해한 위법 등이 없다.

또한, 피고인은 원심에서 식품위생법 위반 부분에 대하여서만 항소 이유를 주장하여 법원의 판단을 받았으므로, 약사법 위반 부분에 대하여서는 상고심에서 새로운 주장을 할 수 없다. 또한, 피고인이 의약품인 흑과립의 효능·효과를 과대광고하고 이를 판매한 사실을 원심이 인정하여 피고인을 약사법 위반죄로 처단한 것은 기록에 비추어 정당하다.

〈법원의 판단에 대한 해설〉

식품위생법 제2조(정의) 제1호에서 '식품'이란, 모든 음식물(의약으로 섭취하는 것은 제외한다)을 말한다고 명시되어 있다. 즉, 식품의 범주에서는 의약품을 명확하게 제외하고 있다.

해당 일반 식품이 질병의 치료에 효능이 있는 것이 사실이라 할지라도, 그 제품을 식품위생법에 따라 식품으로 허가받고 의약품으로는 허가받지 않았다면, 다음과 같이 판단할 수 있다. 그 식품을 표시하거나 광고함에 있어 의약품과 혼동할 우려가 있는 표현을 사용할 경우, 이는 식품에 관한 표시나 광고로서의 범위를 벗어나 그 자체만으로 식품의 품질에 관한 허위 표시나 과대광고로서 소비자의 위생에 위해를 가할 우려가 있다.

　우리나라 소비자들은 다른 나라에 비해 건강에 대한 관심이 커서, 식품을 의약품으로 오인 또는 혼동하는 경우가 많이 발생하고 있다. 이를 대비하기 위하여, 식품위생법은 식품의 정의를 통해 식품의 범위를 명확히 하고, 식품을 의약품인 양 과대·허위 광고하는 것을 엄격하게 통제하고 있다. 그러므로 영업자의 경우 식품위생법상 표시 및 광고 기준을 면밀히 분석하여 실행하는 것이 중요하며, 소비자의 경우에는 제품의 광고를 그대로 믿지 말아야 하고, 식품 자체로는 아무리 좋은 제품일지라도 의약품과 같은 효과가 있지 않을 수 있다는 것을 염두에 두고 현명한 소비를 해야 할 것이다.

18. 식품의 기본적 효능과 과대광고 (수원지방법원 성남지원 2012고정332)

〈사건의 개요〉

'좋은차'라는 상호로 인터넷 쇼핑몰을 운영하고 있는 A는, 모과차 티백, 유기농 펜넬 티백 등을 판매하면서, '부종의 해결과 비만에 효과적', '기관지염에 탁월한 도움' 등의 내용을 게재하여 기소되었다. 결과는 어떻게 되었을까?

〈사건에 대한 적용 법령〉

식품위생법

제13조(허위표시 등의 금지)

① 누구든지 식품등의 명칭·제조방법, 품질·영양표시 및 식품이력추적관리 표시에 관하여는 허위표시 또는 과대광고를 하지 못하고, 포장에 있어서는 과대포장을 하지 못하며, 식품 또는 식품 첨가물에는 의약품과 혼동할 우려가 있는 표시를 하거나 광고를 하여서는 아니 된다. 식품 또는 식품 첨가물의 영양가·원재료·성분·용도에 관하여도 같다.

1. 질병의 예방 및 치료에 효능·효과가 있거나 의약품 또는 건강기능식품으로 오인·혼동할 우려가 있는 내용의 표시·광고

2. 사실과 다르거나 과장된 표시·광고

3. 소비자를 기만하거나 오인·혼동시킬 우려가 있는 표시·광고

4. 다른 업체 또는 그 제품을 비방하는 광고

5. 제12조의3제1항에 따라 심의를 받지 아니하거나 심의받은 내용과 다른 내용의 표시·광고

② 제1항에 따른 허위표시, 과대광고, 비방광고 및 과대포장의 범위와 그 밖에 필요한 사항은 보건복지부령으로 정한다

제8조(허위표시, 과대광고 및 과대포장의 범위)

① 법 제13조에 따른 허위표시 및 과대광고의 범위는 용기·포장 및 라디오·텔레비전·신문·잡지·음악·영상·인쇄물·간판·인터넷, 그 밖의 방법으로 식품등의 명칭·제조방법·품질·영양가·원재료·성분 또는 사용에 대한 정보를 나타내거나 알리는 행위 중 다음 각 호의 어느 하나에 해당하는 것으로 한다.

1. 법 제19조에 따라 수입신고한 사항이나 법 제37조에 따라 허가받거나 신고·등록 또는 보고한 사항과 다른 내용의 표시·광고

2. 질병의 예방 또는 치료에 효능이 있다는 내용의 표시·광고

3. 식품등의 명칭·제조방법, 품질·영양표시, 식품이력추적표시, 식품 또는 식품 첨가물의 영양가·원재료·성분·용도와 다른 내용의 표시·광고

4. 제조 연월일 또는 유통기한을 표시함에 있어서 사실과 다른 내용의 표시·광고

5. 제조방법에 관하여 연구하거나 발견한 사실로서 식품학·영양학 등의 분야에서 공인된 사항 외의 표시·광고. 다만, 제조방법에 관하여 연구하거나 발견한 사실에 대한 식품학·영양학 등의 문헌을 인용하여 문헌의 내용을 정확히 표시하고, 연구자의 성명, 문헌명, 발표 연월일을 명시하는 표시·광고는 제외한다.

6. 각종 상장·감사장 등을 이용하거나 "인증"·"보증" 또는 "추천"을 받았다는 내용을 사용하거나 이와 유사한 내용을 표현하는 광고. 다만, 다음 각 목에 해당하는 내용을 사용하는 경우는 제외한다.

   가. 「정부표창규정」에 따라 제품과 직접 관련하여 받은 상장

   나. 「정부조직법」 제2조부터 제4조까지의 규정에 따른 중앙행정기관·특별지방행정기관 및 그 부속기관, 「지방자치법」 제2조에 따른 지방자치단체 또는 「공공기관의 운영에 관한 법률」 제4조에 따른 공공기관으로부터 받은 인증·보증

   다. 「식품산업진흥법」 제22조에 따른 전통식품 품질인증, 「산업표준화법」 제15조에 따른 제품인증 등 다른 법령에 따라 받은 인증·보증

7. 외국어의 사용 등으로 외국제품으로 혼동할 우려가 있는 표시·광고 또는 외국과 기술제

휴한 것으로 혼동할 우려가 있는 내용의 표시·광고

8. 다른 업소의 제품을 비방하거나 비방하는 것으로 의심되는 표시·광고나 ″주문 쇄도″ 등 제품의 제조방법·품질·영양가·원재료·성분 또는 효과와 직접적인 관련이 적은 내용 또는 사용하지 않은 성분을 강조함으로써 다른 업소의 제품을 간접적으로 다르게 인식하게 하는 표시·광고

9. 미풍양속을 해치거나 해칠 우려가 있는 저속한 도안·사진 등을 사용하는 표시·광고 또는 미풍양속을 해치거나 해칠 우려가 있는 음향을 사용하는 광고

10. 화학적 합성품의 경우 그 원료의 명칭 등을 사용하여 화학적 합성품이 아닌 것으로 혼동할 우려가 있는 광고

11. 판매사례품 또는 경품 제공·판매 등 사행심을 조장하는 내용의 표시·광고(「독점규제 및 공정거래에 관한 법률」에 따라 허용되는 경우는 제외한다)

12. 소비자가 건강기능식품으로 오인·혼동할 수 있는 특정 성분의 기능 및 작용에 관한 표시·광고

13. 체험기를 이용하는 광고

② 제1항제2호·제5호 및 제6호에도 불구하고 다음 각 호에 해당되는 경우에는 허위표시나 과대광고로 보지 아니한다.

1. 「식품위생법 시행령」(이하 ″영″이라 한다) 제21조제8호가목·나목에 따른 휴게음식점영업소 및 일반음식점영업소에서 조리·판매하는 식품과 같은 호 바목에 따른 제과점영업소에서 제조·판매하는 식품에 대한 표시·광고

2. 영 제25조제2항제6호 본문에 따라 영업신고를 하지 아니한 식품에 대한 표시·광고

3. 「농어촌발전특별조치법」 제2조제2호에 따른 농업인등 및 「농업·농촌 및 식품산업 기본법」 제28조에 따른 영농조합법인과 「수산업법」 제10조에 따른 영어조합법인이 국내산 농·임·수산물을 주된 원료로 하여 제조·가공한 메주·된장·고추장·간장·김치에 대하여 식품영양학적으로 공인된 사실이라고 식품의약품안전처장이 인정한 표시·광고

4. 그 밖에 별표 3에 따른 허위표시·과대광고로 보지 아니하는 표시 및 광고의 범위에 해당하는 표시·광고

③ 법 제13조에 따른 과대포장의 범위는 「자원의 절약과 재활용촉진에 관한 법률」 제9조에 따

른 「제품의 포장재질·포장방법에 관한 기준 등에 관한 규칙」에서 정하는 바에 따른다.

④ 누구든지 식품 또는 식품 첨가물에는 의약품과 혼동할 우려가 있는 표시를 하거나 광고를 하여서는 아니 된다.

〈사건에 대한 법원의 판단〉

피고인은 모과차 티백을 판매하면서 '좋은차' 인터넷 홈페이지에 '원재료에 관하여: 모과는 예로부터 독특한 향을 즐기고 약용으로 쓰여 왔던 열매로 새콤하고 따뜻한 성질을 가지고 있다. 모과의 신맛은 신진대사를 도와주고 소화 효소의 분비를 촉진시키며, 모과의 떫은맛은 기관지염에도 탁월한 도움을 줍니다'라고 게시하였고, 펜넬 티백을 판매하면서 위 홈페이지에 '새콤하면서도 달콤한 향과 시원시원한 맛을 지닌 펜넬은 이뇨 작용과 발한 작용이 있어 피하지방의 노폐물을 배출하여 부종의 해결과 비만에도 효과적이라고 하여 고대 로마시대부터 여성들이 즐겨 마셔 온 허브차입니다'라고 게시하였던 바, 위 게시 자료는 일반적으로 널리 알려진 모과, 펜넬의 약리적 효능을 설명하고 있는 것에 불과하고, 그와 같은 효능이 피고인이 판매하는 모과차 티백이나 유기농 펜넬 티백에 있는 고유한 효능이라거나 어떠한 관련이 있다는 내용은 전혀 포함되어 있지 않다. 또한, 모과는 일반적으로 자주 접할 수 있는 과일이고, 펜넬은 허브차나 향신료의 재료로 자주 쓰이는 식물로서, 피고인이 소개한 모과와 펜넬의 약리적인 효능은 이미 사회 일반인에게도 널리 알려져 있는 내용에 불과하다.

오히려 이는 위 차 제품들이 식품으로서 갖는 효능이라는 본질적 한계 내에서 식품의 부수적인 영양 섭취의 결과 나타나는 효과임을 표시·광고한 것이라고 할 수 있다. 또한, 달리 피고인이 의약품과 혼동할 우려가 있는 표시·광고를 하였다고 인정할 만한 증거도 없다. 따라서 이 사건 공소사실을 유죄로 인정한 원심 판결에는 사실을 오인하여 판결에 영향을 미친 위법이 존재한다.

<법원의 판단에 대한 해설>

　모든 식품은 화합물이며, 단일 물질부터 수만 가지의 물질로 구성되어 있고 그 중 특정 물질은 널리 알려진 효능을 가진 것도 있다. 또한 이런 효능들은 이미 각종 방송 매체를 통해서 대중들에게 상식선에서 알려진 것으로서, 소비자들도 이미 인지한 상태에서 제품을 구매하는 것이다. 소비자들이 속는다거나 오인·혼동을 하지 않는다면 문제가 없을 것이다. 본 본서를 통해 수차례 강조해 왔지만, 과대광고에 대한 기준은 결국 그 제품을 구매하는 평균 일반인의 인식으로 보아야 할 것이기에 무조건 효능을 광고한다고 해서 처벌하려는 의도는 금지되어야 할 것이다.

19. 수산물의 명칭과 표시 문제 (대법원 2004도892)

〈사건의 개요〉

A는 국내 어선이 인도양과 대서양에서 잡아들인 민어과의 흑조기를 소금에 절여 가공하여 판매하면서, 해당 상품에 소금에 절인 조기라는 의미로 '염조기'라고 표시하여 판매하였다. 그런데 A가 판매한 흑조기는 같은 민어과에 속하기는 하나 조기속이 아닌 흑조기속에 속하는 어류이고, 사람들이 일반적으로 조기라고 지칭하는 민어과 조기속의 '참조기'나 '부세'와는 구별되는 어류라고 한다. 이 경우 A가 '염조기'라고 표시하여 판매한 행위는 위법일까?

〈사건에 대한 적용 법령〉

식품위생법

제11조 (허위표시등의 금지)

① 식품등의 명칭·제조방법 및 품질에 관하여는 허위표시 또는 과대광고를 하지 못하고, 포장에 있어서는 과대포장을 하지 못하며, 식품·식품 첨가물의 표시에 있어서는 의약품과 혼동할 우려가 있는 표시를 하거나 광고를 하여서는 아니된다. 식품·식품 첨가물의 영양가 및 성분에 관하여도 또한 같다.

② 제1항의 규정에 의한 허위표시·과대광고·과대포장의 범위 기타 필요한 사항은 보건복지부령으로 정한다.

원심 판결 이유에 의하면, 원심은 그 채용 증거를 종합하여, ①피고인이 가공하여 판매한 이 사건 어류는 민어과 흑조기속에 속하는 '작은 흑조기'로서 같은 민어과이기는 하나 조기속에 속하는 '참조기'나 '부세'와 구별되고, 일반적으로 조기라고 하면 위 참조기나 부세를 지칭한다는 사실, ② 피고인이 위 어류를 구입한 주식회사 뉴 대진상사는 이 사건 어류를 원양 어획물로 반입하면서 '민어류' 내지 '황민어'로 신고를 하였던 사실, ③흑조기는 민어의 범위에 포함되어 있어, 이를 수입할 때에는 조기(참조기, 부세)와는 별도의 관세가 부과되고 있다는 사실을 각 인정한 뒤, 이 사건 어류는 국내 국적의 원양 어선이 인도양 등지에서 포획하여 국내에 반입한 것으로서, 비록 수입된 것은 아니지만, 만약 같은 어류가 수입되었을 경우 관계 법령의 규정에 의하여 '민어' 내지 '흑조기'로 표시하는 것이 올바른 명칭 내지 성분의 표시이므로, 결국 피고인이 판매한 이 사건 어류는 '조기'라고 표시할 수 없고, '민어' 내지 '흑조기'라고 표시함이 올바른 명칭 내지 성분의 표시라고 보아야 할 것이다. 그러므로 피고인이 이 사건 어류를 판매하면서 그 명칭에 있어 소금으로 절인 조기라는 의미로 '염조기'라고 표시하거나, 성분에 있어 '조기 100%'라고 표시한 것은 식품위생법상 식품의 명칭이나 성분을 허위로 표시한 것에 해당하고, 나아가 어류 판매 업계에서 흑조기나 민어 등 어류를 소금에 절여 가공한 품목을 일반적으로 '염조기'라고 부르고 있다고 볼 만한 사정이 없으며, 위 어류의 원산지를 대서양이나 인도양으로 표시하였더라도 피고인에게 위와 같은 허위 표시의 범의가 없었다고 볼 수는 없다고 판단하였다.

홍길동이 호부호형을 하지 못해 한이 된 것과는 차원이 다른 이야기이다. 식품의 표시 기준은 식품위생법의 위임을 받아 고시로 정해져서 매우 세분화되고 구체적으로 정해져 있다. 실제로 많은 식품 관련 행정 처분이 표시 기준 위반에 몰려 있는 것이 현실이고, 식품이나 건강기능식품을 수입할 경우에도, 영업자들이 가장 어려워하는 것이 바로 식품 포장에 붙이는 스티커상의 표시 기준이다.

　이 사건은 어찌 보면 흑조기나 민어를 조기라고 표시한 것이므로, 식품의 위해 문제와는 상관이 없기에 큰 문제가 되지 않을 수도 있다. 하지만 몇 년 전 참치로 둔갑한 기름치 사건에서 볼 수 있듯이, 소비자들은 전문가가 아니고 어류에 대해 정통하지 못하기 때문에, 이에 대한 표시를 명확히 하지 않으면 이를 기회로 부당 이득을 챙기는 사건이 발생하거나 식용이 아닌 어류가 국내에 유입되는 등 국민의 건강을 해칠 수 있게 된다. 법이 때로는 생활을 불편하게 하고 자유를 억압하는 듯이 보이기도 하지만, 인간이 사회를 이루며 살아갈 때 자신의 자유를 보장받기 위한 최소한의 장치로 만든 제도이기에 무작정 기피하지 말고 잘 이해하고 활용하여야 할 것이다.

20. 가공식품의 과대광고 (대법원 2002도2998)

〈사건의 개요〉

A는 '바란스'라는 건강보조식품을 판매하면서, 이 제품이 비만을 치유하는 데 효능이 있는 성분이 함유되어있다고 믿고 있었다. 따라서 A는 이 상품이 비만 치유에 효능이 있다는 문구를 해당 상품 광고와 함께 일간지에 게재하였다. 이런 문구를 쓰면 문제가 과대광고에 해당되는 것일까?

〈사건에 대한 적용 법령〉

식품위생법

제11조 (허위표시등의 금지)
① 식품등의 명칭·제조방법 및 품질에 관하여는 허위표시 또는 과대광고를 하지 못하고, 포장에 있어서는 과대포장을 하지 못하며, 식품·식품 첨가물의 표시에 있어서는 의약품과 혼동할 우려가 있는 표시를 하거나 광고를 하여서는 아니된다. 식품·식품 첨가물의 영양가 및 성분에 관하여도 또한 같다.
② 제1항의 규정에 의한 허위표시·과대광고·과대포장의 범위 기타 필요한 사항은 보건복지부령으로 정한다.

〈사건에 대한 법원의 판단〉

일반 식품이 질병의 치료에 효능이 있는 것이 사실이라 할지라도, 그 제품을 식품위생법에 의하여 식품으로만 공인받고 의약품으로 공인받지는 않았다면, 다음과 같이 판단할 수 있다. 식품위생법의 규제 대상인 식품에는 그 제2조 제1호에 의하여 처음부터 의약품은 제외되어 있으므로,

그 식품을 표시·광고할 때 의약품과 혼동할 우려가 있는 표현을 사용한다면 그것은 식품에 관한 표시나 광고로서의 범위를 벗어나 그 자체만으로 식품의 품질에 관한 허위 표시나 과대광고로서 소비자의 위생에 위해를 가할 우려가 있다고 할 수 있기 때문에, 식품으로 인한 위생상의 위해를 방지한다는 관점에서 식품에 관한 표시와 광고를 규제하는 식품위생법 제11조, 같은법 시행규칙 제6조 제1항 제2호를 위반하게 되는 것이다(대법원 2002. 6. 14. 선고 2001도4633 판결 참조).

원심 판결 이유에 의하면 원심은, 그 판결에서 채용하고 있는 증거들을 종합하여 피고인들이 공모하여 일간지 등에 광고를 게재한 사실 및 그 게재한 광고들의 내용에 관하여 판시와 같은 사실을 인정한 다음, 피고인들이 게재한 이 사건 광고는 이를 보는 사람들이 바란스 등의 건강보조식품이 마치 비만을 치유하는 데 특별한 효능이 있는 것으로 인식하게 할 가능성이 크다고 할 수 있다. 이에 따라 해당 광고가 식품위생법시행규칙 제6조 제1항 제2호, 제6호, 제9호에서의 소정의 과대광고에 해당한다고 판단하여, 피고인들에게 무죄를 선고한 제1심 판결을 파기하고 피고인들에 대한 이 부분 공소 사실을 모두 유죄로 인정하였다. 따라서 앞서 본 법리와 기록에 비추어 살펴보면, 원심의 위와 같은 사실 인정과 판단은 정당하다고 수긍이 되며, 원심 판결에 상고 이유로 주장하는 바와 같이 채증법칙을 위배하여 사실을 잘못 인정하거나, 식품위생법 제11조 제1항 및 동법시행규칙 제6조 제1항 제2호에서의 소정의 과대광고 또는 공동정범에 관한 법리를 오해한 위법이 있다고 할 수 없다.

〈법원의 판단에 대한 해설〉

식품의약품안전청이나 법원을 통해서 행정처분이나 형사처벌을 받는 가장 흔한 경우가 허위 및 과장 광고일 것이다. 실제로 대법원 판례에서 상인이 자신의 업무를 하면서 자기 영업의 포장을 위한 적정선의 과대광고는 허용하고 있다. 우리의 실생활에서도 "장사하는 사람은 부모한테도 원가를 공개하지 않는다.", "밑지고 판매합니다." 등을 그대로 믿고 사는 사람은 없을 것이다. 내가 물건을 매수할 때에는 원가에 매도인의 이익이 포함되어 있을 것이고, 그 마진이 적정하다면 합리적인 소비를 한 것이 될 것이며, 국가에서도 전혀 간섭을 하지 않을 것이다. 물론, 제품 자체에 위해나 다른 문제가 없을 경우에 그러하다. 그러나 일반적인 식품이 마치 어떠한 효능을 가진 것처럼 광고하는 것은 분명 문제가 된다.

식품을 공부하고 관련 일을 하는 사람으로서, 소비자가 기본적으로 알아야 하는 원칙이 있다는 것을 일깨워 주고 싶을 때가 많다. '식품은 약이 아니다.'라는 원칙이 그것이다. 식품은 식품이다. 물론 식품은 수백 수천가지의 화합물로 이루어져 있기에 그 중에 어느 성분은 발암 물질을 파괴하거나 억제하는 효과를 가져 올 수도 있을 것이다. 하지만 그러한 효능은 식품 속의 화합물을 추출하여 약으로 만들었을 때 가능하다. 그렇지 않고 식품에 특별히 어떠한 기능성 물질이 많이 함유되어 있다면, 그 부분에 대해서 해당 식품을 건강 기능 식품의 원료로 인정할 수 있으며, 이러한 과정을 거친 후에 건강기능식품으로 광고를 할 수 있는 것이다. 건강과 다이어트 등 식품과 관련되어 많은 허위 또는 과장 광고가 난무하고 있다. 이러한 광고에 속지 않기 위해서는 '식품은 약이 아니다.'라는 기본 원칙을 기억하면 된다.

21. 의약약과 식품의 차이 (대법원 2001도4633)

〈사건의 개요〉

은행나무 잎에는 인체의 콜레스테롤을 분해하고, 혈액을 정화시키는 작용을 하는 성분이 함유되어 있다고 한다. A는 은행나무 잎을 가공한 식품 '△△△'을 판매하면서, '사람이 섭취했을 때 인체의 콜레스테롤을 분해, 혈액을 정화시키는 작용을 한다.'라는 내용의 문구를 게재하여 광고했다. 이는 식품위생법상 과대광고에 해당하는 것일까?

〈사건에 대한 적용 법령〉

식품위생법

제11조 (허위표시등의 금지)

① 식품등의 명칭·제조방법 및 품질에 관하여는 허위표시 또는 과대광고를 하지 못하고, 포장에 있어서는 과대포장을 하지 못하며, 식품·식품 첨가물의 표시에 있어서는 의약품과 혼동할 우려가 있는 표시를 하거나 광고를 하여서는 아니된다. 식품·식품 첨가물의 영양가 및 성분에 관하여도 또한 같다.

② 제1항의 규정에 의한 허위표시·과대광고·과대포장의 범위 기타 필요한 사항은 보건복지부령으로 정한다.

〈사건에 대한 법원의 판단〉

구 식품위생법(2000. 1. 12. 법률 제6154호로 개정되기 전의 것) 제11조 제1항에 의하면 '식품의 명칭, 제조 방법 및 품질에 관하여서는 허위 표시 또는 과대광고를 하지 못하고, 포장에 있어서는 과대 포장을 하지 못하며, 식품·식품 첨가물의 표시에 있어서는 의약품과 혼동할 우려가 있는 표시를 하거나 광고를 해서는 안 된다. 식품·식품 첨가물의 영양가 및 성분에 관하여도 또한 같다'고 되어 있다. 또한, 그 제2항에 의하면 허위 표시·과대광고의 범위에 관하여는 보건복지부 령으로 정하도록 되어 있는데, 이에 따른 같은법 시행규칙 제6조 제1항은 '허위 표시·과대광고의 범위는 용기·포장 및 라디오·텔레비전·신문·잡지·음곡·영상·인쇄물·간판 기타의 방법에 의하여 식품 등의 명칭·제조 방법·품질·영양가·원재료·성분 또는 사용에 대한 정보를 나타내거나 알리는 행위 중 다음 각 호의 1에 해당하는 것으로 한다.'고 한 다음, 그 제2호에서 '질병의 치료에 효능이 있다는 내용의 광고 또는 의약품으로 혼동할 우려가 있는 내용의 표시·광고'를 들고 있다. 한편 같은법 시행규칙 제6조 제2항 관련 '[별표 3] 허위표시·과대광고로보지아니하는표시및 광고의범위와그적용대상식품'에 의하면, 건강보조식품, 특수영양식품 및 인삼제품류에 한하여 그 식품의 유용성을 표시할 수 있도록 되어 있으므로, 그 밖의 일반 식품에 대하여서는 유용성 표시가 허용되지 않는다고 볼 수 있다. 따라서 일반 식품이 질병의 치료에 효능이 있는 것이 사실이라 할지라도, 그 제품을 식품위생법에 의하여 식품으로 공인받았을 뿐 의약품으로 공인받지 않았다면, 다음과 같이 판단할 수 있다. 식품위생법의 규제 대상인 식품에는 그 제2조 제1호에 의하여 처음부터 의약품은 제외되어 있으므로, 그 식품을 표시·광고할 때 의약품과 혼동할 우려가 있는 표현을 사용한다면 그것은 식품에 관한 표시나 광고로서의 범위를 벗어나 그 자체만으로 식품의 품질에 관한 허위 표시나 과대광고로서 소비자의 위생에 위해를 가할 우려가 있다고 할 수 있다. 그렇기 때문에 식품으로 인한 위생상의 위해를 방지한다는 관점에서, 식품에 관한 표시와 광고를 규제하는 식품위생법 제11조, 같은법시행규칙 제6조 제1항 제2호를 위반하고 있다고 할 수 있다 (대법원 1998. 2. 13. 선고 97도2925 판결 참조). 위 식품위생법 제11조 및 같은법시행규칙 제6조 제1항에서 그 제품의 성분 및 원재료에 대하여 질병의 치료에 효능이 있는 것처럼 광고하는 행위도 과대광고로 규제하고 있는 점에 비추어 볼 때, 그 식품 자체에 관하여 그러한 효능이 있는 것으로 광고하지 아니하였다 할지라도, 그 원재료를 그러한 효능이 있는 것으로 광고한 경우에는, 그 식품에 관하여 과대광고를 한 것이 된다. 또 그 광고에서 해당 제품을 의약품이 아니라 식품이라고 명시하고 있다 할지라도 그 표시나 광고의 내용에 의학적 효능·효과가 있는 것으로 오인될 우려가 있는 표현이 포함되어 있는 경우에는, 그 제품이 질병의 치료에 효능이 있는 것처럼 광고한 것으로 볼 수 있기에, 이것 역시 과대광고에 해당한다. 어느 광고에서 식품에 관하여 질병의 치료에 효능이 있는 것처럼 광고한 것으로 볼 것인지에 대한 여부는 사회 일반인의 시각에서 판단되어야 할 것이다.

광고 문구가 이 사건 제품의 원료인 은행나무 잎의 유용성을 표현한 것이라고 하더라도, 소비자로서는 이를 원료로 한 완제품에도 그와 같은 유용성이 있는 것으로 오인하여 이를 질병의 치료에 효능이 있는 의약품으로 혼동할 우려가 있으며, 위 광고의 우측 하단에 '깅코톤은 약이 아닙니다. 식품입니다.'라는 문구가 게재되어 있다는 사정만으로는 위와 같은 우려를 소멸시키기에 부족하다. 따라서 이는 결국 같은 법 제11조 제1항, '소정의 식품의 품질에 관한 과대광고'에 충분히 해당되므로, 앞서 본 법리에 비추어 기록을 살펴보면, 원심의 위 인정과 판단은 정당한 것으로 수긍이 되며, 여기에 상고 이유에서 주장하는 바와 같은 과대광고에 관한 법리 오해 등의 위법이 있다고 할 수 없다.

⟨법원의 판단에 대한 해설⟩

영어 속담에 'Drowning man will catch at a straw.'라는 것이 있다. 물에 빠진 사람은 지푸라기라도 잡는다는 말이다. 사람의 건강이 그렇다. 말기 암 환자나 중병에 걸린 사람, 혹은 그렇지 않다 하더라도 건강에 대해 걱정이 많은 사람들에게 'ooo 효능 보장', 'ooo 질병 치료 효과' 등의 광고는 어둠 속에 한 줄기 빛과 같은 구세주처럼 느껴질 것이다. 이 사람들에게는 다른 어떠한 문구도 눈에 들어오지 않을 것이며, 단지 '효능'과 '질병 치료'라는 단어만 보일 것이다. 이러한 사람의 심리를 이용하여 지금도 많은 신문과 인터넷 사이트에서 불법 과장 또는 허위 광고가 난무하고 있다. 다시 한 번 언급하지만, 단기간 내에 치료의 효과를 가져다 줄 수 있는 것은 '약'이고, '식품'이 아니다.

정부는 '불량식품'을 4대 악 중 하나로 규정하고 불량식품과의 전쟁을 선포했다. 이를 위해 식품의약품안전 업무의 일원화되었다고 한다. 엄밀히 말하면 식품의 허위 과장 광고는 그 자체가 불량식품은 아니지만, 광고와 같은 효과를 못내는 제품이라는 개념에서 보면 불량이라고도 할 수 있을 것이다. 하지만 무엇보다 소비자들이 똑똑하고 현명해져야 이러한 불량식품이 이 사회에서 사라지게 될 것이며, 이는 10배 이상의 징벌적 손해 배상보다 훨씬 강력한 수단이 될 것이다.

22. 사실 여부와 과대광고 (대법원 91도1925)

〈사건의 개요〉

외판원 A는 세모스쿠알렌이라는 심해상어의 간유 추출물을 판매하면서, 스쿠알렌이 암, 간장질환, 위궤양, 당뇨병, 고혈압, 심장병 등에 특효라는 내용을 담은 40페이지 분량의 책자를 '심해상어 간유'라는 제목으로 함께 교부하였다. 이것도 과대광고에 해당되는 것일까?

〈사건에 대한 적용 법령〉

제11조 (허위표시등의 금지)

① 식품등의 명칭·제조방법 및 품질에 관하여는 허위표시 또는 과대광고를 하지 못하고, 포장에 있어서는 과대포장을 하지 못하며, 식품·식품 첨가물의 표시에 있어서는 의약품과 혼동할 우려가 있는 표시를 하거나 광고를 하여서는 아니된다. 식품·식품 첨가물의 영양가 및 성분에 관하여도 또한 같다.

② 제1항의 규정에 의한 허위표시·과대광고·과대포장의 범위 기타 필요한 사항은 보건복지부령으로 정한다.

〈사건에 대한 법원의 판단〉

피고인 1은 피고인 2의 주식회사에서 식품제조품목허가를 받아 제조·판매하는 세모스쿠알렌의 외판원으로서, 그 판시 일시에 피고인 2 주식회사로부터 받은 '심해상어간유'라는 제목으로, 식품인 위 세모스쿠알렌을 공소 외 이○○에게 판매하면서, 스쿠알렌이 암, 간장질환, 위궤양, 당뇨병, 고혈압, 심장병 등에 특효라는 내용이 인쇄된 40페이지 책자를 교부한 사실을 인정한 바, 위 증거들을 기록에 대조하여 살펴보면 원심의 위 증거 취사와 사실 인정은 정당한 것으로 수긍할 수 있고 원심 판결에 소론과 같은 채증법칙위반의 위법이 있다고 할 수 없다.

식품위생법 제11조 제1항에 의하면, '식품의 명칭, 제조방법 및 품질에 관하여는 허위표시 또는 과대광고를 하지 못하고'라고 되어 있다. 또한, 그 제2항에 의하면, 허위표시·과대광고의 범위에 대해서는 보건사회부령으로 정하도록 되어있는데, 식품위생법 시행규칙 제6조 제2항은 과대광고의 범위를 '식품 등의 명칭, 제조방법, 품질 및 사용에 관한 라디오, 텔레비전, 신문, 잡지, 음곡, 영상, 인쇄물 등에 의한 광고 중 다음 각호의 1에 해당하는 것으로 한다'고 한 다음, 그 제2호에서 '질병의 치료에 효능이 있다는 내용의 광고 또는 의약품으로 혼동할 우려가 있는 내용의 광고'라고 규정하고 있다. 따라서 위 인정의 책자가 일본의 의학박사가 지은 내용을 그대로 번역한 것이라 하더라도, 기록상 원저작물이 위 시행규칙 제6조 제3호 단서에서 말하는 '식품학, 영양학 등에 관한 문헌을 인용하여 그 문헌의 내용을 정확히 표시하고 연구자의 성명, 문헌명, 발표년월일을 명시한 광고'라고는 할 수 없으므로, 위 인정과 같이 피고인이 세모스쿠알렌을 판매하면서 '심해상어간유'라는 제목으로 스쿠알렌이 암, 간장질환, 위궤양, 당뇨병, 고혈압, 심장병 등에 특효라는 내용이 인쇄된 책자를 교부한 행위는, 식품위생법 제11조 제1항 위반에 해당한다고 할 것인 바, 이와 같은 취지의 원심 판단도 정당하고 거기에 소론이 같은 법리 오해의 위법이 있다 할 수 없다.

〈법원의 판단에 대한 해설〉

변리사로도 활동하고 있는 필자는 강연을 위해서 지식재산기본법을 살펴볼 기회가 있었다. 지식재산기본법 제3조 제1호에는 '지식재산'의 뜻이 정의되어 있는데, '인간의 창조적 활동 또는 경험 등에 의하여 창출되거나 발견된 지식·정보·기술, 사상·감정의 표현, 영업이나 물건의 표시, 생물의 품종이나 유전자원, 그 밖에 무형적인 것으로서 재산적 가치가 실현될 수 있는 것'을 말한다고 규정되어 있다.

이와 같은 지식재산은 특허법, 실용신안법, 디자인보호법, 상표법, 저작권법으로 보호받고 있다. 또한 연구 논문은 최근 들어 가장 이슈가 되는 주제인데, 바로 참고문헌의 인용 없는 표절과 관련이 있다. 저작권법 제136조 제1호는 '저작재산권, 그 밖에 이 법에 따라 보호되는 재산적 권리를 복제, 공연, 공중송신, 전시, 배포, 대여, 2차적 저작물 작성의 방법으로 침해한자'를 5년 이하의 징역이나 5천만원 이하의 벌금에 처하거나 병과할 수 있다고 규정하고 있다.

식품위생법에서는 이러한 저작권법과는 또 다르게 문헌의 인용이 중요하게 인식되고 있는데, 바로 식품위생법 시행규칙 제8조 제1항 제5호다. 규정은 '제조방법에 관하여 연구하거나 발견한 사실로서 식품학, 영양학 등의 분야에서 공인된 사항 외의 표시·광고. 다만, 제조방법에 관하여 연구하거나 발견한 사실에 대한 식품학·영양학 등의 문헌을 인용하여 문헌의 내용을 정확히 표시하고, 연구자의 성명, 문헌명, 발표 연월일을 명시하는 표시·광고는 제외한다'고 명시되어 있다.

건강기능식품의 과대광고에 많이 나오는 것 중 하나가 '특허 출원 번호 제oooo호' 또는 'ooo 대학 ooo 교수 연구 논문 발표' 등이다. 이들은 어느 교수의 전체 논문 중에서 자신들에게 유리한 극히 일부분을 발췌하여 광고에 사용하고 있지만, 실제 논문의 내용은 제품과 전혀 상관없는 경우도 많고 심지어는 논문의 제목이나 주요 사항을 표시하지 않아서 확인을 불가능하게 하는 경우가 많다. 이런 경우 바로 식품위생법 시행규칙 제8조 제1항 제5호 위반이 된다.

식품의약품안전청으로부터 식품의 기능성을 인정받았을 경우에는 제품에 '건강기능식품' 문구 또는 인증 마크가 있다. 이것만 확인해도 몸에 좋은 건강기능식품의 90% 이상은 구별할 수 있을 것이므로, 반드시 건강기능식품 구입 시 염두해야 할 것이다.

23. 축산물의 허위 표시 (대법원 90도1771)

〈사건의 개요〉

　A는 성분의 배합 비율이 100퍼센트 소꼬리인 식품을 제조하는 품목 허가를 받았다. 그러나 A는 실제로는 소꼬리 20퍼센트에 소엉덩이뼈 80퍼센트가 더해진 식품을 제조한 뒤 그 전체가 100퍼센트 소꼬리이고 품목 허가를 받은 제품인 것처럼 표시하여 판매하였다. A의 행위는 위법일까?

〈사건에 대한 적용 법령〉

축산물위생관리법

제32조(허위표시 등의 금지)

① 누구든지 축산물의 명칭, 제조방법, 성분, 영양가, 원재료, 용도 및 품질, 축산물의 포장과 축산물가공품이력추적관리에 있어서 다음 각 호의 어느 하나에 해당하는 허위·과대·비방의 표시·광고 또는 과대포장을 하여서는 아니 된다.

  1. 질병의 예방 및 치료에 효능·효과가 있거나 의약품 또는 건강기능식품으로 오인·혼동할 우려가 있는 내용의 표시·광고

  2. 사실과 다르거나 과장된 표시·광고

  3. 소비자를 기만하거나 오인·혼동시킬 우려가 있는 표시·광고

  4. 다른 업체 또는 그 제품을 비방하는 광고

② 제1항에 따른 허위표시, 과대광고, 비방광고 또는 과대포장의 범위와 그 밖에 필요한 사항은 총리령으로 정한다.

원심이 확정한 바와 같이 피고인들이 성분 배합 비율 100퍼센트로 소꼬리를 제조하는 품목 허가를 받았음에도 불구하고, 소꼬리 20퍼센트와 소엉덩이뼈(반골) 80퍼센트를 혼합하여 소꼬리를 제조한 후 그 전체가 100퍼센트 소꼬리이고 품목 허가를 받은 것처럼 표시하여 이를 판매한 것이라면, 이는 위 법 제22조 제2항 소정의 변경 허가를 받지 아니한 채 식품을 제조한 후 허위 표시를 하여 이를 판매한 것으로 볼 수밖에 없다 할 것이다.

〈법원의 판단에 대한 해설〉

상인은 이익을 추구하는 사람이다. 이익이란 결국 회계 장부의 매출에서 비용을 제외한 부분인데, 이러한 이익을 극대화하는 것이 회사 경영의 목적이기에 많은 경영자들이 유혹을 받게 되는 것이 현실이고 여기에서 많은 범죄가 발생하기도 한다.

국가가 모든 식품 공장을 일일이 검사해서 제조 과정에서 제대로 된 원료와 성분 비율에 따라 제품을 올바르게 만들고 있는지를 간섭하는 것은 불가능하다. 그래서 식품위생법 시행규칙 제45조에 모든 식품 또는 식품 첨가물의 제조, 가공을 하는 영업자는 품목 제조 보고서를 작성하여 보고하도록 되어있다.

결국 국가의 행정기관에서는 단속이나 점검 시 이렇게 보고된 품목 제조 보고와 실제 생산 공정상에 실행이 일치하는지를 검토하는 과정을 반복하여 제대로 된 제품이 생산될 수 있도록 독려하는 것이 업무라고 할 것이다. 영업자는 고의가 없는 경우에도 회사법인의 돈을 개인적으로 잠시 유용하거나 업무를 처리하는 데 있어서 형법상 횡령죄나 배임죄에 해당될 수 있는 위험에 노출되어 있다. 관행이란 이름으로, 혹은 담당자들의 과실로 인해 어려움을 겪게 되는 사례를 많이 접하게 되는데, 이러한 때에는 정상 참작이 가능할 것이지만, 위 사례와 같이 제조 허가를 받은 사실과 다르게 고의로 소꼬리뼈에 엉덩이뼈를 섞어서 만든 제품을 판매하여 소비자를 우롱하는 것은 절대로 용서받지 못한 행동이다.

사실 이러한 행위는 소비자를 속여 이익을 편취한 것으로 보아 사기에 해당할 수 있지만, 실제 피해자인 소비자들이 고소나 고발을 하지 않는 한 수사가 진행되기 힘들어, 이들을 사기죄로 처벌하지 못하는 것이 현실이기도 하다. 실제로 2007년 12월 식품의약품안전청으로부터 HACCP 지정을 받지 않은 제품을 받은 것으로 속여서 학교 급식에 납품한 업체를 식품의약품안전청에서 대대적으로 단속한 일이 있었다. 필자가 담당자였는데, 수십 개의 업체를 검찰에 고발조치했지만 피해자가 존재하지 않고 실제 이득이 없었다는 이유로 모두 무혐의 판정을 받고 단순 행정 처분만 가능했던 사례가 생각난다. 반면, 예전에 텔레비전을 보다가 미국의 소비자가 대형 체인인 서브웨이(SUBWAY)가 광고에서와 달리 작은 크기의 빵을 사용했다가 50억의 소송을 당했고, 그 사건이 점차 확대되고 있다는 기사를 보았다. 금액이 문제라기보다는, 그렇게 소비자를 우롱하는 기업에게 응징을 가하여 잘못을 인정하게 할 수 있는 시스템의 정착이 필요할 것이다. 자동차 연비와 관련하여 법 개정을 통해 실제와 거의 흡사한 기준으로 연비 표시가 변경되어 소비자들이 더 이상 자동차 회사로부터 우롱당하지 않게 되었다고 하는데, 식품에 있어서도 하루빨리 이러한 법령 개정이 필요하다고 생각된다.

24. 자가 설정 유통기한과 허위 표시 (대법원 2007도5583)

〈사건의 개요〉

○○수산을 운영하고 있는 A는 수입해 들여 온 수산물을 손질하여 판매하면서 임의대로 유통기한을 표기하여 판매하였다. A의 유통기한 표기는 해당 냉동 수산물의 수입자가 수입 신고를 하면서 설정하고 검사를 받은 유통기한과는 다르게 기재한 것이었다. 그렇다면 이는 식품위생법상 허위 표시 금지의 위반으로 문제가 되는 것일까?

〈사건에 대한 적용 법령〉

식품위생법

제16조 (수입식품등의 신고등)

① 판매를 목적으로 하거나 영업상 사용하는 식품등을 수입하고자 하는 자는 보건복지부령이 정하는 바에 의하여 보건복지부장관·식품의약품안전청장에게 신고하여야 한다.

② 보건복지부장관·식품의약품안전청장은 보건복지부령이 정하는 사유가 있는 경우에는 제1항의 규정에 의하여 신고된 식품등에 대하여 통관절차 완료전에 관계 공무원 또는 검사기관으로 하여금 필요한 검사를 하게 하여야 한다. 다만, 기구 또는 용기·포장의 경우에는 통관절차 완료후에 검사를 하게 할 수 있다.

③ 보건복지부장관 또는 식품의약품안전청장은 제1항의 규정에 의하여 신고된 식품등이 다음 각호의 1에 해당하는 경우에는 제2항의 규정에 불구하고 검사의 전부 또는 일부를 생략할 수 있다.

  1. 제4조 내지 제6조·제8조 및 제11조의 규정에 의한 위해식품등에 해당하지 아니하고, 제7조·제9조·제21조 및 제32조의2의 규정에 적합하다고 보건복지부장관 또는 식품의약품안전청장이 사전에 확인하여 고시(이하 "수입식품등사전확인등록"이라 한다)한 경우 (수산동식물의 경우 수출국의 정부가 인정하는 경우를 포함하되, 수출국이 우리나라로

부터 수입하는 수산동식물에 대하여 같은 제도를 인정하는 경우에 한한다)

2. 보건복지부장관 또는 식품의약품안전청장이 인정하여 고시한 국내외 검사기관에서 검사를 받아 그 검사성적서 또는 검사증명서를 제출하는 경우

3. 그 밖에 제1호 및 제2호에 준하는 사항으로서 보건복지부령이 정하는 사유에 해당하는 경우

④ 제2항 및 제3항의 규정에 의한 검사의 종류·대상, 검사방법 및 수입식품등사전확인등록의 기준·절차 등에 관하여 필요한 사항은 보건복지부령으로 정한다.

제22조 (영업의 허가등)

① 제21조의 규정에 의한 영업중 대통령령이 정하는 영업을 하고자 하는 자는 대통령령이 정하는 바에 따라 영업의 종류별·영업소별로 식품의약품안전청장, 시·도지사, 시장·군수 또는 구청장의 허가를 받아야 한다. 대통령령이 정하는 중요한 사항을 변경하고자 하는 때에도 또한 같다.

② 삭제

③ 식품의약품안전청장, 시·도지사, 시장·군수 또는 구청장은 제1항의 규정에 의한 영업허가를 하는 때에는 필요한 조건을 붙일 수 있다.

④ 제1항의 규정에 의하여 영업의 허가를 받은 자가 그 영업을 폐업하거나 허가받은 사항중 동항 후단의 중요사항을 제외한 경미한 사항을 변경하고자 하는 때에는 식품의약품안전청장, 시·도지사, 시장·군수 또는 구청장에게 신고하여야 한다.

⑤ 제21조의 규정에 의한 영업중 대통령령이 정하는 영업을 하고자 하는 자는 대통령령이 정하는 바에 따라 영업의 종류별·영업소별로 식품의약품안전청장 또는 시장·군수·구청장에게 신고하여야 한다. 신고한 사항중 대통령령이 정하는 중요한 사항을 변경하거나 폐업하고자 하는 때에도 또한 같다.

⑥ 제1항 또는 제5항의 규정에 의하여 식품 또는 식품 첨가물의 제조업·가공업의 허가를 받거나 신고를 한 자가 식품 또는 식품 첨가물을 제조·가공하는 때에는 보건복지부령이 정하는 바에 의하여 식품의약품안전청장 또는 시·도지사에게 그 사실을 보고하여야 한다. 보고한 사항중 보건복지부령이 정하는 중요한 사항을 변경하는 때에도 또한 같다.

제11조 (식품등의 수입신고)

① 법 제16조제1항의 규정에 의한 수입신고를 하고자 하는 자(이하 "수입신고인"이라 한다)는 다음 각호의 서류(전자문서로 수입신고를 하는 경우에는 제3호 및 제4호외의 서류)를 수입되는 식품등의 통관장소(기구 또는 용기·포장의 경우에는 통관장소 또는 보관장소를 말한다)를 관할하는 지방식품의약품안전청장 또는 국립검역소장(인천공항·부산·인천·김해검역소장을 제외한다. 이하 이 조에서 같다)에게 제출하여야 한다. 이 경우 수입되는 식품등의 도착예정일 5일전부터 미리 신고할 수 있으며, 미리 신고한 도착항·도착예정일등 주요사항이 변경되는 때에는 즉시 그 내용을 문서로 신고하여야 한다.

1. 별지 제4호서식에 의한 식품등의 수입신고서

2. 삭제

3. 식품위생검사기관이 발급한 식품등의 한시적 기준 및 규격검토서사본(천연첨가물 및 기구등의 살균·소독제와 식품 및 식품 첨가물에 사용되는 기구 또는 용기·포장에 한한다)

4. 품목제조보고서 사본 또는 영업허가(신고)증 사본(자사의 제품을 제조하기 위한원료로 수입하는 경우에 한한다)

5. 검사성적서 또는 검사증명서〔별표 6의 식품등의 수입신고 및 검사방법에서 정하는 정밀검사대상식품등으로서 식품의약품안전청장이 인정하는 국내외 검사기관(이하 "공인검사기관"이라 한다)에서 정밀검사를 받아 제출하는 경우에 한한다〕

6. 한글표시가 된 포장지(한글표시가 인쇄된 스티커를 붙인 포장지를 포함한다) 또는 한글표시 내용이 기재된 서류

7. 구분유통증명서〔종자의 구입·생산·보관·선별·운반·선적과정에서 법 제10조제1항 단서의 규정에 의한 식품(이하 "유전자재조합식품"이라 한다)과 구분하여 관리하였음을 증명하는 서류를 말한다. 이하 같다〕 또는 이와 동등한 효력이 있음을 생산국의 정부가 인정하는 증명서. 다만, 유전자재조합 표시대상에 해당하는 식품으로서 유전자재조합식품이라는 표시를 하지 아니한 경우에 한한다.

제25조 (품목제조의 보고등)

① 법 제22조제6항의 규정에 의하여 품목제조보고를 하여야 하는 영 제7조제1호의 식품제
조·가공업자 및 동조제3호의식품 첨가물 제조업자는 별지 제20호서식의 품목제조보고서
에 다음 각호의 서류를 첨부하여 영업의 허가 또는 신고관청에 제품생산의 개시전이나 제
품생산의 개시후 7일이내에 제출하여야 한다. 이 경우 식품제조·가공업자가 식품을 위탁제
조·가공하는 경우에는 위탁자가 품목제조보고를 하여야 한다.

 1. 제조방법설명서

 2. 식품위생검사기관이 발급한 식품등의 한시적 기준 및 규격검토서(제4조제1항의 규정에
    의한 식품등의 한시적 기준 및 규격의 인정을 받을 수 있는 대상에 해당하는 식품등에
    한한다)

 3. 삭제

② 영업의 허가 또는 신고관청은 제1항의 규정에 의하여 품목제조보고를 받은 때에는 그 내용
을 별지 제16호의2서식의 품목제조보고관리대장에 기록·보관하여야 한다.

제26조 (품목제조보고사항등의 변경)

② 제25조의 규정에 의하여 품목제조보고를 한 자가 당해 품목의 유통기간을 연장하고자 할
때에는 별지 제24호서식의 유통기간연장보고서에 연장사유서를 첨부하여 영업의 허가 또
는 신고관청에 제출하여야 한다.

〈사건에 대한 법원의 판단〉

식품위생법(2005. 1. 27. 법률 제7374호로 개정되기 전의 것, 이하 '법'이라 한다) 제79조, 제
77조 제5호, 제31조 제1항과, 구 식품위생법 시행규칙(2005. 7. 28. 부령 제324호로 개정되기
전의 것, 이하 '시행규칙'이라 한다) 제42조 제1항 및 〔별표 13〕 제2호 (파)목의 구성요건에 해당
되기 위해서는, 피고인이 식품위생법 소정의 영업허가 등을 받아 적법하게 식품접객업 등을 할 수
있는 영업자로서 식품위생법 시행령(2003. 4. 22. 대통령령 제17971호로 개정된 것) 제17조의

2에 규정된 영업자이어야 한다. (대법원 1993. 5. 25. 선고 93도436 판결 참조) 그런데 원심이 적법하게 채택하여 조사한 증거를 살펴보아도 피고인이 실질적으로 운영하는 '○○수산'이 위와 같은 영업자임을 뒷받침하는 자료를 찾을 수 없었다. 따라서 피고인이 위와 같은 영업자임을 전제로 하여 그 종업원이 '영업자 등의 준수 사항을 위반하여 유통기한이 경과된 제품을 판매하였다'는 원심 판단에는 증거 없이 사실을 인정하였으나, 영업자 등의 준수 사항 등에 관한 법리를 오해한 위법이 있다. 직권으로 심판할 수 있는 이 점을 지적하는 상기 주장은 이유가 있다.

법 제10조 제1항은 식품의약품안전청장으로 하여금 식품의 표시에 관하여 필요한 기준을 정하여 이를 고시할 수 있도록 규정하고 있는 바, 이에 따라 제정된 '식품 등의 표시 기준'(2005. 3. 7. 식품의약품안전청 고시 제2005-12호로 개정되기 전의 것) 제4조에 의하면, 표시 대상 식품이 표시해야 할 사항으로 제품명, 식품의 유형, 업소명 및 소재지, 제조연월일, 유통기한 등이 규정되어 있는 한편, 제6조 제4항에서는 위 표시 사항의 적용 특례로서 제3조 제1항 (바)목에 해당하는 식품은 제품명(내용물의 명칭), 업소명, 제조연월일(포장일), 내용량, 보관 및 취급 방법만을 표시할 수 있다고 규정함으로써, 유통기한의 표시를 하지 않을 수 있도록 규정하고 있다. 그런데 법 제22조 제6항, 시행규칙 제25조, 제26조 제2항에 의하면, 식품 제조업자가 식품을 제조·가공하는 때에는 스스로 유통기간을 설정하여 품목 제조 보고를 하여야 하고, 그 유통기간을 연장하고자 할 때에는 그 연장 사유서를 첨부한 유통 기간 연장 보고서를 제출하여야 하도록 하고 있으며, 법 제16조, 시행규칙 제11조에는 식품 수입자가 식품을 수입하는 때에도 수입 신고서에 스스로 유통기간을 기재하여 수입 신고를 하고(시행규칙 별지 4호 서식 참조) 그에 따라 소정의 검사를 받도록 규정되어 있다. 그러므로 이와 같은 제반 규정의 취지를 종합하면 유통기간이나 유통기한은 기본적으로 식품 제조업자 또는 수입업자가 자율적으로 정하는 것(다만, 그 유통기간 또는 유통기한은 법 제12조의 규정에 의한 식품공전의 기준에 적합하여야 할 것이다)이다. 일단 그렇게 설정된 유통기한에는 그 자신도 구속을 받는 것으로 보인다. 나아가, 유통기한을 표시하는 취지가 소비자에게 그 식품에 대한 정확하고 신뢰성 있는 정보를 제공함으로써 소비자를 보호하고 국민 보건 증진에 이바지하고자 함에 있음을 감안하면, 위 '식품 등의 표시 기준'이 정하는 표시 사항 중 유통기한을 표시하지 않을 수 있는 '식품 등의 표시 기준' 제3조 제1호 (바)목 해당 식품이라 하더라도, 당해 식품의 제조자나 수입자가 자발적으로 그 식품에 유통기한을 설정·표시하여 소정의 보고 또는 신고·검사를 마친 경우에는 법적으로 유효한 유통기한이 설정된 것으로 볼 수 있기 때문에, 그와 다른 유통기한을 표시하게 되면 이는 법 제11조 제1항의 '허위 표시'에 해당하는 것으로 해석하여야 할 것이다.

〈법원의 판단에 대한 해설〉

인기리에 방송되었던 법정 관련 드라마 '너의 목소리가 들려'에서 주인공이 재판의 증인이 되어 선서를 하는 모습이 나오고, 이후 판사가 증인에게 위증을 할 경우 형사처벌을 받을 수 있다는 고지를 했던 장면을 기억하고 있을 것이다. 여기서 말하는 위증죄란, '형법 제152조의 단순위증죄' 혹은 '형사사건 또는 징계사건에 관하여 피고인 등을 모해할 목적으로 위증한 것에 대한 모해위증죄'를 말한다. 그런데 형법상 위증이라 함은 법률에 의하여 선서한 증인이 허위로 진술하는 죄인데, 이때 허위 진술이란, 자기의 기억에 반하는 사실을 진술하는 것을 말하며, 객관적 진실에 부합되더라도 자기의 기억에 반한 진술은 허위 진술이 된다는 점이 일반적인 상식과 조금 다르다. 즉, 기준이 자기의 기억에 떠올려진 사실이며, 그것과 다를 경우 위증죄가 성립하여 처벌을 받게 된다는 것이다. 여기서 눈여겨봐야 할 것은 바로 그 기준이 자신의 기억이라는 것이다. 결국 자신과의 약속, 즉, 양심이 기준이 된다는 것이다.

위 대상 판례를 이러한 관점에서 살펴보자. 식품위생법상 유통기한의 설정은 자율적으로 일정한 설정 유지 실험 등을 통해서 근거를 제출하기만 하면 전부 인정해주고 있으므로, 최초 스스로 신고한 사항을 지키기만 하면 되는데, 자신이 신고한 내용과 다르게 표시를 한다면 식품위생법 제13조 및 동법 시행규칙 제8조 제1항 제4호의 '제조 연월일 또는 유통기한을 표시함에 있어서 사실과 다른 내용의 표시·광고'에 해당되어 처벌을 받게 된다는 내용이다. 즉, 식품위생법상 표시의무가 없는 식품임에도 불구하고 영업자가 소비자의 편의를 위해 제공한 유통기한이라 할지라도, 일단 표시를 한 이상 사실과 달리 표시를 한 것은 명백한 잘못이라는 것이다. 영업자의 편에서 본다면 실질적으로 표시를 할 필요가 없는 것을 표시했다가 나온 결과이기에 쉽게 수긍할 수 없었을 것이므로 대법원에 상고까지 한 것으로 보인다. 하지만 표시 기준의 의무 대상 여부와 허위 표시는 관련성이 없으므로, 일단 식품에 표시를 한 이상 적법한 기준에 맞춰서 해야 하는 것은 너무나도 자명한 것이다. 우리가 일상생활에서도 상대를 현혹하거나 내편으로 만들기 위해서, 혹은 성격상 과장이 지나쳐서 할 필요가 없는 약속을 해놓고 후회한 나머지 이를 지키지 않거나 대수롭지 않게 여겨 제대로 이행하지 않아, 오히려 약속을 하지 않은 것만 못하게 상대방으로부터 신뢰를 잃는 경우를 볼 수 있다. 결국, 스스로 한 약속은 모두 의미가 있고, 신의를 위해 지켜야 한다. 모든 법의 기본 원칙은 신의 성실의 원칙이다. 그리고 법을 떠나서 우리의 일상생활에서도 이렇게 기본적인 작은 약속부터 잘 지켜나간다면 서로에게 피해를 주는 일 없이 건강한 사회가 될 것이라 생각한다.

25. 허위·과장광고에 대한 판단 기준 (대법원 2007도3831)

〈사건의 개요〉

A는 인터넷 홈페이지에서 '라이스 △'라는 백미를 판매하면서, 자신이 판매하는 상품이 다이어트 기능용 쌀로서 체중 감량뿐만 아니라 당뇨병, 변비, 고혈압, 동맥경화 환자에게 월등한 효과를 보인다는 문구를 게재하였다. 이는 국내의 수도육종연구진에 의하여 연구된 내용으로, 해당 백미가 위와 같은 효능을 지니는 것은 사실이며, A는 위 연구 내용을 보도한 신문 기사를 인터넷 홈페이지에 게시한 바 있었다. A의 이러한 광고는 허위·과장광고로 처벌될 여지가 있을까?

〈사건에 대한 적용 법령〉

식품위생법

제11조 (허위표시등의 금지)

① 식품등의 명칭·제조방법 및 품질과 식육의 원산지등 표시에 관하여는 허위표시 또는 과대광고를 하지 못하고, 포장에 있어서는 과대포장을 하지 못하며, 식품·식품 첨가물의 표시에 있어서는 의약품과 혼동할 우려가 있는 표시를 하거나 광고를 하여서는 아니된다. 식품·식품 첨가물의 영양가·원재료·성분 및 용도에 관하여도 또한 같다.

② 제1항의 규정에 의한 허위표시·과대광고·과대포장의 범위 기타 필요한 사항은 보건복지부령으로 정한다.

식품위생법 시행규칙

제6조 (허위표시·과대광고 및 과대포장의 범위)

① 법 제11조의 규정에 의한 허위표시·과대광고의 범위는 용기·포장 및 라디오·텔레비전·신

문·잡지·음곡·영상·인쇄물·간판·인터넷 그 밖의 방법에 의하여 식품등의 명칭·제조방법·품질·영양가·원재료·성분 또는 사용에 대한 정보를 나타내거나 알리는 행위중 다음 각호의 어느 하나에 해당하는 것으로 한다. 다만, 「식품위생법 시행령」(이하 "영"이라 한다) 제7조제8호가목·나목에 따른 휴게음식점영업소 및 일반음식점영업소에서 조리·판매하는 식품과 동호바목에 따른 제과점영업소에서 제조·판매하는 식품에 대한 제2호 및 제6호에 해당하는 표시·광고는 허위표시·과대광고의 범위에서 제외한다.

1. 법 제22조의 규정에 의하여 허가·신고 또는 보고한 사항이나 제11조의 규정에 의하여 수입신고한 사항과 다른 내용의 표시·광고

2. 질병의 치료에 효능이 있다는 내용 또는 의약품으로 혼동할 우려가 있는 내용의 표시·광고

3. 제품의 원재료 또는 성분과 다른 내용의 표시·광고

4. 제조연월일 또는 유통기한을 표시함에 있어서 사실과 다른 내용의 표시·광고

5. 제조방법에 관하여 연구 또는 발견한 사실로서 식품학·영양학등의 분야에서 공인된 사항 외의 표시·광고. 다만, 제조방법에 관하여 연구 또는 발견한 사실에 대한 식품학·영양학등의 문헌을 인용하여 문헌의 내용을 정확히 표시하고, 연구자의 성명·문헌명·발표연월일을 명시하는 표시·광고는 그러하지 아니하다.

6. 각종의 감사장·상장(정부표창규정에 의하여 제품과 직접 관련하여 수여한 상장을 제외한다) 또는 체험기등을 이용하거나 "주문쇄도"·"단체추천" 또는 이와 유사한 내용을 표현하는 광고

7. 외국어의 사용등으로 외국제품으로 혼동할 우려가 있는 표시·광고 또는 외국과 기술제휴한 것으로 혼동할 우려가 있는 내용의 표시·광고

8. 다른 업소의 제품을 비방하거나 비방하는 것으로 의심되는 광고이거나 제품의 제조방법·품질·영양가·원재료·성분 또는 효과와 직접 관련이 적은 내용을 강조함으로써 다른 업소의 제품을 간접적으로 다르게 인식되게 하는 광고

9. 삭제

10. 미풍양속을 해치거나 해칠 우려가 있는 저속한 도안·사진 등을 사용하는 표시·광고 또는 미풍양속을 해치거나 해칠우려가 있는 음향을 사용하는 광고

11. 화학적합성품의 경우 그 원료의 명칭등을 사용하여 화학적 합성품이 아닌 것으로혼동
    할 우려가 있는 광고

12. 삭제

13. 판매사례품 또는 경품판매등 사행심을 조장하는 내용의 광고(「독점규제 및 공정거래
    에 관한 법률」에 의하여 허용되는 경우를 제외한다)

② 제1항제2호에 불구하고 별표 3에서 정하는 표현은 허위표시나 과대광고로 보지 아니한다.

③ 법 제11조의 규정에 의한 과대포장의 범위는 「자원의 절약과 재활용촉진에 관한 법률」 제15
조제1항의 규정에 의한 「제품의 포장방법 및 포장재의 재질 등의 기준에 관한 규칙」이 정하
는 바에 의한다.

〈사건에 대한 법원의 판단〉

피고는 '제품에 함유된 식이섬유는 주로 채소와 해조류에 많이 든 영양성분으로 비만의 원인이
되는 콜레스테롤의 체내 흡수를 막아주고 지방 분해와 배변 활동을 도와줘 비만을 억제하는 효
과가 있는 것으로 밝혀졌고, 또한 당뇨병에 걸린 쥐로 실험한 결과 체내 혈당량을 20% 감소시키
고 콜레스테롤과 중성 지방이 각각 30%씩 줄어들었는데, 이는 농촌진흥청과 아주대 의대가 공
동으로 실시한 임상 실험에서 입증되었다.'라고 게시하였다. 위 글을 전체적으로 살펴보면, ○○미
2호에 함유된 식이섬유가 콜레스테롤의 체내 흡수를 막아주고 지방 분해와 배변 활동을 도와주
며, 체내 혈당량, 콜레스테롤 및 중성 지방을 감소시키는 식품영양학적 또는 생리학적 기능을 가
지고 있고, 그러한 기능의 결과로 비만, 당뇨병, 변비, 고혈압, 동맥경화 환자가 이를 섭취하는 경
우, 건강을 유지하는 데에 도움이 된다는 취지를 표현하였다고 보인다. 피고인이 판매하는 '라이
스 △'이 위 질병들의 직접적인 치료·예방을 주된 목적으로 하는 것인 양 표현하였다고 보기는 어
려우며, 또한 피고인이 판매하는 '라이스 △'이 제2세대 벼 품종인 '○○미 2호'에서 생산된 백미임
을 명백히 알리고 있고, 어떠한 인위적 가공을 거쳤다는 표현도 없는 바, 이러한 사정들을 종합하
여 보면, 사회 일반인의 관점에서 위와 같은 글을 보게 된다고 하여 피고인이 판매하는 백미인 '라
이스 △'을 식품이 아닌 의약품으로 혼동·오인할 우려가 있다고 볼 수는 없다.

대학 진학율 80%, 2010년 기준 OECD 국가 중 대학 진학율 12위를 차지하고 있는 우리나라의 교육열은 전 세계 어느 나라에도 뒤지지 않을 것이다. 이렇게 높은 교육열과 정보 통신의 발달로 인하여 국민 모두가 최신 정보에 손쉽게 접근 가능하며, 판단력이 높을 수밖에 없는 환경에 있으며, 이를 토대로 국가경쟁력을 평가한 결과도 역시 전 세계 국가 중 18위를 차지할 정도로 똑똑하다는 것을 알 수 있다. 이러한 국민의 능력을 반영한 것인지는 모르겠지만 식품위생법과 건강기능식품에 관한 법률에서 규정한 허위·과장 광고에 대한 법원의 판단은 행정기관이나 수사기관과는 달리 다소 관대한 것 같다.

이미 수많은 사람들이 온라인이나 마트 또는 백화점 등을 통해서 제품을 구매한 경험이 있을 것이다. 그렇다면 과연 소비자들의 구매 기준은 무엇일까? 만병통치약처럼 당뇨병, 고혈압 등 모든 질병 치료에 도움이 된다고 광고만 하면 정말 소비자들이 이런 광고를 믿고 구매를 주저하지 않을까? 또는 위 판례처럼 단순히 쌀인 경우에도 포함된 식이섬유가 여러 가지 작용을 해서 혈중 콜레스테롤을 낮추는 등 다양한 생리적 기능을 한다는 것은 정말 허위·과장광고에 포함되지 않는 것이 맞는 것일까?

사실 아래 판례와 같은 맥락의 결과는 그동안 많이 있었다. 소위 '마늘'이나 '쌀' 등 농산물 자체가 암을 예방하고, 고혈압 및 당뇨병 등에 효과를 가지고 있다는 등의 내용은 TV 프로그램에 출연하는 의사나 영양학자들이 수도 없이 반복하고 있는 말이다. 그렇다면 이러한 농산물을 가공하여 만든 제품은 그러한 효능이 없어지는 것일까? 예를 들어 항암 효과를 가지고 있다고 알려진 마늘로 다양한 건강 기능 식품이 제조되고 있으며, 실제로 근래에 식품의약품안전처로부터 건강기능식품 원료로 인정받기도 했다. 그렇기에 농산물 자체를 가지고 질병 치료나 예방의 광고는 가능하고 가공품을 가지고는 광고를 할 수 없다는 행정기관의 논리는 무척이나 궁색해 보인다. 이에 대한 제대로 된 연구가 행해져, 더 이상은 영업자나 소비자가 오인 또는 혼동 없이 마음 편하게 제품을 구매할 수 있는 환경이 만들어 지기를 기대해 본다.

26. 유통기한 경과 식품 보관 문제 (부산지방법원 2012고단382)

〈사건의 개요〉

부산에서 식품제조가공업에 종사하는 김고동 씨는 주로 냉동 수산물을 처리하는 경력 10년차 주식회사 소라가공의 대표이사이다. 그러나 김고동 씨가 운영하는 주식회사 소라가공에 부산지방식품의약품안전청 위해사범수사단원들이 제보를 받고 조사를 해 보니, 냉동 창고에 유통기한이 지난 피뿔고동 168kg가 보관되어 있었으며, 장부를 조사해 보니 제조일로부터 24개월로 기재된 피뿔고동 140kg이 이미 음식점 등에 판매가 된 상황이었다. 이에 대해서 부산지방식품의약품안전청 위해사범수사팀 특별사법경찰은 김고동 씨를 검찰에 송치하였고, 검찰은 법원에 기소를 하였는데, 과연 김고동 씨는 어떤 처벌을 받게 되었을까?

〈사건에 대한 적용 법령〉

식품위생법

제42조(품질관리 및 보고)
① 식품 또는 식품 첨가물을 제조·가공하는 영업자와 그 종업원은 원료관리, 제조공정, 그 밖

에 식품등의 위생적 관리를 위하여 총리령으로 정하는 사항을 지켜야 한다.

② 제1항에 따른 영업자는 보건복지부령으로 정하는 바에 따라 식품 및 식품첨가물을 생산한 실적 등을 식품의약품안전청장 또는 시·도지사에게 보고하여야 한다.

식품위생법 시행규칙

제55조(식품 또는 식품 첨가물 제조·가공업자 등의 준수사항)

법 제42조제1항 및 법 제44조제1항에 따라 식품 또는 식품 첨가물을 제조·가공하는 영업자와 그 종업원이 지켜야 할 준수사항은 별표 16과 같다.

〔**별표** 16〕 식품 및 식품 첨가물 제조·가공업자 및 종업원의 준수사항(제55조 관련)

1. 생산 및 작업기록에 관한 서류와 원료의 입고·출고·사용에 대한 원료수불 관계서류를 작성하여야 하고, 최종 기재일부터 3년간 보관하여야 한다.

2. 식품제조·가공업자는 제품의 거래기록을 작성하여야 하고, 최종 기재일부터 3년간 보관하여야 한다.

3. 유통기한이 경과된 제품은 판매목적으로 진열·보관·판매(대리점을 통하여 또는 직접 진열·보관하거나 판매하는 경우만 해당한다)하거나 이를 식품 등의 제조·가공에 사용하지 아니하여야 한다. 다만, 폐기용 또는 교육용이라는 표시를 명확하게 하여 진열·보관하는 경우는 제외한다.

〈사건에 대한 법원의 판단〉

유통기한이 경과하였을 뿐만 아니라 냉동 창고의 고장으로 부패·변질되어 식용으로 사용할 수 없는 소라를 해동하여 진물을 세척한 후 비닐 용기에 소규모로 포장하여 서민들이 자주 이용하는 중국집 등에 식자재를 공급하는 도매상에 공급함으로써 국민보건에 상당한 위해를 끼쳤다는 점에서 그 죄질이 좋지 못하다. 다만, 피고인이 10년간 수산물가공업체를 운영하는 동안 동종 범죄의 전력이 없고, 판매한 소라 대부분을 회수하여 폐기한 점, 깊이 반성하고 있는 점 등 이 사건 변론에 나타난 제반 양형 사유를 참작하여 주문과 같이 형을 정한다.

피고인을 징역 8월에 처한다. 다만, 이 판결 확정일로부터 2년간 위 형의 집행을 유예한다. 피고인에게 120시간의 사회봉사를 명한다.

〈법원의 판단에 대한 해설〉

과거 식품위생법에 대한 처벌은 1,2차 벌금, 3차에 집행유예 등 상당히 완화된 양형 기준을 가지고 법원이 판결 선고를 해 왔다. 하지만 작년부터 불량식품이 4대 악으로 규정되면서 상황이 많이 변했고, 최근에는 초범의 경우에도 집행유예나 실형을 선고하는 경우가 과하다 싶을 정도로 많아서 법률전문가로서도 당황스러운 경우가 많이 있다.

현재 모든 범죄에 대해서 양형위원회에서 양형 기준을 제시하고 있다. 물론 식품위생법 및 건강기능식품에 관한 법률도 예외는 아니다. 우선 가장 빈번하게 발생하는 허위 표시와 유해식품 등에 대한 기준에 대해서 설명하겠다.

<허위 표시 양형 기준>

유형	구분	감경	기본	가중
1	중소규모 유형 (5,000만원 미만)	- 8월	4월 - 1년	10월 - 1년 6월
2	일반 유형	4월 - 1년	10월 - 2년	1년 6월 - 3년 6월
3	대규모 유형 (5억원 초과)	8월 - 2년	1년 6월 - 3년	2년 - 4년 6월

<유해 식품 양형 기준>

유형	구분	감경	기본	가중
1	가짜 등 기준·규격 위반 식품 등의 제조 등	8월 - 1년 6월	1년 - 2년 6월	2년 - 4년
2	유해한 식품 등의 제조 등	1년 - 2년	1년 6월 - 3년	2년 6월 - 5년
3	특정 질병에 걸린 동물을 사용한 식품 제조 등	1년 6월 - 3년	2년 - 4년 6월	4년 - 7년
4	현저히 유해한 식품 등의 판매 등	2년 6월 - 4년	3년 6월 - 6년	5년 - 8년
5	사망의 결과가 발생한 경우	4년 - 7년	5년 - 8년	7년 - 10년

상기 표를 살펴보면 식품관련 범죄에 대한 양형이 현재에도 결코 낮지 않다는 것을 알 수 있으며, 일례로 형법상 절도죄가 6년 이하의 징역, 사기죄가 10년 이하의 징역, 강간죄가 3년 이상의 징역, 살인죄가 5년 이상의 징역이다.

그럼에도 불구하고 현재도 인터넷이나 신문 등을 통해서 수많은 허위·과대광고가 난무하고 발기부전치료제 유사 물질 등을 이용한 불량식품 등이 버젓이 제조·판매되고 있다. 식품의약품안전처에서는 현재 임시로 운영되고 있는 지방식품의약품안전청의 위해사범수사팀을 정규직제화하고 모니터링 요원을 충원하여 이러한 불량식품 제조·판매업자들을 발본색원하여 엄정하게 처벌하여야 할 것이다.

27. 위탁자의 품목 제조 보고 신고 의무 (인천지방법원 부천지원 2014고단626)

〈사건의 개요〉

수산물 가공 회사(냉동 수산 제조, HACCP 지정)를 운영하고 있는 대표이사 A씨는 동태전, 민대구전, 대구전을 각 관할 관청에 품목 제조 보고를 하면서 유통기한을 '제조일로부터 1년까지'로 설정한 사실이 있었는데, 대형 유통전문판매업체와 계약을 한 B회사(냉동 수산 제조, HACCP 지정)로부터 동일 제품의 납품을 의뢰받아 제품을 생산하면서 B회사가 신고한 유통기한인 '제조일로부터 2년까지'로 표시된 포장지에 담아 납품하였다. 관할 행정 기관 담당자는 이를 유통기한을 임의로 연장한 것으로 보아 수사 기관에 고발했고, 수사기관은 이를 식품위생법 위반으로 보아 기소했다. 과연 결과는 어떻게 되었을까?

〈사건에 대한 적용 법령〉

식품위생법

제37조(영업허가 등)

① 제36조제1항 각 호에 따른 영업 중 대통령령으로 정하는 영업을 하려는 자는 대통령령으로 정하는 바에 따라 영업 종류별 또는 영업소별로 식품의약품안전처장 또는 특별자치도지사·시장·군수·구청장의 허가를 받아야 한다. 허가받은 사항 중 대통령령으로 정하는 중요한 사항을 변경할 때에도 또한 같다.

② 식품의약품안전처장 또는 특별자치도지사·시장·군수·구청장은 제1항에 따른 영업허가를 하는 때에는 필요한 조건을 붙일 수 있다.

③ 제1항에 따라 영업허가를 받은 자가 폐업하거나 허가받은 사항 중 같은 항 후단의 중요한 사항을 제외한 경미한 사항을 변경할 때에는 식품의약품안전처장 또는 특별자치도지사·시장·군수·구청장에게 신고하여야 한다.

④ 제36조제1항 각 호에 따른 영업 중 대통령령으로 정하는 영업을 하려는 자는 대통령령으로 정하는 바에 따라 영업 종류별 또는 영업소별로 식품의약품안전처장 또는 특별자치도지사·시장·군수·구청장에게 신고하여야 한다. 신고한 사항 중 대통령령으로 정하는 중요한 사항을 변경하거나 폐업할 때에도 또한 같다.

⑤ 제36조제1항 각 호에 따른 영업 중 대통령령으로 정하는 영업을 하려는 자는 대통령령으로 정하는 바에 따라 영업 종류별 또는 영업소별로 식품의약품안전처장 또는 특별자치도지사·시장·군수·구청장에게 등록하여야 하며, 등록한 사항 중 대통령령으로 정하는 중요한 사항을 변경할 때에도 또한 같다. 다만, 폐업하거나 대통령령으로 정하는 중요한 사항을 제외한 경미한 사항을 변경할 때에는 특별자치도지사·시장·군수·구청장에게 신고하여야 한다.

⑥ 제1항, 제4항 또는 제5항에 따라 식품 또는 식품첨가물의 제조업·가공업의 허가를 받거나 신고 또는 등록을 한 자가 식품 또는 식품첨가물을 제조·가공하는 경우에는 총리령으로 정하는 바에 따라 식품의약품안전처장 또는 특별자치도지사·시장·군수·구청장에게 그 사실을 보고하여야 한다. 보고한 사항 중 총리령으로 정하는 중요한 사항을 변경하는 경우에도 또한 같다.

⑦ 식품의약품안전처장 또는 특별자치도지사·시장·군수·구청장은 영업자(제4항에 따른 영업신고 또는 제5항에 따른 영업등록을 한 자만 해당한다)가 「부가가치세법」 제8조에 따라 관할세무서장에게 폐업신고를 하거나 관할세무서장이 사업자등록을 말소한 경우에는 신고 또는 는 등록 사항을 직권으로 말소할 수 있다.

⑧ 제3항부터 제5항까지의 규정에 따라 폐업하고자 하는 자는 제71조부터 제76조까지의 규정에 따른 영업정지 등 행정 제재처분기간 중에는 폐업신고를 할 수 없다.

식품위생법 시행규칙

제45조(품목제조의 보고 등)

① 법 제37조제6항에 따라 식품 또는 식품 첨가물의 제조·가공에 관한 보고를 하려는 자는 별지 제43호서식의 품목제조보고서(전자문서로 된 보고서를 포함한다)에 다음 각 호의 서류(전자문서를 포함한다)를 첨부하여 제품생산 시작 전이나 제품생산 시작 후 7일 이내에 신고

관청에 제출하여야 한다. 이 경우 식품제조·가공업자가 식품을 위탁 제조·가공하는 경우에
는 위탁자가 보고를 하여야 한다.

1. 제조방법설명서
2. 법 제24조제1항제1호 및 제2항제1호에 따른 식품위생검사기관이 발급한 식품등의 한시
   적 기준 및 규격 검토서(제5조제1항에 따른 식품등의 한시적 기준 및 규격의 인정 대상
   이 되는 식품등만 해당한다)
3. 식품의약품안전처장이 정하여 고시한 기준에 따라 설정한 유통기한의 설정사유서(법 제10
   조제1항의 표시기준에 따른 유통기한 표시 대상 식품 외에 유통기한을 표시하려는 식품을
   포함한다)

② 신고관청은 제1항에 따른 보고를 받은 경우에는 그 내용을 별지 제44호서식의 품목제조보
   고 관리대장에 기록·보관하여야 한다.

〈사건에 대한 법원의 판단〉

구 식품위생법(2013. 7. 30. 법률 제11985호로 개정되기 전의 것) 제37조 제6항에 의하면,
식품 제조업·가공업의 허가를 받거나 신고 또는 등록을 한 자가 식품을 제조·가공하는 경우에
는, 그 사실을 관할 관청에 보고하도록 규정하고 있고, 같은 법 시행규칙(2013. 10. 25. 총리령
제1041호로 개정되기 전의 것) 제45조 제1항 단서에서 식품제조·가공업자가 식품을 위탁 제
조·가공하는 경우에는 위탁자가 보고하여야 하는 것으로 규정하고 있다.

이에 따라 A는 관할 관청에 품목 제조 보고 시 이 사건 각 품목에 대하여 유통기한을 '제조일
로부터 1년'으로 보고하였고, B는 유통기한을 '제조일로부터 2년'으로 보고하였으며, A는 이 사
건 각 제품을 제조하여 유통기한을 '제조일로부터 1년 초과 2년 미만'의 기간으로 표시하여 B에
게 납품하는 거래를 해온 바, 제품의 유통기한은 위와 같이 영업자가 관할 관청에 품목 제조 보
고 시 보고한 내용에 따라 산출하여야 하므로 A가 유통기한의 표시에 있어 사실과 다른 내용의
표시를 하였는지 여부는 A가 B로부터 이 사건 각 제품의 제조를 '위탁'받아 제조한 것인지 여부

에 따라 결정된다.

한편, 구 식품위생법 및 동법 시행령, 시행규칙 어디에도 '위탁 제조'에 대한 정의 규정이 없다. 국립국어원 표준국어대사전에 의하면 '위탁'이란 '1. 남에게 사람의 책임을 맡김. 2.「법률」법률 행위나 사무의 처리를 다른 사람에게 맡겨 부탁하는 일'이며, 대·중소기업 상생 협력 촉진에 관한 법률 제2조 제4호에 의하면 '수탁·위탁 거래'란 '제조, 공사, 가공, 수리, 판매, 용역을 업으로 하는 자가 물품, 부품, 반제품 및 원료 등의 제조, 공사, 가공, 수리, 용역 또는 기술 개발을 다른 중소기업에 위탁하고, 제조를 위탁받은 중소기업이 전문적으로 물품 등을 제조하는 거래를 말한다'고 규정하고 있는 바, 이를 종합해 보면, 구 식품위생법 상 '위탁 제조'에 해당하기 위해서는 ① 위탁자가 물품의 제조를 업으로 하는 자이어야 하고, ② 수탁자는 위탁자의 위탁을 받아 위탁자가 제조하는 것과 동일한 물품을 제조하여야 하며, ③ 제3자에 대한 관계에서 제조에 대한 책임은 위탁자가 부담하는 거래이어야 한다. 또한 '위탁 제조'인지 여부는 거래의 당사자들이 관할 관청에 '위탁 제조'로 신고하였는지 여부나 제품 포장의 표기가 어떻게 되어 있느냐와 상관없이 거래의 실질을 따져 판단해야 할 사항이다.

따라서 수탁자가 위탁받아 제조한 상품의 유통기한 표시는 위탁자가 보고한 품목 제조 보고에 기초하여 하면 될 것인즉, 피고인들이 위탁자인 B가 보고한 품목 제조 보고에 기초하여 제조일로부터 2년의 기간 내로 유통기한을 표시한 행위는 허위 표시에 해당하지 아니하고, 달리 검사가 제출한 증거만으로는 피고인들이 유통기한을 허위로 표시하여 판매하였다는 점을 인정하기에 부족하고, 달리 이를 인정할 증거가 없다.

〈법원의 판단에 대한 해설〉

일반인이나 담당공무원들이 흔히 위탁 제조와 관련하여 사용하는 단어는 '위탁, 임가공, 외주, 하청' 등이 있다. 이런 단어들의 공통점은 자신이 직접 하지 않고 타인에게 어떤 일이나 책임을 맡기는 것을 말하는 것이며, 외주의 경우 자신이 할 수 없는 일을 맡기는 것이고, 임가공은 유상이라는 것이고, 하청은 일부를 맡길 수 있는 차이가 있을 따름이다. 결국 식품위생법에 '위탁 제조'에 대한 정의는 없지만, 자신이 만들고 있는 품목을 타인에게 의뢰하여 제조 및 납품케 한 것은 말 그대로 위탁이 되는 것이며, 단순히 서면 계약서가 없거나 업계 관행과 다르다고 사실 관계까지 달라지는 것은 아니다. 본 사안은 담당 공무원의 법령 용어 해석에 대한 판단 착오로 영업자가 폐업까지 해야만 했던 사례였다. 영업자는 문제가 생긴 즉시 전문가를 찾아 조언을 구하지 못한 실수를 했다. 담당 공무원도 해당 기관의 법률 전문가의 도움을 받아 향후에는 이런 불미스러운 사건이 재발하지 않도록 주의를 기울여야 할 것이다.

28. 소분업 신고 대상 (울산지방법원 2014고정285)

〈사건의 개요〉

A씨는 소금 도소매업을 하고 있는데, 거래처에서 30kg짜리 소금을 공급받아 이를 관할 기관에 신고하지 않고 10kg 자루에 담아 판매하다가 적발되었다. 이에 대해서 관할 행정 기관에서는 소분업 미신고를 이유로 수사 기관에 고발 조치하였다, 이에 대한 법원의 판단은?

〈사건에 대한 적용 법령〉

식품위생법

제37조(영업허가 등)

① 제36조제1항 각 호에 따른 영업 중 대통령령으로 정하는 영업을 하려는 자는 대통령령으로 정하는 바에 따라 영업 종류별 또는 영업소별로 식품의약품안전처장 또는 특별자치도지사·시장·군수·구청장의 허가를 받아야 한다. 허가받은 사항 중 대통령령으로 하는 중요한 사항을 변경할 때에도 또한 같다.

② 식품의약품안전처장 또는 특별자치도지사·시장·군수·구청장은 제1항에 따른 영업허가를 하는 때에는 필요한 조건을 붙일 수 있다.

③ 제1항에 따라 영업허가를 받은 자가 폐업하거나 허가받은 사항 중 같은 항 후단의 중요한 사항을 제외한 경미한 사항을 변경할 때에는 식품의약품안전처장 또는 특별자치도지사·시장·군수·구청장에게 신고하여야 한다.

④ 제36조제1항 각 호에 따른 영업 중 대통령령으로 정하는 영업을 하려는 자는 대통령령으로 정하는 바에 따라 영업 종류별 또는 영업소별로 식품의약품안전처장 또는 특별자치도지사·시장·군수·구청장에게 신고하여야 한다. 신고한 사항 중 대통령령으로 정하는 중요한 사항을 변경하거나 폐업할 때에도 또한 같다.

⑤ 제36조제1항 각 호에 따른 영업 중 대통령령으로 정하는 영업을 하려는 자는 대통령령으로 정하는 바에 따라 영업 종류별 또는 영업소별로 식품의약품안전처장 또는 특별자치도지사·시장·군수·구청장에게 등록하여야 하며, 등록한 사항 중 대통령령으로 정하는 중요한 사항을 변경할 때에도 또한 같다. 다만, 폐업하거나 대통령령으로 정하는 중요한 사항을 제외한 경미한 사항을 변경할 때에는 특별자치도지사·시장·군수·구청장에게 신고하여야 한다.

⑥ 제1항, 제4항 또는 제5항에 따라 식품 또는 식품 첨가물의 제조업·가공업의 허가를 받거나 신고 또는 등록을 한 자가 식품 또는 식품 첨가물을 제조·가공하는 경우에는 총리령으로 정하는 바에 따라 식품의약품안전처장 또는 특별자치도지사·시장·군수·구청장에게 그 사실을 보고하여야 한다. 보고한 사항 중 총리령으로 정하는 중요한 사항을 변경하는 경우에도 또한 같다.

⑦ 식품의약품안전처장 또는 특별자치도지사·시장·군수·구청장은 영업자(제4항에 따른 영업신고 또는 제5항에 따른 영업등록을 한 자만 해당한다)가 「부가가치세법」 제8조에 따라 관할세무서장에게 폐업신고를 하거나 관할세무서장이 사업자등록을 말소한 경우에는 신고 또는 등록 사항을 직권으로 말소할 수 있다.

⑧ 제3항부터 제5항까지의 규정에 따라 폐업하고자 하는 자는 제71조부터 제76조까지의 규정에 따른 영업정지 등 행정 제재처분기간 중에는 폐업신고를 할 수 없다.

식품위생법 시행규칙

제38조(식품소분업의 신고대상)

① 영 제21조제5호가목에서 "총리령으로 정하는 식품 또는 식품 첨가물"이란 영 제21조제1호 및 제3호에 따른 영업의 대상이 되는 식품 또는 식품 첨가물(수입되는 식품 또는 식품 첨가물을 포함한다)과 벌꿀〔영업자가 자가채취하여 직접 소분(소분)·포장하는 경우를 제외한다〕을 말한다. 다만, 어육제품, 특수용도식품(체중조절용 조제식품은 제외한다), 통·병조림제품, 레토르트식품, 전분, 장류 및 식초는 소분·판매하여서는 아니 된다.

② 식품 또는 식품 첨가물제조업의 신고를 한 자가 자기가 제조한 제품의 소분·포장만을 하기 위하여 신고를 한 제조업소 외의 장소에서 식품소분업을 하려는 경우에는 그 제품이 제1항의 식품소분업 신고대상 품목이 아니더라도 식품소분업 신고를 할 수 있다.

소금산업진흥법

제23조(소금제조업 등의 허가)

① 다음 각 호의 어느 하나에 해당하는 자는 시·도지사의 허가를 받아야 한다. 허가받은 사항 중 해양수산부령으로 정하는 중요한 사항을 변경하거나 폐전·폐업하려는 경우에도 또한 같다.

　1. 염전을 개발하는 자

　2. 염전에서의 천일염이나 그 밖에 대통령령으로 정하는 소금의 생산·제조를 업으로 하는 자

　3. 천일식제조소금의 제조를 업으로 하는 자

② 시·도지사는 제1항에 따라 허가를 받은 자에게 해양수산부령으로 정하는 바에 따라 그 허가 사실을 증명하는 서류를 발급하여야 한다.

③ 제1항에 따른 허가의 요건·시설기준 및 절차는 대통령령으로 정한다.

〈사건에 대한 법원의 판단〉

식품위생법의 취지 및 죄형법정주의의 취지에 비추어 형벌 법규의 해석은 엄격하여야 하는 점 등을 종합하여 보면, 식품위생법상의 제조·가공업의 신고 대상에 해당되는 식품 또는 식품 첨가물만이 식품위생법상 식품소분업의 신고 대상에 해당한다고 할 것이고, 식품위생법상의 제조·가공업 신고 대상에 해당하지 아니하는 것이라면 이를 소분하여 판매하더라도, 식품위생법 제3조 소정의 식품 등의 취급 기준 위반을 이유로 처벌할 수 있는지에 대한 여부는 별론으로 하고, 이를 식품위생법상 신고를 요하는 식품소분업에 해당한다고 보아 그 신고 미비를 이유로 처벌할 수는 없다고 할 수 있다.

한편, 구 염관리법(2011. 11. 22. 법률 제11101호로 소금산업 진흥법으로 전부 개정되기 전의 것, 이하 '구 염관리법'이라고 한다) 제3조 제1항 및 소금산업 진흥법 제23조에 의하면, 염전에서의

천일염이나 그 밖에 대통령령으로 정하는 소금 등의 생산·제조를 업으로 하는 자는 시·도지사의 허가를 받아야 한다고 규정하고 있고, 이는 특별법으로서 식품위생법에 우선하여 적용되므로, 구 염관리법 내지 소금산업 진흥법에 의하여 시·도지사의 허가를 요하는 소금의 생산·제조업에 관하여는 그 허가 외에 식품위생법 소정의 제조·가공업의 신고를 별도로 요하지 아니한다고 봄이 상당하다. 또한 이처럼 식품위생법 소정의 제조·가공업 신고 대상에 해당되지 않는 위 규정에 따른 소금에 대해서는 이를 소분하여 판매하였다고 하더라도 식품위생법 소정의 식품소분업 신고 대상으로 보아 그 신고 미비를 이유로 처벌할 수 없다고 할 것이다.

이 사건으로 돌아와 보건대, 이 법원이 적법하게 채택, 조사한 증거들 등에 의하면, 피고인은 공소 사실 기재와 같이 공소외인(△△염업사)로부터 30kg짜리 소금을 공급받아 이를 10kg짜리 자루에 나누어 판매하였는데, 위 소금은 구 염관리법 내지 소금산업 진흥법 소정의 제조업 허가 대상이므로, 따라서 위 소금의 제조업 내지 소분업에 대하여 식품위생법상의 신고는 별도로 요하지 아니한다고 봄이 상당하므로, 피고인의 공소 사실 기재 행위를 식품위생법상 식품소분업 신고 의무 위반으로 처벌할 수는 없다고 할 것이다.

그렇다면 이 사건 공소 사실은 죄가 되지 아니하는 경우에 해당하므로 형사소송법 제325조 전단에 의하여 무죄를 선고한다.

〈법원의 판단에 대한 해설〉

소금은 예전부터 음식의 조리에 있어서 가장 귀한 조미료로 사용되어 왔고, 해방 이후에도 줄곧 국가가 관리할 정도로 그 중요성이 매우 강조되었던 바, 현재는 정제소금, 제재소금, 천일염 등 여러 가지 형태의 소금이 존재하고 있다. 소금의 중요성은 일단 논외로 하더라도, 식품 법령을 해석함에 있어서는 매우 엄격한 기준과 원칙이 있어야 하며, 특히 형벌 부과 시에는 보다 더한 기준을 적용해도 과하지 않다는 것이 법원을 포함한 모든 법률가의 생각이다. 본 사건의 경우 이미 식품위생법에 소분업의 대상이 규정되어 있음에도 불구하고 이에 대해서 담당 공무원이나 관할 행정기관에서 한 사람을 전과자로 만들 수 있다는 위험성을 간과한 채, 편의적으로 해석하여 고발한 것으로 이런 피해자에 대한 보상은 과연 어떻게 제공될 것인지도 함께 고민해야 할 문제이다.

29. 타인 상표 사용의 위법성 (대구지방법원 2010고단250)

〈사건의 개요〉

A씨는 대기업이 중국으로부터 수입하여 특허청에 등록한 당면 제품에 대한 상표를 무단으로 사용하여 관할 행정기간에 신고하지 않고 유통할 목적으로 재포장·판매하는 영업을 하다가 적발되었다. 어떤 법률을 위반한 것이며, 어떤 처벌을 받게 될까?

〈사건에 대한 적용 법령〉

상표법

제93조(침해죄)

상표권 및 전용사용권의 침해행위를 한 자는 7년 이하의 징역 또는 1억원 이하의 벌금에 처한다.

식품위생법

제37조(영업허가 등)

① 제36조제1항 각 호에 따른 영업 중 대통령령으로 정하는 영업을 하려는 자는 대통령령으로 정하는 바에 따라 영업 종류별 또는 영업소별로 식품의약품안전처장 또는 특별자치도지사·시장·군수·구청장의 허가를 받아야 한다. 허가받은 사항 중 대통령령으로 정하는 중요한 사항을 변경할 때에도 또한 같다.

② 식품의약품안전처장 또는 특별자치도지사·시장·군수·구청장은 제1항에 따른 영업허가를 하는 때에는 필요한 조건을 붙일 수 있다.

③ 제1항에 따라 영업허가를 받은 자가 폐업하거나 허가받은 사항 중 같은 항 후단의 중요한 사항을 제외한 경미한 사항을 변경할 때에는 식품의약품안전처장 또는 특별자치도지사·시장·군수·구청장에게 신고하여야 한다.

④ 제36조제1항 각 호에 따른 영업 중 대통령령으로 정하는 영업을 하려는 자는 대통령령으로 정하는 바에 따라 영업 종류별 또는 영업소별로 식품의약품안전처장 또는 특별자치도지사·시장·군수·구청장에게 신고하여야 한다. 신고한 사항 중 대통령령으로 정하는 중요한 사항을 변경하거나 폐업할 때에도 또한 같다.

⑤ 제36조제1항 각 호에 따른 영업 중 대통령령으로 정하는 영업을 하려는 자는 대통령령으로 정하는 바에 따라 영업 종류별 또는 영업소별로 식품의약품안전처장 또는 특별자치도지사·시장·군수·구청장에게 등록하여야 하며, 등록한 사항 중 대통령령으로 정하는 중요한 사항을 변경할 때에도 또한 같다. 다만, 폐업하거나 대통령령으로 정하는 중요한 사항을 제외한 경미한 사항을 변경할 때에는 특별자치도지사·시장·군수·구청장에게 신고하여야 한다.

⑥ 제1항, 제4항 또는 제5항에 따라 식품 또는 식품 첨가물의 제조업·가공업의 허가를 받거나 신고 또는 등록을 한 자가 식품 또는 식품 첨가물을 제조·가공하는 경우에는 총리령으로 정하는 바에 따라 식품의약품안전처장 또는 특별자치도지사·시장·군수·구청장에게 그 사실을 보고하여야 한다. 보고한 사항 중 총리령으로 정하는 중요한 사항을 변경하는 경우에도 또한 같다.

⑦ 식품의약품안전처장 또는 특별자치도지사·시장·군수·구청장은 영업자(제4항에 따른 영업신고 또는 제5항에 따른 영업등록을 한 자만 해당한다)가 「부가가치세법」 제8조에 따라 관할세무서장에게 폐업신고를 하거나 관할세무서장이 사업자등록을 말소한 경우에는 신고 또는 등록 사항을 직권으로 말소할 수 있다.

⑧ 제3항부터 제5항까지의 규정에 따라 폐업하고자 하는 자는 제71조부터 제76조까지의 규정에 따른 영업정지 등 행정 제재처분기간 중에는 폐업신고를 할 수 없다.

⑨ 식품의약품안전처장 또는 특별자치도지사·시장·군수·구청장은 제7항의 직권말소를 위하여 필요한 경우 관할 세무서장에게 영업자의 폐업여부에 대한 정보 제공을 요청할 수 있다. 이 경우 요청을 받은 관할 세무서장은 「전자정부법」 제39조에 따라 영업자의 폐업여부에 대한 정보를 제공한다.

타인의 등록 상표와 동일한 상표를 그 지정 상품과 유사한 상품에 사용하거나 타인의 등록 상표와 유사한 상표를 그 지정 상품과 동일 또는 유사한 상품에 사용하는 행위를 하면 안 됨에도 불구하고 피고인들은 다음과 같은 방법으로 타인의 상표권을 침해하였다. 또한 식품 또는 식품 첨가물의 완제품을 나누어 유통할 목적으로 재포장, 판매하는 영업을 하려면, 특별 자치도지사 또는 시장, 군수, 구청장에게 신고를 하여야 한다. 그럼에도 불고하고 피고인은 이를 신고하지 않고 중국에서 수입한 당면에 가짜 대기업 당면 상표를 부착 및 재포장하여 이를 다시 대기업 동일 상표의 포장 상자로 포장하여 판매하는 식품소분업을 하였다. 그렇다면 피고인은 신고 없이 식품소분업 영업을 한 것으로 식품위생법 제37조를 위반하였다.

〈법원의 판단에 대한 해설〉

현재 식품위생법에서 식품소분업은 그 범위와 대상을 식품위생법 시행규칙 제38조에서 규정하고 있는데, 식품위생법 시행령 제21조 제1호 및 제3호에 따른 영업의 대상이 되는 식품 또는 식품 첨가물과 벌꿀을 포함하고 있다. 다만 단서 조항에서는 '어육제품, 특수용도식품(체중조절용 조제식품은 제외한다), 통·병조림 제품, 레토르트식품, 전분, 장류 및 식초는 소분·판매하여서는 아니 된다'고 규정하고 있다. 이처럼 식품소분업의 범위와 대상에 대해서는 법률에 명확한 근거가 있으므로 이를 위반할 경우에는 형사처벌을 받을 수밖에 없다. 또한 상표 위반과 관련하여 실질적으로 식품 영업자들이 상표 권리에 대해서 문외한인 경우가 많은데, 회사 상호명 등은 미리미리 특허청에 등록하여 권리 보호를 받는 행위가 필요하므로 전문가와 반드시 상의할 것을 제안한다.

30. 식품가공업 신고 대상의 구분 기준 (대전지방법원 홍성지원 2011고단1070)

〈사건의 개요〉

'스카이수산'을 운영하는 A는 식품제조·가공업 신고를 하지 아니하고, 수산물 가공품인 염장해삼을 만드는 방법으로 시가 합계 10억 원 상당의 염장해삼을 가공하여 판매하다가 특별사법경찰에 적발되었다. 과연 염장해상은 식품위생법시행령 제25조 제2항에서 정한 신고하지 않아도 되는 사유에 해당되는 것일까? 또한 설사 가공업 신고를 필요로 하더라도 해삼가공업 시작하기 전에 담당 공무원에게 신고 여부를 문의한 결과 신고가 필요 없다는 구두 답변을 들었기 때문에 신고 없이 해삼을 가공하는 것이 죄가 되지 않는다고 주장하는 A는 죄가 없는 것일까?

〈사건에 대한 적용 법령〉

식품위생법

제37조(영업허가 등)

① 제36조제1항 각 호에 따른 영업 중 대통령령으로 정하는 영업을 하려는 자는 대통령령으로 정하는 바에 따라 영업 종류별 또는 영업소별로 식품의약품안전처장 또는 특별자치도지사·시장·군수·구청장의 허가를 받아야 한다. 허가받은 사항 중 대통령령으로 정하는 중요한 사항을 변경할 때에도 또한 같다.

② 식품의약품안전처장 또는 특별자치도지사·시장·군수·구청장은 제1항에 따른 영업허가를 하는 때에는 필요한 조건을 붙일 수 있다.

③ 제1항에 따라 영업허가를 받은 자가 폐업하거나 허가받은 사항 중 같은 항 후단의 중요한 사항을 제외한 경미한 사항을 변경할 때에는 식품의약품안전처장 또는 특별자치도지사·시장·군수·구청장에게 신고하여야 한다.

④ 제36조제1항 각 호에 따른 영업 중 대통령령으로 정하는 영업을 하려는 자는 대통령령으로

정하는 바에 따라 영업 종류별 또는 영업소별로 식품의약품안전처장 또는 특별자치도지사·시장·군수·구청장에게 신고하여야 한다. 신고한 사항 중 대통령령으로 정하는 중요한 사항을 변경하거나 폐업할 때에도 또한 같다.

⑤ 제36조제1항 각 호에 따른 영업 중 대통령령으로 정하는 영업을 하려는 자는 대통령령으로 정하는 바에 따라 영업 종류별 또는 영업소별로 식품의약품안전처장 또는 특별자치도지사·시장·군수·구청장에게 등록하여야 하며, 등록한 사항 중 대통령령으로 정하는 중요한 사항을 변경할 때에도 또한 같다. 다만, 폐업하거나 대통령령으로 정하는 중요한 사항을 제외한 경미한 사항을 변경할 때에는 특별자치도지사·시장·군수·구청장에게 신고하여야 한다.

⑥ 제1항, 제4항 또는 제5항에 따라 식품 또는 식품 첨가물의 제조업·가공업의 허가를 받거나 신고 또는 등록을 한 자가 식품 또는 식품 첨가물을 제조·가공하는 경우에는 총리령으로 정하는 바에 따라 식품의약품안전처장 또는 특별자치도지사·시장·군수·구청장에게 그 사실을 보고하여야 한다. 보고한 사항 중 총리령으로 정하는 중요한 사항을 변경하는 경우에도 또한 같다.

⑦ 식품의약품안전처장 또는 특별자치도지사·시장·군수·구청장은 영업자(제4항에 따른 영업신고 또는 제5항에 따른 영업등록을 한 자만 해당한다)가 「부가가치세법」 제8조에 따라 관할세무서장에게 폐업신고를 하거나 관할세무서장이 사업자등록을 말소한 경우에는 신고 또는 등록 사항을 직권으로 말소할 수 있다.

⑧ 제3항부터 제5항까지의 규정에 따라 폐업하고자 하는 자는 제71조부터 제76조까지의 규정에 따른 영업정지 등 행정 제재처분기간 중에는 폐업신고를 할 수 없다.

⑨ 식품의약품안전처장 또는 특별자치도지사·시장·군수·구청장은 제7항의 직권말소를 위하여 필요한 경우 관할 세무서장에게 영업자의 폐업여부에 대한 정보 제공을 요청할 수 있다. 이 경우 요청을 받은 관할 세무서장은 「전자정부법」 제39조에 따라 영업자의 폐업여부에 대한 정보를 제공한다.

식품위생법 시행령

제25조(영업신고를 하여야 하는 업종)

① 법 제37조제4항 전단에 따라 특별자치도지사 또는 시장·군수·구청장에게 신고를 하여야 하는 영업은 다음 각 호와 같다.

1. 제21조제1호의 식품제조·가공업
2. 제21조제2호의 즉석판매제조·가공업
3. 제21조제3호의 식품첨가물제조업
4. 제21조제4호의 식품운반업
5. 제21조제5호의 식품소분·판매업
6. 제21조제6호나목의 식품냉동·냉장업
7. 제21조제7호의 용기·포장류제조업(자신의 제품을 포장하기 위하여 용기·포장류를 제조하는 경우는 제외한다)
8. 제21조제8호가목의 휴게음식점영업, 같은 호 나목의 일반음식점영업, 같은 호 마목의 위탁급식영업 및 같은 호 바목의 제과점영업

② 제1항에도 불구하고 다음 각 호의 어느 하나에 해당하는 경우에는 신고하지 아니한다.

1. 「양곡관리법」 제19조에 따른 양곡가공업 중 도정업을 하는 경우
2. 「식품산업진흥법」 제19조의5에 따라 수산물가공업〔어유(간유) 가공업, 냉동·냉장업 및 선상수산물가공업만 해당한다〕의 신고를 하고 해당 영업을 하는 경우
3. 삭제
4. 「축산물 위생관리법」 제22조에 따라 축산물가공업의 허가를 받아 해당 영업을 하거나 같은 법 제24조 및 같은 법 시행령 제21조제8호에 따라 식육즉석판매가공업 신고를 하고 해당 영업을 하는 경우
5. 「건강기능식품에 관한 법률」 제5조 및 제6조에 따라 건강기능식품제조업, 건강기능식품수입업 및 건강기능식품판매업의 영업허가를 받거나 영업신고를 하고 해당 영업을 하는 경우
6. 식품 첨가물이나 다른 원료를 사용하지 아니하고 농산물·임산물·수산물을 단순히 자르

거나, 껍질을 벗기거나, 말리거나, 소금에 절이거나, 숙성하거나, 가열(살균의 목적 또는 성분의 현격한 변화를 유발하기 위한 목적의 경우는 제외한다. 이하 같다)하는 등의 가공과정 중 위생상 위해가 발생할 우려가 없고 식품의 상태를 관능검사(官能檢査)로 확인할 수 있도록 가공하는 경우. 다만, 다음 각 목의 어느 하나에 해당하는 경우는 제외한다.

가. 집단급식소에 식품을 판매하기 위하여 가공하는 경우

나. 식품의약품안전처장이 법 제7조제1항에 따라 기준과 규격을 정하여 고시한 신선편의식품(과일, 야채, 채소, 새싹 등을 식품 첨가물이나 다른 원료를 사용하지 아니하고 단순히 자르거나, 껍질을 벗기거나, 말리거나, 소금에 절이거나, 숙성하거나, 가열하는 등의 가공과정을 거친 상태에서 따로 씻는 등의 과정 없이 그대로 먹을 수 있게 만든 식품을 말한다)을 판매하기 위하여 가공하는 경우

7. 「농어업·농어촌 및 식품산업 기본법」 제3조제2호에 따른 농어업인 및 「농어업경영체 육성 및 지원에 관한 법률」 제16조에 따른 영농조합법인과 영어조합법인이 생산한 농산물·임산물·수산물을 집단급식소에 판매하는 경우. 다만, 다른 사람으로 하여금 생산하거나 판매하게 하는 경우는 제외한다.

〈사건에 대한 법원의 판단〉

염장해삼을 만들기 위해서는 '① 배를 자른 뒤 내장 제거 → ② 끓는 물에 30분 정도 가열 → ③ 소금을 뿌린 뒤 하루 정도 염장 → ④ 냉동 보관'의 과정을 거치는데, 이 모든 과정은 단순히 자르거나, 가열(살균의 목적이나 성분의 현격한 변화를 유발하기 위한 목적이 아니라, 보관과 운반이 용이하도록 하기 위한 목적이다)하거나, 소금에 절이는 것으로서, 가공 과정 중 위생상 위해가 발생할 우려가 없고 식품의 상태를 관능검사(官能檢査)로 확인할 수 있는 '단순 처리'이기 때문에, 식품위생법시행령 제25조 제2항에서 정한 '신고하지 않아도 되는 사유'에 해당하므로, 피고인들은 보령시장에게 위와 같은 염장해삼 가공업을 신고할 의무가 없다고 주장한다.

그러나 앞서 든 각 증거에 의하면, 피고인들이 행한 위와 같은 해삼가공 과정 중 '끓는 물에 30

분 동안 가열한 다음 약 하루 동안 염장'하는 것은 해삼의 단백질 구성에 현격한 변화를 일으켜 세균의 번식으로 인한 부패의 가능성을 크게 증가시키는 사실(식품위생법시행령 제25조 제2항에서 정한 '살균의 목적이나 성분의 현격한 변화를 유발하기 위한 목정이 아닌 가열'이란 자숙, 즉 겉만 익을 정도로 살짝 데치는 경우를 의미한다)을 인정할 수 있으므로, 피고인들의 염장해삼 가공 행위는 영업 신고가 필요하지 않은 경우를 규정한 식품위생법시행령 제25조 제2항에 해당하지 않는다고 할 것이어서, 위 주장은 받아들이기 어렵다.

또한 피고인들이 이 사건 해삼가공업을 시작하기 전에 보령시청 담당 공무원에게 식품위생법상의 신고가 필요한지 여부를 문의하였는데, 담당 공무원이었던 L로부터 피고인들과 같이 해삼을 가공하는 경우에는 신고가 필요하지 않다는 답변을 들었을 뿐만 아니라, 식품위생법상 신고를 하기 전 이수하여야 하는 위생 교육 과정에서 담당 교수에게 문의한 결과, 위와 같은 해삼가공을 위해서는 식품위생법상의 신고가 필요 없다는 답변을 들었기 때문에, 피고인들로서는 신고 없이 해삼을 가공하는 것이 죄가 되지 않는다고 오인한 데에 정당한 이유가 있다고 주장한다.

그러나, 증인 L의 증언에 의하면, 담당공무원은 피고인들로부터 이 사건 해삼가공업을 영위하기 위해 신고가 필요한지 여부에 대한 질의를 받은 바 있으나, 그에 대하여 영업 신고 방법과 구비 서류 등을 설명하면서, 이 사건 해삼 가공 절차가 영업 신고 대상인지를 관련 기관에 유권해석을 받은 다음 그에 따라 판단하는 것이 좋겠다고 답변하였을 뿐, 단정적으로 피고인들의 해삼가공업에 대하여 영업 신고가 필요하지 않다고 설명한 적은 없었던 사실이 있을 뿐이다. 피고인들이 위생 교육 과정에서 담당 교수에게 이 사건 해삼가공업에 관한 질의를 하여 위 담당 교수로부터 영업 신고가 필요하지 않다는 답변을 얻었음을 확인할 수 있는 객관적 자료도 제출되어 있지 않으므로, 결국 위 주장도 받아들이기 어렵다.

<법원의 판단에 대한 해설>

식품의약품안전처 신규 공무원 및 식품 위생 감시 공무원을 교육하면서 매번 느끼는 것이지만, 왜 식품 공무원을 채용하면서 식품위생법에 대한 시험 과목이 없는지 모르겠다. 현행 식품위생법에 대한 법원의 판결이 매우 다양하고, 실무적으로 행정 업무를 수행하면서 체계적인 교육을 받지 못해서 공무원들이 매우 어려움을 겪고 있는 것이 사실이며, 이런 과정에서 영업자의 답답함은 더욱 심한 상황이다. 실제로 본 사건은 매우 빈번하게 발생하고 있는 것 중 하나이다. 공무원들에게 공식적으로 질의하지 않고 유선상으로 답변을 듣는다고 하는 것은 매우 위험하다. 또한 공식적인 공문이 아니라 민원 질의상의 답변으로도 실질적인 도움을 받는 것이 어려우므로, 법률 전문가의 도움을 받아 정확한 질의서를 공식적으로 제출하여 응답을 받아야, 추후 법적으로도 인정받을 수 있다는 것을 명심해야 할 것이다. 공무원의 유권해석은 수차례 언급했듯이 법이 아니므로, 그대로 신뢰해서는 안 된다. 법률에 대한 판단은 법원에서만 할 수 있고, 법률적인 판단은 매우 신중하고 종합적으로 검토해야 하는 것이기에, 공무원들도 이런 피해 사례가 향후에는 발생하지 않도록 더욱 주의를 기울여야 할 것이다.

31. 위해식품의 판단 기준 (대구지방법원 2012고단397)

〈사건의 개요〉

A는 어느 시골 농가를 방문하여 먹지 않고 방치되고 있는 된장 및 된장 제조 공장에서 유통기한 경과 등의 사유로 폐기한 된장을 수거한 뒤, 자신의 창고에서 이를 섞어, A의 거래처를 상대로 그렇게 섞은 약 50톤의 된장을 5억 원 상당에 판매하였다. 또한 이러한 제조를 신고 없이 진행했을 경우 적용되는 식품위생법 조항 위반 사항은 무엇일까?

〈사건에 대한 적용 법령〉

식품위생법

제4조(위해식품등의 판매 등 금지)

누구든지 다음 각 호의 어느 하나에 해당하는 식품등을 판매하거나 판매할 목적으로 채취·제조·수입·가공·사용·조리·저장·소분·운반 또는 진열하여서는 아니 된다.

1. 썩거나 상하거나 설익어서 인체의 건강을 해칠 우려가 있는 것
2. 유독·유해물질이 들어 있거나 묻어 있는 것 또는 그러할 염려가 있는 것. 다만, 식품의약품안전청장이 인체의 건강을 해칠 우려가 없다고 인정하는 것은 제외한다.
3. 병(病)을 일으키는 미생물에 오염되었거나 그러할 염려가 있어 인체의 건강을 해칠 우려가 있는 것
4. 불결하거나 다른 물질이 섞이거나 첨가(添加)된 것 또는 그 밖의 사유로 인체의 건강을 해칠 우려가 있는 것
5. 제18조에 따른 안전성 평가 대상인 농·축·수산물 등 가운데 안전성 평가를 받지 아니하였거나 안전성 평가에서 식용(食用)으로 부적합하다고 인정된 것
6. 수입이 금지된 것 또는 제19조제1항에 따른 수입신고를 하지 아니하고 수입한 것

7. 영업자가 아닌 자가 제조·가공·소분한 것

제37조(영업허가 등)

① 제36조제1항 각 호에 따른 영업 중 대통령령으로 정하는 영업을 하려는 자는 대통령령으로 정하는 바에 따라 영업 종류별 또는 영업소별로 식품의약품안전처장 또는 특별자치도지사·시장·군수·구청장의 허가를 받아야 한다. 허가받은 사항 중 대통령령으로 정하는 중요한 사항을 변경할 때에도 또한 같다.

② 식품의약품안전처장 또는 특별자치도지사·시장·군수·구청장은 제1항에 따른 영업허가를 하는 때에는 필요한 조건을 붙일 수 있다.

③ 제1항에 따라 영업허가를 받은 자가 폐업하거나 허가받은 사항 중 같은 항 후단의 중요한 사항을 제외한 경미한 사항을 변경할 때에는 식품의약품안전처장 또는 특별자치도지사·시장·군수·구청장에게 신고하여야 한다.

④ 제36조제1항 각 호에 따른 영업 중 대통령령으로 정하는 영업을 하려는 자는 대통령령으로 정하는 바에 따라 영업 종류별 또는 영업소별로 식품의약품안전처장 또는 특별자치도지사·시장·군수·구청장에게 신고하여야 한다. 신고한 사항 중 대통령령으로 정하는 중요한 사항을 변경하거나 폐업할 때에도 또한 같다.

⑤ 제36조제1항 각 호에 따른 영업 중 대통령령으로 정하는 영업을 하려는 자는 대통령령으로 정하는 바에 따라 영업 종류별 또는 영업소별로 식품의약품안전처장 또는 특별자치도지사·시장·군수·구청장에게 등록하여야 하며, 등록한 사항 중 대통령령으로 정하는 중요한 사항을 변경할 때에도 또한 같다. 다만, 폐업하거나 대통령령으로 정하는 중요한 사항을 제외한 경미한 사항을 변경할 때에는 특별자치도지사·시장·군수·구청장에게 신고하여야 한다.

⑥ 제1항, 제4항 또는 제5항에 따라 식품 또는 식품 첨가물의 제조업·가공업의 허가를 받거나 신고 또는 등록을 한 자가 식품 또는 식품 첨가물을 제조·가공하는 경우에는 총리령으로 정하는 바에 따라 식품의약품안전처장 또는 특별자치도지사·시장·군수·구청장에게 그 사실을 보고하여야 한다. 보고한 사항 중 총리령으로 정하는 중요한 사항을 변경하는 경우에도 또한 같다.

⑦ 식품의약품안전처장 또는 특별자치도지사·시장·군수·구청장은 영업자(제4항에 따른 영업

신고 또는 제5항에 따른 영업등록을 한 자만 해당한다)가 「부가가치세법」 제8조에 따라 관할세무서장에게 폐업신고를 하거나 관할세무서장이 사업자등록을 말소한 경우에는 신고 또는 등록 사항을 직권으로 말소할 수 있다.

⑧ 제3항부터 제5항까지의 규정에 따라 폐업하고자 하는 자는 제71조부터 제76조까지의 규정에 따른 영업정지 등 행정 제재처분기간 중에는 폐업신고를 할 수 없다.

⑨ 식품의약품안전처장 또는 특별자치도지사·시장·군수·구청장은 제7항의 직권말소를 위하여 필요한 경우 관할 세무서장에게 영업자의 폐업여부에 대한 정보 제공을 요청할 수 있다. 이 경우 요청을 받은 관할 세무서장은 「전자정부법」 제39조에 따라 영업자의 폐업여부에 대한 정보를 제공한다.

〈사건에 대한 법원의 판단〉

① 영업에 필요한 신고를 하지 않았음은 물론이고, 유통기한이 경과해 반품된 된장, 식용으로 쓸 수 없는 된장, 맛이 변하거나 상해서 방치된 된장 등을 물고기 사료라고 거짓말을 하는 등의 방법으로 된장 공장이나 시골 농가로부터 수거하고 식용처럼 보이도록 이를 혼합하여 시골 된장이라는 이름으로 재래시장 등에서 판매되도록 공급한 점, ② 그 유통 방법도 극히 비위생적인 점, ③ 장기간 이루어진 범행인데다 그 규모도 작지 아니한 점, ④ 그 영업 실태가 방송되기까지 하였는데도 영업을 중단하지 않고 장소를 바꿔 영업을 계속한 점, ⑤ 이로 인해 국민 보건의 안전에 중대한 침해를 가져온 점 등을 감안할 때 실형 선고가 불가피하다.

〈법원의 판단에 대한 해설〉

식품위생법 제4조의 처벌은 10년 이하의 징역 또는 1억 원 이하의 벌금에 처하거나 병과할 수 있다는 조항이 적용되므로, 가장 엄격한 규정이다. 하지만 위해식품에 대한 정의가 법적으로 너무 모호하며, 범위가 특정되지 않아 실질적으로 적용하는 것에는 문제가 많다고 지적이 되고 있다. 실제로 형사정책연구원의 연구 논문에 따르면 제1호의 '썩거나 상하거나 설익어서 인체의 건강을 해칠 우려가 있는 것'의 정의를 볼 때, 일반적인 식품 원재료의 특성 자체를 고려하지 않은 법령 조항이라는 점에서 큰 문제가 있다. 모든 식품은 썩거나 상하거나 설익을 수 있고, 당연히 이 경우 인체의 건강을 해칠 우려가 있는데, 그 범위를 명확히 특정하지 않을 경우 식품위생법에서 가장 강력한 처벌 조항에 적용되는 제4조를 전가의 보도처럼 수사 기관이 사용할 수 있기 때문이다. 상기 사건의 경우 기준 및 규격 위반으로 보아 제7조 제4항 위반으로 처벌해도 큰 무리가 없어보이므로 법령 적용에 있어서 명확한 근거가 필요한 것으로 보인다.

32. 수산물가공업 등록 시 식품제조가공업 등록 불필요 (부산고등법원(창원) 2015노46)

〈사건의 개요〉

A는 식품제조·가공업 신고를 하지 않은 채, 냉동 오징어를 해동하여 내장을 제거하고 껍질을 벗긴 후 세척한 다음, 절단기에 넣어 가늘게 절단하고 급속 동결하여 포장하는 방법으로 오징어 채를 가공하다가, 수사기관에 의해 보건범죄단속에 관한 특별조치법 제2조 제1항 제2호를 위반하였다는 이유로 기소됐다. 식품위생법에 의하면 수산물가공업의 등록을 하고 해당 영업을 하는 경우에는 식품제조·가공업 신고를 하지 않아도 되지만, A는 수산물가공업 중 '수산물 원형 동결' 등록을 마쳤음에도 '수산물 처리 동결'에 해당하는 이 사건 가공 행위를 하였으므로 법령을 위반하였다는 것으로 기소되었다. 그 결과는?

〈사건에 대한 적용 법령〉

식품위생법

제37조 (영업허가 등)

① 제36조제1항 각 호에 따른 영업 중 대통령령으로 정하는 영업을 하려는 자는 대통령령으로 정하는 바에 따라 영업 종류별 또는 영업소별로 식품의약품안전청장 또는 특별자치도지사·시장·군수·구청장의 허가를 받아야 한다. 허가받은 사항 중 대통령령으로 정하는 중요한 사항을 변경할 때에도 또한 같다.

② 식품의약품안전청장 또는 특별자치도지사·시장·군수·구청장은 제1항에 따른 영업허가를 하는 때에는 필요한 조건을 붙일 수 있다.

③ 제1항에 따라 영업허가를 받은 자가 폐업하거나 허가받은 사항 중 같은 항 후단의 중요한 사항을 제외한 경미한 사항을 변경할 때에는 식품의약품안전청장 또는 특별자치도지사·시장·군수·구청장에게 신고하여야 한다.

④ 제36조제1항 각 호에 따른 영업 중 대통령령으로 정하는 영업을 하려는 자는 대통령령으로 정하는 바에 따라 영업 종류별 또는 영업소별로 식품의약품안전청장 또는 특별자치도지사·시장·군수·구청장에게 신고하여야 한다. 신고한 사항 중 대통령령으로 정하는 중요한 사항을 변경하거나 폐업할 때에도 또한 같다.

⑤ 제1항 또는 제4항에 따라 식품 또는 식품 첨가물의 제조업·가공업의 허가를 받거나 신고를 한 자가 식품 또는 식품 첨가물을 제조·가공하는 경우에는 보건복지부령으로 정하는 바에 따라 식품의약품안전청장 또는 특별자치도지사·시장·군수·구청장에게 그 사실을 보고하여야 한다. 보고한 사항 중 보건복지부령으로 정하는 중요한 사항을 변경하는 경우에도 또한 같다.

⑥ 식품의약품안전청장 또는 특별자치도지사·시장·군수·구청장은 영업자(제4항에 따라 영업신고를 한 자만 해당한다)가 「부가가치세법」 제5조에 따라 관할세무서장에게 폐업신고를 하거나 관할세무서장이 사업자등록을 말소한 경우에는 신고 사항을 직권으로 말소할 수 있다.

식품위생법 시행규칙

제25조 (영업신고를 하여야 하는 업종)

① 법 제37조제4항 전단에 따라 특별자치도지사 또는 시장·군수·구청장에게 신고를 하여야 하는 영업은 다음 각 호와 같다.

1. 삭제

2. 제21조제2호의 즉석판매제조·가공업

3. 삭제

4. 제21조제4호의 식품운반업

5. 제21조제5호의 식품소분·판매업

6. 제21조제6호나목의 식품냉동·냉장업

7. 제21조제7호의 용기·포장류제조업(자신의 제품을 포장하기 위하여 용기·포장류를 제조하는 경우는 제외한다)

8. 제21조제8호가목의 휴게음식점영업, 같은 호 나목의 일반음식점영업, 같은 호 마목의 위탁급식영업 및 같은 호 바목의 제과점영업

② 제1항에도 불구하고 다음 각 호의 어느 하나에 해당하는 경우에는 신고하지 아니한다.

1. 「양곡관리법」 제19조에 따른 양곡가공업 중 도정업을 하는 경우

2. 「수산물품질관리법」 제19조에 따라 수산물가공업의 등록을 하고 해당 영업을 하는 경우

3. 「주세법」 제6조에 따라 주류제조면허를 받아 주류를 제조하는 경우

4. 「축산물위생관리법」 제22조에 따라 축산물가공업의 허가를 받아 해당 영업을 하는 경우

5. 「건강기능식품에 관한 법률」 제5조 및 제6조에 따라 건강기능식품제조업, 건강기능식품 수입업 및 건강기능식품판매업의 영업허가를 받거나 영업신고를 하고 해당 영업을 하는 경우

6. 식품 첨가물이나 다른 원료를 사용하지 아니하고 농산물·임산물·수산물을 단순히 자르거나, 껍질을 벗기거나, 말리거나, 소금에 절이거나, 숙성하거나, 가열(살균의 목적 또는 성분의 현격한 변화를 유발하기 위한 목적의 경우는 제외한다. 이하 같다)하는 등의 가공과정 중 위생상 위해가 발생할 우려가 없고 식품의 상태를 관능검사(官能檢査)로 확인할 수 있도록 가공하는 경우. 다만, 다음 각 목의 어느 하나에 해당하는 경우는 제외한다.

가. 집단급식소에 식품을 판매하기 위하여 가공하는 경우

나. 식품의약품안전청장이 법 제7조제1항에 따라 기준과 규격을 정하여 고시한 신선편의 식품(과일, 야채, 채소, 새싹 등을 식품 첨가물이나 다른 원료를 사용하지 아니하고 단순히 자르거나, 껍질을 벗기거나, 말리거나, 소금에 절이거나, 숙성하거나, 가열하는 등의 가공과정을 거친 상태에서 따로 씻는 등의 과정 없이 그대로 먹을 수 있게 만든 식품을 말한다)을 판매하기 위하여 가공하는 경우

7. 「농어업·농어촌 및 식품산업 기본법」 제3조제2호에 따른 농어업인 및 「농어업경영체 육성 및 지원에 관한 법률」 제16조에 따른 영농조합법인과 영어조합법인이 생산한 농산물·임산물·수산물을 집단급식소에 판매하는 경우. 다만, 다른 사람으로 하여금 생산하거나 판매하게 하는 경우는 제외한다.

식품산업진흥법

제19조의5 (수산물가공업의 신고 등)

① 수산물가공업[수산물을 직접 원료 또는 재료로 하여 식료·사료·비료·호료(糊料)·유지(油脂) 또는 가죽을 제조하거나 가공하는 사업을 말한다. 이하 같다]을 하려는 자는 해양수산부령으로 정하는 시설 등을 갖추어 대통령령으로 정하는 업종의 구분에 따라 해양수산부장관이나 시장·군수·구청장에게 신고하여야 한다.

② 제1항에 따라 신고한 사항 중 해양수산부령으로 정하는 중요 사항을 변경하려면 신고한 행정기관의 장에게 신고하여야 한다.

③ 제1항 및 제2항에 따른 신고나 변경신고의 절차 및 방법 등에 관하여 필요한 사항은 해양수산부령으로 정한다.

수산물품질관리법

제19조 (수산물가공업의 등록·신고 등)

① 수산물가공업을 하려는 자는 대통령령으로 정하는 구분에 따라 농림수산식품부장관이나 시·도지사에게 등록을 하거나 시장·군수·구청장에게 신고하여야 한다.

② 등록하거나 신고한 사항 중 농림수산식품부령으로 정하는 중요 사항을 변경하려면 등록하거나 신고한 행정기관의 장에게 신고하여야 한다.

③ 제1항에 따른 등록기준은 대통령령으로 정한다.

④ 제1항에 따른 등록·신고 사항과 등록·신고의 절차·방법, 제2항에 따른 변경신고의 절차·방법 등에 필요한 사항은 농림수산식품부령으로 정한다.

<사건에 대한 법원의 판단>

구 식품위생법(2011. 6. 7. 법률 제10787호로 개정되기 전의 것) 제37조 제4항과, 구 식품위생법 시행령(2011. 12. 19. 대통령령 제23380호로 개정되기 전의 것) 제21조 제1호, 제25조 제1항 제1호에는 식품을 제조·가공하는 영업, 즉 식품제조·가공업을 하려는 자는 관할 관청에 신고하여야 한다고 규정하고 있다. 그리고 구 식품위생법 시행령(2012.7. 19. 대통령령 제23962호로 개정되기 전의 것) 제25조 제2항 제2호는 수산물품질관리법 제19조에 따라 수산물가공업의 등록을 하고 해당 영업을 하는 경우에는 식품제조·가공업 신고를 하지 아니한다고 규정하고 있다.

그 후 수산물품질관리법령이 폐지됨에 따라 수산물가공업에 관하여서는 식품산업진흥법령이 규율하게 되었고, 그에 따라 2012. 7. 19. 대통령령 제23962호로 개정된 식품위생법 시행령 제25조 제2항 제2호는 식품산업진흥법 제19조의5에 따라 수산물가공업(냉동·냉장업)의 신고를 하고 해당 영업을 하는 경우에는 식품제조·가공업 신고를 하지 아니한다고 규정하였는데, 2011.7. 21. 법률 제10889호로 개정되어 2012. 7. 22.부터 시행된 식품산업진흥법의 부칙 제5조는 수산물품질관리법 제19조에 따라 수산물가공업(냉동·냉장업) 등록을 한 자는 식품산업진흥법에 따라 신고한 자로 본다고 규정하였다.

이상의 각 규정을 종합하면, 식품제조·가공업을 하려는 자는 관할 관청에 신고하여야 하지만, 위 수산물품질관리법 제19조에 따라 수산물가공업 등록을 하고 해당 영업을 하는 경우에는 식품제조·가공업 신고를 하지 않아도 된다.

식품제조·가공업과 수산물가공업과의 관계, 수산물가공업의 등록 또는 신고 절차 등에 관한 법령의 내용과 다음과 같은 사정, 즉 ① 수산물품질관리법령은 수산물가공업의 종류를 어유(간유)가공업, 냉동·냉장업, 선상수산물가공업, 수산피혁가공업, 해조류가공업으로 구분하고, 수산물 원형 동결과 수산물 처리 동결로 구분하지 않은 점, ② 수산물 원형 동결과 수산물 처리 동결은 구 수산물품질관리법 시행규칙(2012. 7. 20. 농림수산식품부령 제296호로 폐지되기 전의 것) 제32조 제1항 〔별지 제16호 서식〕인 수산물가공업등록신청서에 등장하는 것으로, 생산할 제품의 태양을 나타내는 것에 불과한 점 등을 종합하면, '생산 제품의 종류' 란에 수산물 원형 동결(오징어)이라고 기재된 수산물가공업(냉동·냉장업)등록증을 받은 자가 수산물 처리 동결(오징어) 제품을 가공하였다 하더라도, 이를 가리켜 수산물가공업(냉동·냉장업)의 등록 없이 해당 영업을 한 경우라고 볼 수 없다.

〈법원의 판단에 대한 해설〉

일반적으로 식품법령은 명확하게 법규 명령으로 규정되어 있지만, 이처럼 실무에서는 항상 혼선이 있을 수 있다. 필자가 수행했던 자가품질검사기관의 형사재판에서도 축산물 가공 기준 및 규격에 대해 미생물 시험법에서는 검체를 25g 채취하도록 규정하고 있으나, 편의상 10g도 가능하다고 부수적으로 명시해 놓고 있었다. 아마도 고가 혹은 소량의 식품을 위해서 만들어 놓은 규정으로 보인다. 하지만 이렇듯 명확하지 않게 규정해 놓을 경우, 누구나 10g을 사용하게 될 수 있으며, 판단 기준도 없어서 법으로 처벌이 불가능하다. 결국 상기 사건에서 무죄를 선고한 재판부의 판단과 같이 실제 법령에 명시되지 않은 사항을 신고서나 성적서에 적는다고 하더라도, 그에 따를 의무가 없다는 것이나 이렇게 판단할 수밖에 없는 재판부를 행정청에서 비난할 것이 아니라 조속히 법령을 개정하여 누구나 알기 쉽고 오인하지 않도록 노력해야 할 것이다. 결국 이런 이유로 검체 채취에 대한 고시가 개정되었다.

33. 법령 해석과 용어의 정의 (대법원 97도2912)

〈사건의 개요〉

A는 24시간 편의방을 운영하면서 편의방 내에 탁자와 의자, 그리고 컵라면을 조리할 수 있는 온수통 등을 갖추고 손님들에게 식기와 함께 술과 안주류를 판매·제공하였다. 다만 컵라면을 끓이거나 안주를 소분하여 판매하였을 뿐 음식류를 직접 조리하지는 않았는데, 이 경우 A의 영업 행위는 식품위생법상 일반음식점 영업에 해당하는 것일까?

〈사건에 대한 적용 법령〉

식품위생법

제21조 (시설기준)

① 다음의 영업을 하고자 하는 자는 보건복지부령이 정하는 시설기준에 적합한 시설을 갖추어야 한다.

　1. 식품 또는 식품 첨가물의 제조업·가공업·운반업·판매업 및 보존업

　2. 기구 또는 용기·포장의 제조업

　3. 식품접객업

② 제1항 각호의 규정에 의한 영업의 세부종류와 그 범위는 대통령령으로 정한다.

식품위생법 시행령

제7조 (영업의 종류)

법 제21조제2항의 규정에 의한 영업의 세부종류와 그 범위는 다음 각호와 같다.

　1. 식품제조·가공업

식품을 제조·가공하는 영업

2. 즉석판매제조·가공업

보건복지부령이 정하는 식품을 제조·가공 업소내에서 직접 최종소비자에게 판매하는 영업

3. 식품첨가물제조업 : 감미료·착색료·보존료·표백제 등의 식품첨가물, 동·식물로부터 추출한 단일성분의 천연첨가물과 국·종국 또는 첨가물의 혼합제제를 제조·가공하는 영업

4. 식품운반업 : 직접 마실 수 있는 유가공품·유산균음료(살균유산균음료를 포함한다. 이하 같다)나 식육·어류·조개류 및 그 가공품등 부패·변질되기 쉬운 식품을 위생적으로 운반하는 영업. 다만, 당해 영업자의 영업소에서 판매할 목적으로 식품을 운반하는 경우와 당해 영업자가 제조·가공한 식품을 운반하는 경우를 제외한다.

5. 식품소분·판매업

 가. 식품소분업 : 보건복지부령이 정하는 식품 또는 식품첨가물의 완제품을 나누어 유통을 목적으로 재포장·판매하는 영업.

 나. 식품판매업

  (1) 식육판매업: 식육(식용을 목적으로 생산한 짐승의 지육·정육·내장·머리·꼬리·혈액 및 기타 식용이 가능한 부분을 말한다. 이하 같다)을 전문적으로 판매하는 영업. 다만, 냉장 또는 냉동시설을 갖추고 냉동포장육만을 판매하는 소매업을 제외한다.

  (2) 식육부산물전문판매업: 식육중 부산물로 분류되는 내장(간·심장·위장·비장·콩팥 및 창자등을 말한다)과 머리·꼬리·다리·뼈·혈액등 식용이 가능한 부분만을 도축장 주변에서 전문적으로 판매하는 영업.

  (3) 우유류판매업: 직접 마실 수 있는 유가공품 및 유산균음료등을 전문적으로 판매하는 영업

  (4) 식용얼음판매업: 식용얼음을 전문적으로 판매하는 영업

  (5) 식품자동판매기영업: 다류·음료 또는 익혀서 가공처리한 면류등을 자동판매기에 넣어 판매하는 영업. 다만, 캔음료등 포장이 완료된 완제품만을 자동판매기에 넣어 판매하는 경우를 제외한다.

  (6) 유통전문판매업: 식품을 스스로 제조·가공하지 아니하고 타인에게 의뢰하여 제조·가공된 식품을 자신의 상표로 유통·판매하는 영업.

(7) 건강보조식품판매업: 건강보조를 목적으로 제조하는 식품(이하 ″건강보조식품″이라 한다)을 판매하는 영업. 식품제조·가공업의 허가를 받아 건강보조식품을 제조·가공 하는 자가 판매원을 두고 자기제품을 최종소비자에게 판매하는 경우를 포함한다

(8) 식품등수입판매업: 식품등을 수입하여 판매하는 영업. 다만, 식품등의 채취·제조 또는 가공에 사용되는 기계를 수입하는 경우를 제외한다.

(9) 기타 식품판매업: (1) 내지 (8)외에 보건복지부령이 정하는 일정규모이상의 백화점·슈퍼마켓·연쇄점 등에서 식품을 판매하는 영업

6. 식품보존업

가. 식품조사처리업: 방사선을 쬐어 식품의 보존성을 물리적으로 높이는 것을 업으로 하는 영업

나. 식품냉동·냉장업: 식품을 얼리거나 차게 하여 보존하는 영업. 다만, 수산물의 냉동·냉장을 제외한다

7. 용기·포장류제조업

가. 용기·포장지제조업: 식품 또는 식품첨가물을 넣거나 싸는 물품으로서 식품 또는 식품첨가물에 직접 접촉되는 용기(옹기류를 제외한다)·포장지를 제조하는 영업

나. 옹기류제조업: 식품을 제조·조리·저장할 목적으로 사용되는 독·항아리·뚝배기등을 제조하는 영업

8. 식품접객업

가. 휴게음식점영업: 음식류를 조리·판매하는 영업으로서 음주행위가 허용되지 아니하는 영업(주로 다류를 조리·판매하는 다방 및 주로 빵·떡·과자·아이스크림류를 제조·판매하는 과자점형태의 영업을 포함한다). 다만, 편의점·슈퍼마켓·휴게소 기타 음식류를 판매하는 장소에서 컵라면, 1회용 다류 기타 음식류에 뜨거운 물을 부어주는 경우를 제외한다.

나. 일반음식점영업 : 음식류를 조리·판매하는 영업으로서 식사와 함께 부수적으로 음주행위가 허용되는 영업.

다. 단란주점영업 : 주로 주류를 조리·판매하는 영업으로서 손님이 노래를 부르는 행위가 허용되는 영업.

라. 유흥주점영업 : 주로 주류를 조리·판매하는 영업으로서 유흥종사자를 두거나 유흥시
설을 설치할 수 있고 손님이 노래를 부르거나 춤을 추는 행위가 허용되는 영업.

〈사건에 대한 법원의 판단〉

식품위생법 제21조 제2항에 터 잡은 구 식품위생법시행령(1996. 10. 14. 대통령령 제15157
호로 개정되기 전의 시행령) 제7조 제8호 (나)목에 의하면, 일반음식점영업이라 함은 '음식류를
조리·판매하는 영업으로서 식사와 함께 부수적으로 음주행위가 허용되는 영업'이라고 규정하고
있는 바, 구 식품위생법시행규칙(1996. 12. 20. 보건복지부령 제41호로 개정되기 전의 시행규
칙) 제20조의 〔별표 9〕 업종별 시설 기준에서 식품접객업의 공통 시설 기준으로 '영업장, 급수시
설, 조명시설, 화장실'과 함께 '조리장'을 규정하고 있는 점에 비추어 볼 때, 위 시행령에서 말하는
'음식류를 조리, 판매하는 영업'은 '음식류를 조리하여 판매하는 영업'을 의미하는 것으로 해석하
는 것이 적절하다. 같은 취지에서, 피고인이 이 사건 편의방에서 탁자 7개와 의자 22개 및 컵라면
을 조리할 수 있는 온수통 등을 갖추고 손님들에게 술과 안주류를 판매하였다 하더라도, 음식류
를 조리하여 판매한 바 없는 이상 위 편의방 영업을 식품위생법 소정의 일반음식점 영업에 해당
한다고 볼 수 없다고 판단하여, 원심이 피고인에 대하여 무죄를 선고한 조치는 정당하고, 거기에
식품위생법상 일반음식점 영업의 요건에 관한 법리 오해의 위법은 없다.

기록에 비추어 살펴보면, 피고인이 이 사건 편의방 영업을 하면서 조리 행위를 한 바 없다고 인
정한 원심의 조치는 정당하고, 설사 피고인이 이 사건 편의방 내에 컵라면을 끓이기 위한 물통과
탁자를 설치하고, 술과 안주를 담을 수 있는 잔, 접시, 수저, 포크 등 식기를 손님들에게 제공하였
다고 하더라도, 그와 같은 행위가 곧바로 '음식류의 조리 행위'에 해당된다고 볼 수는 없다.

〈법원의 판단에 대한 해설〉

노래방, PC방, 놀이방 등 우리는 우리 주변에서 여러 형태의 '방'을 접할 수 있다. 이러한 방들은 외국과 차별되는 우리나라 고유의 문화로까지 볼 수 있을 정도로 발달되어 있는 것이 현실이다. 이러한 문화를 최근 발전하고 있는 '한류'와 연계해서 긍정적인 효과를 유발하는 것은 환영할 만한 일이지만, 실제로는 탈법의 수단으로 사용되는 경우가 많아서 문제가 되고 있다. 특히 이렇게 탈법적으로 운영되는 '방'들에 있어서 가장 문제가 되는 것이 음주 및 음식 조리 관련 문제이고, 이러한 문제는 현행 식품위생법의 영업의 종류와 연관되어 있기 때문에 법령에 따른 영업을 해야 할 것이다. 우리나라에서 음식과 주류에 관련된 영업을 하기 위해서는 식품위생법 제36조 제2항에 의거 동법 시행령 21조에 영업의 종류를 준수해야 한다.

이때 동법 시행령 제21조 8호에 음식접객업이라는 제목으로 휴게음식점 영업, 일반음식점 영업, 단란주점 영업, 유흥주점 영업, 위탁급식 영업, 제과점 영업으로 구분하고 있다. 위 판례에서 문제가 되었기도 하지만, 실제로도 업종 구분이 모호하여 실무를 담당하는 공무원들도 많이 어려워하는 것이 일반음식점 영업이다. 식품위생법상 일반음식점의 정의는 음식류를 조리·판매하는 영업으로서 식사와 함께 부수적으로 음주 행위가 허용되는 영업을 말하는데, 여기서 '조리'의 범위 해석에 대한 문제가 발생한다. 위 판례의 경우, '컵라면을 끓이거나 단순히 안주를 소분하거나 그릇에 담는 행위는 조리로 볼 수 없다'는 것이고, 그렇다면 조리하는 영업이 아니므로 식품위생법상 일반음식점 영업으로 볼 수 없다. 그렇기에 식품위생법 위반으로 처벌을 할 수 없다는 결론이 나게 되는 것이다.

최근 이러한 식품위생법상 영업의 종류가 세분화됨으로 인해 실제로 업종 간 구분이 모호하여, 식품위생법을 교묘히 피해 영업을 하여 단속이 불가한 사안이 발생하거나 담당 공무원들이 행정지도를 하는데 무척 곤혹스러운 경우가 많다고 한다. 현재 식품의약품안전처에서 발주하여 외부 기관에서 영업의 종류를 개선하는 연구가 진행 중에 있다. 각종 이익 단체들의 의견 수렴을 하는 과정에서 외국처럼 주류 영업권을 따로 분리하고 모든 업종을 통합하여 단순화하여 주류 판매소와 비주류 판매소로만 분리하자는 의견도 나오고, 청소년 보호를 위하여 분식집이나 김밥집에서 주류를 파는 것을 방지하기 위해서는 현행 체제를 유지하여야 한다는 의견도 있다. 그러나 식품위생법이 어떻게 개정이 되든지 중요한 것은, 법을 집행하는 행정기관의 관심과 노력이 필요하다는 것이며, 이에 대한 대비책을 마련하여 법령 개정에 반영하는 것이 선행되어야 할 것이다.

34. 시설 기준과 영업자 준수 사항 위반 (대법원 92도2802)

〈사건의 개요〉

대중음식점을 영업하고 있는 A는 전화 주문을 통하여 1일 평균 20개 정도의 도시락을 판매하였는데, 도시락제조업 영업 허가를 득하지 않고 도시락을 판매하였기 때문에 식품위생법 위반이라고 한다. 그런데 A는 식품접객업소로서 대중음식점 영업 허가를 받았고, 당시 식품위생법 시행령에 따르면 대중음식점 영업에 탕반류, 면류 등과 더불어 도시락 또한 조리·판매할 수 있는 항목에 명시되어 있었기에 혼란스럽다. A의 영업 행위는 위반일까?

〈사건에 대한 적용 법령〉

식품위생법

제21조 (시설기준)

① 다음의 영업을 하고자 하는 자는 보건사회부령이 정하는 시설기준에 적합한 시설을 갖추어야 한다.

   1. 식품 또는 첨가물의 제조업·가공업·운반업·판매업 및 보존업

   2. 기구 또는 용기·포장의 제조업

   3. 식품접객업 및 조리판매업

② 제1항 각호의 규정에 의한 영업의 세부종류와 그 범위는 대통령령으로 정한다.

식품위생법 시행령

제7조 (영업의 종류)

법 제21조제2항의 규정에 의한 영업의 세부종류와 그 범위는 다음 각호와 같다.

1. 식품제조·가공업

  가. 과자류제조업: 곡분·당류등을 주원료로 하여 빵류·떡류·사탕류·과자류·만두류등을
      제조하는 영업

  나. 당류제조업: 설탕·포도당·과당·이성화당·엿류등을 제조하는 영업

  다. 아이스크림류제조업: 아이스크림·빙과류·액상 또는 분말아이스크림류등을 제조하는
      영업

  라. 유가공품제조업: 우유·산양유를 처리하거나 우유·산양유 또는 이의 가공품을 주원
      료로 하여 살균·건조·발효·혼합·정제 기타의 방법으로 분유·조제분유·탈지분유·연
      유·발효유·환원우유·버어터·치이즈 등을 제조하는 영업

  마. 식육제품제조·가공업: 식육 또는 알을 주원료로 하여 햄·소시지·베이컨·알가공품등
      을 제조·가공하는 영업

  바. 어육제품제조업: 어육 또는 고래고기등을 주원료로 하여 어묵 기타 이와 유사한 제품
      을 제조하는 영업

  사. 절임식품류제조업: 농산물 또는 수산물을 소금·간장·설탕등으로 절이거나 졸여서 단
      무지·젓갈류·콩조림등의 식품을 제조하는 영업

  아. 김치제조업: 무우·배추·파등 채소류를 소금등에 절여서 김치를 제조하는 영업

  자. 통조림 또는 병조림제조업 : 식품을 빈통 또는 병안에 넣어 밀봉한 후 병원균 및 부패
      세균을 가열·살균 처리하여 내용식품 고유의 품질을 장기간 보존할 수 있는 식품(다
      른 식품제조업에 해당되는 식품을 제외한다)을 제조하는 영업

  차. 건포류제조업: 어육 또는 조개살을 원형을 변경하거나 조미하여 건조한 식품을 제조하
      는 영업

  카. 두부류제조업: 두부·유부·묵등을 제조하는 영업

  타. 식용유지제조업: 식물성 또는 동물성유지류를 원료로하여 식용유지를 제조·가공하는
      영업. 다만, 어유(간유)를 제조하는 영업을 제외한다

  파. 면류제조업: 건면·숙면·당면 또는 조미료가 포함된 라면등의 인스탄트면류를 제조하
      는 영업

  하. 다류제조업: 식물성 물질을 주원료로 하여 홍차·녹차·생강차·커피등과 같이 물에 녹

여서 마시는 기호성 식품과 이들을 원료로 하여 만든 농축액 및 직접 마실 수 있는 액상다류를 제조하는 영업.

거. 청량음료제조업: 탄산음료·유산균음료(살균유산균음료를 포함한다)·과채류음료·곡류음료·혼합음료·분말음료등 마시는 것을 목적으로 하는 식품(주류·액상다류·인삼제품·무지유고형분이 3퍼센트 이상인 음료 및 광천음료수를 제외한다)을 제조하는 영업

너. 광천음료수제조업: 지하 암반층이하의 원수를 취수하여 정수처리등을 통하여 음용에 적합하게 제조하는 영업

더. 인스탄트식품제조업: 직접 또는 간단한 조리방법으로 식용이 가능하며 보존성이 높고 휴대와 운반이 용이한 식품을 제조하는 영업

러. 건강보조식품제조업: 건강보조의 목적으로 특정성분을 원료로 하거나 식품원료에 들어있는 특정성분을 추출·농축·정제·혼합등의 방법으로 식품을 제조하는 영업

머. 특수영양식품제조업: 유아·병약자·노약자·비만자 및 임산부등을 위한 용도에 제공할 목적으로 식품원료에 영양성분을 가감하는 등의 방법으로 식품을 제조하는 영업

버. 조미식품제조업: 식품을 제조·가공·조리함에 있어서 맛을 돋구기 위한 목적으로 사용되는 장류·식초·소오스·케찹등의 조미식품(동·식물로부터 추출한 단일성분 또는 단일성분을 원료로 하여 제조·가공한 첨가물을 제외한다)을 제조하는 영업

서. 도시락제조업: 도시락을 전문적으로 제조하는 영업

어. 주류제조업: 주세법 제2조의 규정에 의한 주류를 제조하는 영업

저. 인삼제품제조·가공업: 인삼을 원료로 하여 식품을 제조·가공하는 영업. 다만, 인삼사업법 제13조의 규정에 의하여 한국담배인삼공사가 제조·가공하는 홍삼류를 제외한다.

처. 식용얼음제조업: 식품의 제조·가공·조리·저장등에 사용되거나 그대로 먹을 수 있는 식용얼음을 제조하는 영업

커. 식품가공업

(1) 임가공업: 소비자로부터 제공받은 재료(떡류 또는 염소가공의 경우에는 영업자가 주재료를 직접 조달하는 경우를 포함한다)로 식품을 가공(떡류의 경우에는 가공한 업

소안에서의 진열·판매를 포함한다)하여 주는 영업. 다만, 양곡관리법 제16조의 규정에 의한 제분업 허가를 받은 자가 임가공(떡류를 임가공하는 경우를 제외한다)하는 영업을 제외한다.

(2) 단순가공업: 농·임·수산물등 자연산물을 그 원형을 알아볼 수 없도록 분쇄·절단등의 방법으로 변경시키거나, 이와 같이 1차가공처리한 식품원료를 서로 혼합(부형제와 첨가물을 넣는 경우를 제외한다) 또는 이러한 것에 허가를 받아 제조된 조미식품등을 포장된 상태로 첨부하여 식품을 가공하는 영업. 다만, 다음의 1에 해당하는 경우를 제외한다.

(가) 양곡관리법 제16조의 규정에 의하여 허가를 받았거나 신고를 한 경우

(나) 수산업법 제49조의 규정에 의하여 허가를 받았거나 신고를 한 경우

(다) 동일 건물안에서 식품소분업과 기타 식품판매업 신고를 한 자가 당해 업소에서 판매할 목적으로 가공하는 경우

(3) 원료식품가공업: 식품의 제조·가공 또는 조리에 사용되는 원료식품을 가공하는 영업. 다만, 그 원료식품을 가공하는 영업이 다른 식품제조·가공업에 해당하거나 이와 유사한 영업에 해당하는 경우를 제외한다

터. 기타식품제조·가공업: 기타 다른 식품 제조·가공업에 해당되지 아니하는 식품을 제조·가공하는 영업. 다만, 첨가물이나 다른 원료를 사용하지 아니하고 원형을 알아볼 수 있는 정도로 농·임·수산물을 단순히 절단·박피·가열(살균의 목적이나 성분의 현격한 변화를 발하는 경우를 제외한다)·숙성·건조·염장하는 영업등 가공과정중 위생상 위해발생의 우려가 적거나 식품의 상태를 관능으로 확인할 수 있는 경우를 제외한다

2. 첨가물제조업: 감미료·착색료·보존료·표백제 등의 식품첨가물, 동·식물로부터 추출한 단일성분의 천연첨가물과 국·종국 또는 첨가물의 혼합제제를 제조·가공하는 영업

3. 식품운반업: 직접 마실 수 있는 유가공품·유산균음료(살균유산균음료를 포함한다. 이하 같다)나 식육·어류·조개류 및 그 가공품등 부패·변질되기 쉬운 식품을 위생적으로 운반하는 영업. 다만, 당해 영업자의 영업소에서 판매할 목적으로 식품을 운반하는 경우와 당해 영업자가 제조·가공한 식품을 운반하는 경우를 제외한다.

4. 식품소분·판매업

가. 식품소분업: 보건사회부령이 정하는 식품 또는 첨가물의 완제품을 나누어 포장(2이상
의 포장된 상태의 완제품을 단순히 결합·포장하는 경우를 포함한다)·판매하는 영업

나. 식품판매업

(1) 식육판매업: 식육(식용을 목적으로 생산한 짐승의 지육·정육·내장·머리·꼬리·혈액
및 기타 식용이 가능한 부분을 말한다. 이하 같다)을 전문적으로 판매하는 영업. 다
만, 냉장 또는 냉동시설을 갖추고 냉동포장육만을 판매하는 소매업을 제외한다.

(2) 식육부산물전문판매업: 식육중 부산물로 분류되는 내장(간·심장·위장·비장·콩팥
및 창자등을 말한다)과 머리·꼬리·다리·뼈·혈액등 식용이 가능한 부분만을 도축장
주변에서 전문적으로 판매하는 영업.

(3) 우유류판매업: 직접 마실 수 있는 유가공품 및 유산균음료등을 전문적으로 판매하
는 영업

(4) 식용얼음판매업: 식용얼음을 전문적으로 판매하는 영업

(5) 식품자동판매기영업: 다류·음료 또는 익혀서 가공처리한 면류등을 자동판매기에 넣
어 판매하는 영업

(6) 유통전문판매업: 식품을 직접 제조하지 아니하고 타인이 제조한 식품을 자신의 상표
로 유통·판매하는 영업

(7) 기타식품판매업: (1) 내지 (6)외에 보건사회부령이 정하는 일정규모이상의 백화점·
슈퍼마켓·연쇄점등에서 식품을 판매하는 영업, 식품·첨가물·기구·용기 또는 포장
을 수입하여 판매하는 영업 및 보건사회부령이 정하는 식품등을 전문적으로 판매하
는 영업

5. 식품보존업

가. 식품조사처리업: 방사선을 쬐어 식품의 보존성을 물리적으로 높이는 것을 업으로 하
는 영업

나. 식품냉동·냉장업: 식품을 얼리거나 차게 하여 보존하는 영업. 다만, 수산물의 냉동·냉
장을 제외한다

6. 용기·포장류제조업

가. 용기·포장지제조업: 식품 또는 첨가물을 넣거나 싸는 물품으로서 식품 또는 첨가물에
　　　직접 접촉되는 용기(옹기류를 제외한다)·포장지를 제조하는 영업

나. 옹기류제조업: 식품을 제조·조리·저장할 목적으로 사용되는 독·항아리·뚝배기등을
　　　제조하는 영업

7. 식품접객업

가. 대중음식점영업: 유흥종사자를 두지 아니하고 주로 탕반류·면류·죽류·도시락 등을
　　　조리·판매하면서 주류 및 음료를 판매할 수 있는 영업으로서 다른 식품접객업 및 제8
　　　호의 식품·조리판매업에 속하지 아니하는 영업

나. 유흥접객업: 주류 및 음료수와 음식물을 조리·판매하며 유흥종사자를 둘 수 있는 영
　　　업으로서 일반유흥접객업(노래·연주 또는 춤등을 즐길 수 있는 극장식당·바아·룸살
　　　롱·요정등)과 무도유흥접객업(손님이 춤을 추는 무도장을 두고 입장료를 받을 수 있
　　　는 캬바레·나이트클럽·고고클럽·디스코클럽등) 및 외국인 전용유흥접객업(외국군인
　　　및 외국인 선원등을 대상으로 하는 일반유흥접객업과 무도유흥접객업)

다. 과자점영업: 주로 빵류·생과자류·떡류·아이스크림류등을 갖추거나 제조하여 업소내
　　　에서 손님에게 판매하면서 부수적으로 음료류(주류를 제외한다)를 판매하는 영업

라. 다방영업: 객석을 갖추고 다류를 조리(홍차에 레몬즙·우유·위스키를 첨가하는 것을
　　　포함한다)·판매하거나, 우유·청량음료 기타의 음료수(주류를 제외한다)를 판매하는
　　　영업

마. 휴게실영업: 관광숙박업 또는 관광객이용시설의 부대시설이나 공항휴게실, 고속도로휴게
　　　실, 유원지등에서 대중음식점영업, 과자점영업 또는 다방영업을 하거나 이를 복합적으로
　　　하는 영업

8. 식품조리·판매업

가. 일반조리·판매업: 백화점·역구내등에서 객석을 갖추지 아니하고 식품(주류를 제외한
　　　다)을 즉석에서 조리·판매하는 영업

나. 이동조리·판매업:기차·여객선등의 일정한 장소에서 음식물을 조리·판매하거나 자동
　　　차 등을 이용하여 음식물을 조리·판매하며, 부수적으로 주류 및 음료류를 판매하는
　　　영업

다. 출장조리·판매업:소비자의 주문에 의하여 음식물을 조리·가공한 후 주문자가 요구하
　　는 장소에 운반하여 주고 이와 함께 식사의 편의를 제공하는 영업(주류를 함께 취급하
　　는 경우에는 영업자가 조주사인 경우외에는 조주사를 두어야 한다)

〈사건에 대한 법원의 판단〉

식품위생법 제21조 제2항 및 같은법시행령 제7조에 의하면, 식품제조·가공업 중에 도시락을
전문적으로 제조하는 도시락제조업 이외에 식품접객업 중 대중음식점 영업에서도 탕반류, 면류,
죽류와 함께 도시락을 조리, 판매할 수 있는 것으로 규정하고 있는 바, 위와 같이 대중음식점에서
취급할 수 있는 음식의 종류 중에 도시락이 포함되어 있다고 하더라도 이는 접객업소에 찾아오는
고객들에게 매장에서 도시락을 조리하여 그 자리에서 판매하거나 취식하게 하는 영업을 말하는
것이지, 상당한 시간이 경과한 후에 장소를 이동하여 취식할 것을 전제로 그에 대비한 위생 상태
를 확보하고 미리 도시락을 제조하여 판매하는 전문적인 영업 형태까지를 포함하는 것은 아니라
고 할 것이다.

기록을 살펴본 바, 원심이 제1심 판결의 거시증거를 인용하여, 피고인은 당국으로부터 도시락
제조업 허가를 받지 아니하고, 판시와 같이 1990.8. 경부터 1992.7.6.까지 사이에 전화 주문을
통하여 1일 평균 20개씩의 도시락을 제조하여 판매해 온 사실을 인정한 다음, 위와 같은 피고인
의 행위는 대중음식점 영업 허가를 받은 자가 도시락을 조리·판매할 수 있는 범위를 넘은 것이라
고 판단하여 유죄로 처단한 조치는 정당한 것으로 수긍이 가고, 거기에 소론과 같은 채증법칙을
위반한 잘못이나 식품위생법상의 대중음식점 영업의 범위에 관한 법리를 오해한 위법이 있다고
할 수 없다. 논지는 이유가 없다.

<법원의 판단에 대한 해설>

흔히 '배달'하면 떠오르는 것은 중화 요리집 배달통을 뒤에 싣고 달리는 오토바이를 연상할 것이다. 최근에는 치킨이나 피자 배달도 많이 늘어났고, 슈퍼나 마트에서도 배달 서비스를 시행하고 있다. 그렇다면 우리 주변에서 흔히 볼 수 있는 음식 배달은 식품위생법상 문제가 없는 것일까? 우선 식품위생법상 어떤 조항도 배달을 명시하거나 간접적으로 용인하는 조항은 없다. 일반적으로 배달 서비스를 시행하는 영업의 종류는 휴게음식점 영업, 일반음식점 영업 정도일 것이다. 위 판례는 최근 강남 등 사무실 밀집 지역에서 도시락배달업을 주로 하고 있는 영업소와 편의점 등에 도시락을 공급하는 업소와의 차이점을 보여주는 예라고 생각한다.

판례에서 핵심이 되는 문구는 '상당한 시간이 경과한 후에 장소를 이동하여 취식할 것을 전제로 그에 대비한 위생 상태를 확보하고 미리 도시락을 제조하여 판매하는 전문적인 영업 형태'이다. 일반적으로 도시락 배달을 전문적으로 하는 음식점 또는 일반 배달 서비스도 하는 음식점의 경우에는 주문을 받아 배달을 하지만, 편의점 등에 공급되는 도시락을 제조하는 업체는 미리 도시락을 제조한다는 차이점이 있다. 일선에서 근무하는 식품 위생 감시 공무원들이 가장 애를 먹을 때가 바로 배달 전문 음식 영업의 단속이라고 한다. 간헐적으로 뉴스 등을 통해서 비위생적인 배달 음식의 문제가 보도되기도 하지만, 실제로 야간에 주로 운영되고 매장이 없이 전화로 주문을 받아 조리하여 배달하게 되는 시스템이기에, 해당 매장을 찾는 것도 쉽지 않다고 한다. 또한 최근 서울 강남 근처에 유행하고 있는 심부름 전문 업소나 배달을 하지 않는 유명음식점의 요리를 배달해주는 업소의 출현으로 일반음식점 영업의 성격에 대한 명확한 규정이 필요해지고 있다.

원칙적으로 일반음식점 영업은 해당 매장에서 조리된 제품을 즉석에서 섭취하기에 적합한 위생 설비 기준을 갖추도록 되어 있고, 제조·가공업소는 그보다 더 엄격한 기준을 적용하여 제품의 보관과 유통을 염두에 두고 제조를 하도록 식품위생법에서 규정하고 있다. 그러므로 일반음식점 영업소에서 간헐적으로 손님의 요구나 가까운 지역 내에 배달 서비스를 하는 것은 상식 선이나 식품위생법에서도 문제가 되지 않겠지만, 전문적으로 원거리 배달 서비스를 시행하여 식품의 보관과 위생에 문제가 생길 우려가 있거나 위 판례처럼 일반음식점 영업소에서 도시락을 미리 제조해서 판매하는 행위 등은 명백한 식품위생법 위반 사항이므로 처벌을 받게 될 것이다.

35. 영업자 준수 사항 위반 문제 (대법원 92도361)

〈사건의 개요〉

A는 △△△ 롤라스케이트장을 운영하고 있는데, 이 사업장은 실제로는 청소년들이 1인당 1,000원 정도의 입장료를 내고 입장하여 대형 스피커를 통하여 나오는 디스코 음악에 맞춰 춤을 추는 디스코 클럽으로 운영되었고, 체육 시설의 설치·이용에 관한 법률에 따라 체육시설업 신고를 마친 곳이었다. 이 디스코 클럽의 한쪽에는 매점이 들어와 있어 캔 음료수와 제과류 등을 판매하였고, 이를 구매하는 입장객들은 매점 주변에 3~4개 정도 설치된 플라스틱 간이 의자에 앉아서 음식을 섭취하였는데, 이를 음료를 판매한 행위 또한 다방 영업이라고 볼 수 있을까?

〈사건에 대한 적용 법령〉

식품위생법

제22조 (영업의 허가등)

① 제21조의 규정에 의한 영업중 대통령령이 정하는 영업을 하고자 하는 자는 대통령령이 정하는 바에 따라 영업의 종류별·영업소별로 보건사회부장관·서울특별시장·직할시장 또는 도지사의 허가를 받아야 한다. 대통령령이 정하는 중요한 사항을 변경하고자 하는 때에도 또한 같다.

② 제1항의 경우에 식품 또는 첨가물을 제조하고자 하는 자는 보건사회부령이 정하는 바에 의하여 그 품목마다 보건사회부장관·서울특별시장·직할시장 또는 도지사의 품목제조허가를 받거나 품목제조신고를 하여야 한다. 그 품목에 있어서 허가받은 사항 또는 신고한 사항을 변경하고자 하는 때에도 또한 같다.

③ 보건사회부장관·서울특별시장·직할시장 또는 도지사는 제1항 및 제2항의 규정에 의한 영업허가 또는 품목제조허가를 하는 때에는 필요한 조건을 붙일 수 있다.

④ 제1항의 규정에 의하여 영업의 허가를 받은 자가 그 영업을 휴업·재개업 또는 폐업하거나 허가받은 사항중 동항 후단의 중요사항을 제외한 경미한 사항을 변경하고자 하는 때에는 보건사회부장관·서울특별시장·직할시장 또는 도지사에게 신고하여야 한다.

⑤ 제21조의 규정에 의한 영업중 대통령령이 정하는 영업을 하고자 하는 자는 서울특별시장·직할시장 또는 도지사(이하 "시·도지사"라 한다)에게 신고하여야 한다. 신고한 사항을 변경하거나 휴업·재개업 또는 폐업하고자 하는 때에도 또한 같다.

⑥ 제2항의 규정에 의하여 품목제조허가를 받았거나 품목제조신고를 한 자가 그 품목의 제조를 중단하고자 할 때에는 그 기간과 이유를 명시하여 보건사회부장관 또는 시·도지사에게 품목제조중단신고를 할 수 있다.

식품위생법 시행령

제7조 (영업의 종류)

법 제21조제2항의 규정에 의한 영업의 세부종류와 그 범위는 다음 각호와 같다.

1. 식품제조·가공업

   가. 과자류제조업: 곡분·당류등을 주원료로 하여 빵류·떡류·사탕류·과자류·만두류등을 제조하는 영업

   나. 당류제조업: 설탕·포도당·과당·이성화당·엿류등을 제조하는 영업

   다. 아이스크림류제조업: 아이스크림·빙과류·액상 또는 분말아이스크림류등을 제조하는 영업

   라. 유가공품제조업: 우유·산양유를 처리하거나 우유·산양유 또는 이의 가공품을 주원료로 하여 살균·건조·발효·혼합·정제 기타의 방법으로 분유·조제분유·탈지분유·연유·발효유·환원우유·버어터·치이즈 등을 제조하는 영업

   마. 식육제품제조·가공업: 식육 또는 알을 주원료로 하여 햄·소시지·베이컨·알가공품등을 제조·가공하는 영업

   바. 어육제품제조업: 어육 또는 고래고기등을 주원료로 하여 어묵 기타 이와 유사한 제품을 제조하는 영업

사. 절임식품류제조업: 농산물 또는 수산물을 소금·간장·설탕등으로 절이거나 졸여서 단무지·젓갈류·콩조림등의 식품을 제조하는 영업

아. 김치제조업: 무우·배추·파등 채소류를 소금등에 절여서 김치를 제조하는영업

자. 통조림 또는 병조림제조업: 식품을 빈통 또는 병안에 넣어 밀봉한 후 병원균 및 부패세균을 가열·살균 처리하여 내용식품 고유의 품질을 장기간 보존할 수 있는 식품(다른 식품제조업에 해당되는 식품을 제외한다)을 제조하는 영업

차. 건포류제조업: 어육 또는 조개살을 원형을 변경하거나 조미하여 건조한 식품을 제조하는 영업

카. 두부류제조업: 두부·유부·묵등을 제조하는 영업

타. 식용유지제조업: 식물성 또는 동물성유지류를 원료로하여 식용유지를 제조·가공하는 영업. 다만, 어유(간유)를 제조하는 영업을 제외한다

파. 면류제조업: 건면·숙면·당면 또는 조미료가 포함된 라면등의 인스탄트면류를 제조하는 영업

하. 다류제조업: 식물성 물질을 주원료로 하여 홍차·녹차·생강차·커피등과 같이 물에 녹여서 마시는 기호성 식품과 이들을 원료로 하여 만든 농축액 및 직접 마실 수 있는 액상다류를 제조하는 영업.

거. 청량음료제조업: 탄산음료·유산균음료(살균유산균음료를 포함한다)·과채류음료·곡류음료·혼합음료·분말음료등 마시는 것을 목적으로 하는 식품(주류·액상다류·인삼제품·무지유고형분이 3퍼센트 이상인 음료 및 광천음료수를 제외한다)을 제조하는 영업

너. 광천음료수제조업: 지하 암반층이하의 원수를 취수하여 정수처리등을 통하여 음용에 적합하게 제조하는 영업

더. 인스탄트식품제조업: 직접 또는 간단한 조리방법으로 식용이 가능하며 보존성이 높고 휴대와 운반이 용이한 식품을 제조하는 영업

러. 건강보조식품제조업: 건강보조의 목적으로 특정성분을 원료로 하거나 식품원료에 들어있는 특정성분을 추출·농축·정제·혼합등의 방법으로 식품을 제조하는 영업

머. 특수영양식품제조업: 유아·병약자·노약자·비만자 및 임산부등을 위한 용도에 제공할

목적으로 식품원료에 영양성분을 가감하는 등의 방법으로 식품을 제조하는 영업

버. 조미식품제조업: 식품을 제조·가공·조리함에 있어서 맛을 돋구기 위한 목적으로 사용되는 장류·식초·소오스·케찹등의 조미식품(동·식물로부터 추출한 단일성분 또는 단일성분을 원료로 하여 제조·가공한 첨가물을 제외한다)을 제조하는 영업

서. 도시락제조업: 도시락을 전문적으로 제조하는 영업

어. 주류제조업: 주세법 제2조의 규정에 의한 주류를 제조하는 영업

저. 인삼제품제조·가공업: 인삼을 원료로 하여 식품을 제조·가공하는 영업. 다만, 인삼사업법 제13조의 규정에 의하여 한국담배인삼공사가 제조·가공하는 홍삼류를 제외한다.

처. 식용얼음제조업: 식품의 제조·가공·조리·저장등에 사용되거나 그대로 먹을 수 있는 식용얼음을 제조하는 영업

커. 식품가공업

(1) 임가공업: 소비자로부터 제공받은 재료(떡류 또는 엿소가공의 경우에는 영업자가 주재료를 직접 조달하는 경우를 포함한다)로 식품을 가공(떡류의 경우에는 가공한 업소안에서의 진열·판매를 포함한다)하여 주는 영업. 다만, 양곡관리법 제16조의 규정에 의한 제분업 허가를 받은 자가 임가공(떡류를 임가공하는 경우를 제외한다)하는 영업을 제외한다.

(2) 단순가공업: 농·임·수산물등 자연산물을 그 원형을 알아볼 수 없도록 분쇄·절단등의 방법으로 변경시키거나, 이와 같이 1차가공처리한 식품원료를 서로 혼합(부형제와 첨가물을 넣는 경우를 제외한다) 또는 이러한 것에 허가를 받아 제조된 조미식품등을 포장된 상태로 첨부하여 식품을 가공하는 영업. 다만, 다음의 1에 해당하는 경우를 제외한다.

 (가) 양곡관리법 제16조의 규정에 의하여 허가를 받았거나 신고를 한 경우

 (나) 수산업법 제49조의 규정에 의하여 허가를 받았거나 신고를 한 경우

 (다) 동일 건물안에서 식품소분업과 기타 식품판매업 신고를 한 자가 당해 업소에서 판매할 목적으로 가공하는 경우

(3) 원료식품가공업: 식품의 제조·가공 또는 조리에 사용되는 원료식품을 가공하는 영업.

다만, 그 원료식품을 가공하는 영업이 다른 식품제조·가공업에 해당하거나 이와 유사한 영업에 해당하는 경우를 제외한다.

터. 기타식품제조·가공업: 기타 다른 식품 제조·가공업에 해당되지 아니하는 식품을 제조·가공하는 영업. 다만, 첨가물이나 다른 원료를 사용하지 아니하고 원형을 알아볼 수 있는 정도로 농·임·수산물을 단순히 절단·박피·가열(살균의 목적이나 성분의 현격한 변화를 발하는 경우를 제외한다)·숙성·건조·염장하는 영업등 가공과정중 위생상 위해 발생의 우려가 적거나 식품의 상태를 관능으로 확인할 수 있는 경우를 제외한다.

2. 첨가물제조업:감미료·착색료·보존료·표백제 등의 식품첨가물, 동·식물로부터 추출한 단일성분의 천연첨가물과 국·종국 또는 첨가물의 혼합제제를 제조·가공하는 영업

3. 식품운반업: 직접 마실 수 있는 유가공품·유산균음료(살균유산균음료를 포함한다. 이하 같다)나 식육·어류·조개류 및 그 가공품등 부패·변질되기 쉬운 식품을 위생적으로 운반하는 영업. 다만, 당해 영업자의 영업소에서 판매할 목적으로 식품을 운반하는 경우와 당해 영업자가 제조·가공한 식품을 운반하는 경우를 제외한다.

4. 식품소분·판매업

가. 식품소분업: 보건사회부령이 정하는 식품 또는 첨가물의 완제품을 나누어 포장(2이상의 포장된 상태의 완제품을 단순히 결합·포장하는 경우를 포함한다)·판매하는 영업

나. 식품판매업

(1) 식육판매업: 식육(식용을 목적으로 생산한 짐승의 지육·정육·내장·머리·꼬리·혈액 및 기타 식용이 가능한 부분을 말한다. 이하 같다)을 전문적으로 판매하는 영업. 다만, 냉장 또는 냉동시설을 갖추고 냉동포장육만을 판매하는 소매업을 제외한다.

(2) 식육부산물전문판매업: 식육중 부산물로 분류되는 내장(간·심장·위장·비장·콩팥 및 창자등을 말한다)과 머리·꼬리·다리·뼈·혈액등 식용이 가능한 부분만을 도축장 주변에서 전문적으로 판매하는 영업.

(3) 우유류판매업: 직접 마실 수 있는 유가공품 및 유산균음료등을 전문적으로 판매하는 영업

(4) 식용얼음판매업: 식용얼음을 전문적으로 판매하는 영업

(5) 식품자동판매기영업: 다류·음료 또는 익혀서 가공처리한 면류등을 자동판매기에 넣

어 판매하는 영업

(6) 유통전문판매업: 식품을 직접 제조하지 아니하고 타인이 제조한 식품을 자신의 상표
로 유통·판매하는 영업

(7) 기타식품판매업: (1) 내지 (6)외에 보건사회부령이 정하는 일정규모이상의 백화점·슈
퍼마켓·연쇄점등에서 식품을 판매하는 영업, 식품·첨가물·기구·용기 또는 포장을
수입하여 판매하는 영업 및 보건사회부령이 정하는 식품등을 전문적으로 판매하는
영업

5. 식품보존업

가. 식품조사처리업: 방사선을 쬐어 식품의 보존성을 물리적으로 높이는 것을 업으로 하
는 영업

나. 식품냉동·냉장업: 식품을 얼리거나 차게 하여 보존하는 영업. 다만, 수산물의 냉동·냉
장을 제외한다

6. 용기·포장류제조업

가. 용기·포장지제조업: 식품 또는 첨가물을 넣거나 싸는 물품으로서 식품 또는 첨가물에
직접 접촉되는 용기(옹기류를 제외한다)·포장지를 제조하는 영업

나. 옹기류제조업: 식품을 제조·조리·저장할 목적으로 사용되는 독·항아리·뚝배기등을
제조하는 영업

7. 식품접객업

가. 대중음식점영업: 유흥종사자를 두지 아니하고 주로 탕반류·면류·죽류·도시락 등을
조리·판매하면서 주류 및 음료를 판매할 수 있는 영업으로서 다른 식품접객업 및 제8
호의 식품·조리판매업에 속하지 아니하는 영업

나. 유흥접객업: 주류 및 음료수와 음식물을 조리·판매하며 유흥종사자를 둘 수 있는 영
업으로서 일반유흥접객업(노래·연주 또는 춤등을 즐길 수 있는 극장식당·바아·룸살
롱·요정등)과 무도유흥접객업(손님이 춤을 추는 무도장을 두고 입장료를 받을 수 있
는 캬바레·나이트클럽·고고클럽·디스코클럽등) 및 외국인 전용유흥접객업(외국군인
및 외국인 선원등을 대상으로 하는 일반유흥접객업과 무도유흥접객업)

다. 과자점영업: 주로 빵류·생과자류·떡류·아이스크림류등을 갖추거나 제조하여 업소내

에서 손님에게 판매하면서 부수적으로 음료류(주류를 제외한다)를 판매하는 영업

    라. 다방영업: 객석을 갖추고 다류를 조리(홍차에 레몬즙·우유·위스키를 첨가하는 것을 포함한다)·판매하거나, 우유·청량음료 기타의 음료수(주류를 제외한다)를 판매하는 영업

    마. 휴게실영업: 관광숙박업 또는 관광객이용시설의 부대시설이나 공항휴게실, 고속도로휴게실, 유원지등에서 대중음식점영업, 과자점영업 또는 다방영업을 하거나 이를 복합적으로 하는 영업

8. 식품조리·판매업

    가. 일반조리·판매업: 백화점·역구내등에서 객석을 갖추지 아니하고 식품(주류를 제외한다)을 즉석에서 조리·판매하는 영업

    나. 이동조리·판매업:기차·여객선등의 일정한 장소에서 음식물을 조리·판매하거나 자동차 등을 이용하여 음식물을 조리·판매하며, 부수적으로 주류 및 음료류를 판매하는 영업

    다. 출장조리·판매업:소비자의 주문에 의하여 음식물을 조리·가공한 후 주문자가 요구하는 장소에 운반하여 주고 이와 함께 식사의 편의를 제공하는 영업(주류를 함께 취급하는 경우에는 영업자가 조주사인 경우외에는 조주사를 두어야 한다)

〈사건에 대한 법원의 판단〉

식품위생법 제22조 제1항에 의하여 허가를 요하는 식품접객업으로서의 다방 영업이라 함은 객석을 갖추고 다류를 조리(홍차에 레몬즙, 우유, 위스키를 첨가하는 것을 포함) 또는 판매하거나, 우유·청량음료 등 기타의 음료류(주류를 제외한다)를 판매하는 영업(식품위생법시행령 제7조 제7호 (라)목)을 말하는 것이므로, 단순히 다류나 우유 기타의 음료수를 판매하는 시설을 갖추고 이를 판매하는 것만으로는 다방 영업을 하였다고 할 수 없으며, 이러한 판매 시설 이외에 고객들이 위 다류 등을 마시면서 휴식을 취할 수 있는 객석을 갖춘 경우에 한하여 다방 영업을 하였다고 할 수 있을 것이다. 그리고 식품위생법시행령에 규정된 다방 영업 형태의 특성상, 객석 구비와 다

류의 조리, 판매 또는 음료수 판매 행위가 상호불가분의 관계에 있을 때에 한하여 다방 영업에 해당하는 것으로 보는 것이 상당하다.

원심이 확정한 사실관계에 의하면, 피고인은 관할 구청에 체육시설의설치·이용에관한법률에 따라 △△△ 롤라스케이트장이라는 상호로 체육시설업 신고를 하여 놓고, 실제로는 1인당 금 1,000원 정도의 입장료를 받고 청소년들을 입장시켜 그들로 하여금 대형 스피커를 통하여 나오는 음악에 맞추어 디스코 춤을 추게 하는 등으로 이 사건 건물에서 디스코 클럽을 운영하여 온 사실, 위 디스코 클럽에는 약 70여 평의 대형 무도장 주위에 탁자 120여 개, 의자 300여 개가 갖추어져 있으며, 그 외에 디스코 클럽의 한쪽으로는 부대시설로 매점이 갖추어져 있고, 그 시설로서 판매대와 그 앞에 플라스틱으로 만들어진 간이 의자 3, 4개가 놓여 있는데, 위 매점에서는 입장객들에게 캔으로 된 음료수와 제과류 등을 판매하여 이를 구매하는 입장객들이 판매대 주위에 서서 또는 위 간이 의자에 앉아서 먹기도 하는 사실, 무도장 주위에 설치되어 있는 탁자와 의자는 매점의 영업을 위하여 설치된 시설이 아니라 디스코 춤을 추기 위하여 입장한 청소년들이 일시 휴식을 취하고 이야기를 나누기 위하여 사용된다는 것이다. 위와 같은 사실 관계하에서는 무도장 주위의 탁자, 의자 설치와 매점에서의 음료수 등 판매 행위 사이에 사회 통념상 불가분의 관계가 있다고 볼 수 없어 위 탁자 및 의자를 음료수 등 판매 행위를 위한 시설로서의 객석이라고 볼 수 없을 것이며, 또 매점의 판매대 앞에 놓여 있는 플라스틱 간이 의자 3, 4개를 가리켜 다방 영업을 위한 객석이라고 할 수도 없을 것이다.

〈법원의 판단에 대한 해설〉

한여름 밤의 공포이야기가 아니라 우리 주변에서 흔히 볼 수 있었던 추억 속에 사라진 '다방'에 대한 판례가 있어서 소개한다. 통계청 자료에 의하면 2009년 기준으로 전국에 2,687개소의 다방이 존재하고 있는 것으로 나와 있는데, 아직도 지방의 기차역 부근이나 군부대 주변에서는 다방을 찾을 수 있을 것이다. '다방'은 식품위생법 시행령 제21조 제8호 가목의 휴게음식점 영업에 해당하는데, '주로 다류(茶(다)類(류)), 아이스크림류 등을 조리·판매하거나 패스트푸드점, 분식점 형태의 영업 등 음식류를 조리·판매하는 영업으로서 음주 행위가 허용되지 아니하는 영업'으로 규정되어 있다. 그렇다면 우리가 노래방에서 즐겨 부르는 가수 최백호씨의 '낭만에 대하여'라는 노래 가사의 '그야말로 옛날식 다방에 앉아 도라지 위스키 한잔에다 짙은 색소폰 소리를 들어보렴'이라는 가사는 그야말로 식품위생법을 위반하여 주류를 판매하는 다방이라는 재밌는 결론이 나게 된다.

상기 노래의 배경이 되는 1970-80년대의 모든 다방이 식품위생법을 위반하여 주류를 판매했는지 알 수는 없지만, 중요한 것은 현재는 식품위생법 위반으로 처벌받을 수 있으며, 행정 처분 대상이 되므로 이러한 일은 없어야 할 것이다. 위 판례는 실제로는 체육 시설로 롤러스케이트장으로 등록을 한 후, 소위 나이트클럽을 운영하던 영업소 내에 다류를 판매하는 매점을 갖추고 그 앞에 테이블과 의자를 몇 개 설치하였다고 하더라도, 그것을 다방으로 볼 수는 없다는 내용이다. 기실 이러한 불법 영업은 결국 음료와 주류의 판매와 직결되는데 이는 결국 범죄와 청소년 보호 문제로 귀결되어 사회적인 문제로 대두되고 있다. 현재 식품위생법에서는 영업의 종류를 너무나 세분화하고 있다는 지적이 있는데, 이는 그동안의 통합 과정에서 많이 축소된 것이며 예전 1970년대 식품위생법을 보면 엿류 제조업, 두부류제조업, 마아가린 또는 쇼트닝제조업 등 약 40여 가지의 다양한 업종을 세분화하여 관리했었다.

사회가 다변화되고 새로운 업종의 출현 등 다양한 요구를 충족하는 것이 쉽지 않은 상황에서 국민의 건강과 안전한 식품의 공급을 위해서는 법령과 제도를 통합하면서 체계적인 구성을 만드는 것이 중요하며, 지금까지의 방식을 무조건 고수할 필요는 없다고 생각된다. 현재 식품의약품안전처에서도 이러한 의도를 가지고 식품위생법 전면 개정을 준비하고 있다고 보도한 바 있는데, 법령 제정 권한을 부여 받은 의미를 되새겨 조급하고 급진적인 개정보다는 종합적이고 장기적인 안목으로 완성도 높은 개정안을 만들어 식품 산업의 발전과 안전한 식품 공급에 대해 두 마리 토끼를 모두 잡을 수 있는 지혜를 기대해본다.

〈사건의 개요〉

　A는 벌꿀을 소분하여 판매하면서 아무런 신고나 허가도 받지 아니하였다. 식품위생법령에 따르면 식품 또는 첨가물의 완제품을 나누어 포장·판매하는 영업을 하고자 하는 자는 관할 시장·도지사에게 신고하여야 한다. 한편 위 법령에 의해 신고해야 할 식품소분업에는 양봉업자가 자가 채취하여 직접 소분 포장하는 벌꿀은 속하지 않는다고 한다. A가 벌꿀을 자가 채취하여 직접 소분 포장한 것이 아니라면, A는 처벌을 받게 될까?

〈사건에 대한 적용 법령〉

식품위생법

제21조 (시설기준)

① 다음의 영업을 하고자 하는 자는 보건사회부령이 정하는 시설기준에 적합한 시설을 갖추어야 한다.

　1. 식품 또는 첨가물의 제조업·가공업·운반업·판매업 및 보존업

　2. 기구 또는 용기·포장의 제조업

　3. 식품접객업 및 조리판매업

② 제1항 각호의 규정에 의한 영업의 세부종류와 그 범위는 대통령령으로 정한다.

제22조 (영업의 허가등)

① 제21조의 규정에 의한 영업중 대통령령이 정하는 영업을 하고자 하는 자는 대통령령이 정하는 바에 따라 영업의 종류별·영업소별로 보건사회부장관·서울특별시장·직할시장 또는 도지사의 허가를 받아야 한다. 대통령령이 정하는 중요한 사항을 변경하고자 하는 때에도 또

한 같다.

② 제1항의 경우에 식품 또는 첨가물을 제조하고자 하는 자는 보건사회부령이 정하는 바에 의하여 그 품목마다 보건사회부장관·서울특별시장·직할시장 또는 도지사의 품목제조허가를 받거나 품목제조신고를 하여야 한다. 그 품목에 있어서 허가받은 사항 또는 신고한 사항을 변경하고자 하는 때에도 또한 같다.

③ 보건사회부장관·서울특별시장·직할시장 또는 도지사는 제1항 및 제2항의 규정에 의한 영업허가 또는 품목제조허가를 하는 때에는 필요한 조건을 붙일 수 있다.

④ 제1항의 규정에 의하여 영업의 허가를 받은 자가 그 영업을 휴업·재개업 또는 폐업하거나 허가받은 사항중 동항 후단의 중요사항을 제외한 경미한 사항을 변경하고자 하는 때에는 보건사회부장관·서울특별시장·직할시장 또는 도지사에게 신고하여야 한다.

⑤ 제21조의 규정에 의한 영업중 대통령령이 정하는 영업을 하고자 하는 자는 서울특별시장·직할시장 또는 도지사(이하 "시·도지사"라 한다)에게 신고하여야 한다. 신고한 사항을 변경하거나 휴업·재개업 또는 폐업하고자 하는 때에도 또한 같다.

⑥ 제2항의 규정에 의하여 품목제조허가를 받았거나 품목제조신고를 한 자가 그 품목의 제조를 중단하고자 할 때에는 그 기간과 이유를 명시하여 보건사회부장관 또는 시·도지사에게 품목제조중단신고를 할 수 있다.

제77조 (벌칙)

다음 각호의 1에 해당하는 자는 1년이하의 징역 또는 300만원이하의 벌금에 처한다.

　　1. 제10조제2항(제69조에서 준용하는 경우를 포함한다), 제11조제1항, 제19조제1항, 제22조제2항·제4항·제5항, 제25조제3항 또는 제39조의 규정에 위반한 자

식품위생법 시행령

제7조 (영업의 종류)

법 제21조제2항의 규정에 의한 영업의 세부종류와 그 범위는 다음 각호와 같다.

　　1. 식품제조·가공업

가. 과자류제조업 : 곡분·당류등을 주원료로 하여 빵류·떡류·사탕류·과자류·만두류등
　　을 제조하는 영업

나. 당류제조업 : 설탕·포도당·과당·이성화당·엿류등을 제조하는 영업

다. 아이스크림류제조업 : 아이스크림·빙과류·액상 또는 분말아이스크림류등을 제조하
　　는 영업

라. 유가공품제조업 : 우유·산양유를 처리하거나 우유·산양유 또는 이의 가공품을 주원
　　료로 하여 살균·건조·발효·혼합·정제 기타의 방법으로 분유·조제분유·탈지분유·연
　　유·발효유·환원우유·버어터·치이즈 등을 제조하는 영업

마. 식육제품제조·가공업 : 식육 또는 알을 주원료로 하여 햄·소시지·베이컨·알가공품
　　등을 제조·가공하는 영업

바. 어육제품제조업 : 어육 또는 고래고기등을 주원료로 하여 어묵 기타 이와 유사한 제품
　　을 제조하는 영업

사. 절임식품류제조업 : 농산물 또는 수산물을 소금·간장·설탕등으로 절이거나 졸여서
　　단무지·젓갈류·콩조림등의 식품을 제조하는 영업

아. 김치제조업 : 무우·배추·파등 채소류를 소금등에 절여서 김치를 제조하는영업

자. 통조림 또는 병조림제조업 : 식품을 빈통 또는 병안에 넣어 밀봉한 후 병원균 및 부패
　　세균을 가열·살균 처리하여 내용식품 고유의 품질을 장기간 보존할 수 있는 식품(다
　　른 식품제조업에 해당되는 식품을 제외한다)을 제조하는 영업

차. 건포류제조업 : 어육 또는 조개살을 원형을 변경하거나 조미하여 건조한 식품을 제조
　　하는 영업

카. 두부류제조업 : 두부·유부·묵등을 제조하는 영업

타. 식용유지제조업 : 식물성 또는 동물성유지류를 원료로하여 식용유지를 제조·가공하
　　는 영업. 다만, 어유(간유)를 제조하는 영업을 제외한다

파. 면류제조업 : 건면·숙면·당면 또는 조미료가 포함된 라면등의 인스탄트면류를 제조하
　　는 영업

하. 다류제조업 : 식물성 물질을 주원료로 하여 홍차·녹차·생강차·커피등과 같이 물에
　　녹여서 마시는 기호성 식품과 이들을 원료로 하여 만든 농축액 및 직접 마실 수 있는

액상다류를 제조하는 영업.

거. 청량음료제조업 : 탄산음료·유산균음료(살균유산균음료를 포함한다)·과채류음료·곡류음료·혼합음료·분말음료등 마시는 것을 목적으로 하는 식품(주류·액상다류·인삼제품· 무지유고형분이 3퍼센트 이상인 음료 및 광천음료수를 제외한다)을 제조하는 영업

너. 광천음료수제조업 : 지하 암반층이하의 원수를 취수하여 정수처리등을 통하여 음용에 적합하게 제조하는 영업

더. 인스탄트식품제조업 : 직접 또는 간단한 조리방법으로 식용이 가능하며 보존성이 높고 휴대와 운반이 용이한 식품을 제조하는 영업

러. 건강보조식품제조업 : 건강보조의 목적으로 특정성분을 원료로 하거나 식품원료에 들어있는 특정성분을 추출·농축·정제·혼합등의 방법으로 식품을 제조하는 영업

머. 특수영양식품제조업 : 유아·병약자·노약자·비만자 및 임산부등을 위한 용도에 제공할 목적으로 식품원료에 영양성분을 가감하는 등의 방법으로 식품을 제조하는 영업

버. 조미식품제조업 : 식품을 제조·가공·조리함에 있어서 맛을 돋구기 위한 목적으로 사용되는 장류·식초·소오스·케찹등의 조미식품(동·식물로부터 추출한 단일성분 또는 단일성분을 원료로 하여 제조·가공한 첨가물을 제외한다)을 제조하는 영업

서. 도시락제조업 : 도시락을 전문적으로 제조하는 영업

어. 주류제조업 : 주세법 제2조의 규정에 의한 주류를 제조하는 영업

저. 인삼제품제조·가공업 : 인삼을 원료로 하여 식품을 제조·가공하는 영업. 다만, 인삼사업법 제13조의 규정에 의하여 한국담배인삼공사가 제조·가공하는 홍삼류를 제외한다.

처. 식용얼음제조업 : 식품의 제조·가공·조리·저장등에 사용되거나 그대로 먹을 수 있는 식용얼음을 제조하는 영업

커. 식품가공업

(1) 임가공업 : 소비자로부터 제공받은 재료(떡류 또는 염소가공의 경우에는 영업자가 주재료를 직접 조달하는 경우를 포함한다)로 식품을 가공(떡류의 경우에는 가공한 업소 안에서의 진열·판매를 포함한다)하여 주는 영업. 다만, 양곡관리법 제16조의 규정에

의한 제분업 허가를 받은 자가 임가공(떡류를 임가공하는 경우를 제외한다)하는 영업
을 제외한다.

(2) 단순가공업 : 농·임·수산물등 자연산물을 그 원형을 알아볼 수 없도록 분쇄·절단등
의 방법으로 변경시키거나, 이와 같이 1차가공처리한 식품원료를 서로 혼합(부형제와
첨가물을 넣는 경우를 제외한다) 또는 이러한 것에 허가를 받아 제조된 조미식품등을
포장된 상태로 첨부하여 식품을 가공하는 영업. 다만, 다음의 1에 해당하는 경우를
제외한다.

(가) 양곡관리법 제16조의 규정에 의하여 허가를 받았거나 신고를 한 경우

(나) 수산업법 제49조의 규정에 의하여 허가를 받았거나 신고를 한 경우

(다) 동일 건물안에서 식품소분업과 기타 식품판매업 신고를 한 자가 당해 업소에서 판
매할 목적으로 가공하는 경우

(3) 원료식품가공업 : 식품의 제조·가공 또는 조리에 사용되는 원료식품을 가공하는 영
업. 다만, 그 원료식품을 가공하는 영업이 다른 식품제조·가공업에 해당하거나 이와
유사한 영업에 해당하는 경우를 제외한다.

터. 기타식품제조·가공업 : 기타 다른 식품 제조·가공업에 해당되지 아니하는 식품을 제
조·가공하는 영업. 다만, 첨가물이나 다른 원료를 사용하지 아니하고 원형을 알아볼
수 있는 정도로 농·임·수산물을 단순히 절단·박피·가열(살균의 목적이나 성분의 현
격한 변화를 발하는 경우를 제외한다)·숙성·건조·염장하는 영업등 가공과정중 위생
상 위해발생의 우려가 적거나 식품의 상태를 관능으로 확인할 수 있는 경우를 제외한
다.

2. 첨가물제조업 : 감미료·착색료·보존료·표백제 등의 식품첨가물, 동·식물로부터 추출한
단일성분의 천연첨가물과 국·종국 또는 첨가물의 혼합제제를 제조·가공하는 영업

3. 식품운반업 : 직접 마실 수 있는 유가공품·유산균음료(살균유산균음료를 포함한다. 이
하 같다)나 식육·어류·조개류 및 그 가공품등 부패·변질되기 쉬운 식품을 위생적으로
운반하는 영업. 다만, 당해 영업자의 영업소에서 판매할 목적으로 식품을 운반하는 경우
와 당해 영업자가 제조·가공한 식품을 운반하는 경우를 제외한다.

4. 식품소분·판매업

가. 식품소분업 : 보건사회부령이 정하는 식품 또는 첨가물의 완제품을 나누어 포장(2이
상의 포장된 상태의 완제품을 단순히 결합·포장하는 경우를 포함한다)·판매하는 영
업

나. 식품판매업

(1) 식육판매업 : 식육(식용을 목적으로 생산한 짐승의 지육·정육·내장·머리·꼬리·혈액
및 기타 식용이 가능한 부분을 말한다. 이하 같다)을 전문적으로 판매하는 영업. 다
만, 냉장 또는 냉동시설을 갖추고 냉동포장육만을 판매하는 소매업을 제외한다.

(2) 식육부산물전문판매업 : 식육중 부산물로 분류되는 내장(간·심장·위장·비장·콩팥
및 창자등을 말한다)과 머리·꼬리·다리·뼈·혈액등 식용이 가능한 부분만을 도축장
주변에서 전문적으로 판매하는 영업.

(3) 우유류판매업 : 직접 마실 수 있는 유가공품 및 유산균음료등을 전문적으로 판매하
는 영업

(4) 식용얼음판매업 : 식용얼음을 전문적으로 판매하는 영업

(5) 식품자동판매기영업 : 다류·음료 또는 익혀서 가공처리한 면류등을 자동판매기에 넣
어 판매하는 영업

(6) 유통전문판매업 : 식품을 직접 제조하지 아니하고 타인이 제조한 식품을 자신의 상표
로 유통·판매하는 영업

(7) 기타식품판매업 : (1) 내지 (6)외에 보건사회부령이 정하는 일정규모이상의 백화점·
슈퍼마켓·연쇄점등에서 식품을 판매하는 영업, 식품·첨가물·기구·용기 또는 포장을
수입하여 판매하는 영업 및 보건사회부령이 정하는 식품등을 전문적으로 판매하는
영업

5. 식품보존업

가. 식품조사처리업 : 방사선을 쬐어 식품의 보존성을 물리적으로 높이는 것을 업으로 하
는 영업

나. 식품냉동·냉장업 : 식품을 얼리거나 차게 하여 보존하는 영업. 다만, 수산물의 냉동·
냉장을 제외한다

6. 용기·포장류제조업

가. 용기·포장지제조업 : 식품 또는 첨가물을 넣거나 싸는 물품으로서 식품 또는 첨가물
   에 직접 접촉되는 용기(옹기류를 제외한다)·포장지를 제조하는 영업

나. 옹기류제조업 : 식품을 제조·조리·저장할 목적으로 사용되는 독·항아리·뚝배기등을
   제조하는 영업

7. 식품접객업

가. 대중음식점영업 : 유흥종사자를 두지 아니하고 주로 탕반류·면류·죽류·도시락 등을
   조리·판매하면서 주류 및 음료를 판매할 수 있는 영업으로서 다른 식품접객업 및 제8
   호의 식품·조리판매업에 속하지 아니하는 영업

나. 유흥접객업 : 주류 및 음료수와 음식물을 조리·판매하며 유흥종사자를 둘 수 있는 영
   업으로서 일반유흥접객업(노래·연주 또는 춤등을 즐길 수 있는 극장식당·바아·룸살
   롱·요정등)과 무도유흥접객업(손님이 춤을 추는 무도장을 두고 입장료를 받을 수 있
   는 캬바레·나이트클럽·고고클럽·디스코클럽등) 및 외국인 전용유흥접객업(외국군인
   및 외국인 선원등을 대상으로 하는 일반유흥접객업과 무도유흥접객업)

다. 과자점영업 : 주로 빵류·생과자류·떡류·아이스크림류등을 갖추거나 제조하여 업소내
   에서 손님에게 판매하면서 부수적으로 음료류(주류를 제외한다)를 판매하는 영업

라. 다방영업 : 객석을 갖추고 다류를 조리(홍차에 레몬즙·우유·위스키를 첨가하는 것을
   포함한다)·판매하거나, 우유·청량음료 기타의 음료수(주류를 제외한다)를 판매하는
   영업

마. 휴게실영업 : 관광숙박업 또는 관광객이용시설의 부대시설이나 공항휴게실, 고속도로
   휴게실, 유원지등에서 대중음식점영업, 과자점영업 또는 다방영업을 하거나 이를 복합
   적으로 하는 영업

8. 식품조리·판매업

가. 일반조리·판매업 : 백화점·역구내등에서 객석을 갖추지 아니하고 식품(주류를 제외한
   다)을 즉석에서 조리·판매하는 영업

나. 이동조리·판매업 : 기차·여객선등의 일정한 장소에서 음식물을 조리·판매하거나 자동
   차 등을 이용하여 음식물을 조리·판매하며, 부수적으로 주류 및 음료류를 판매하는
   영업

다. 출장조리·판매업 :소비자의 주문에 의하여 음식물을 조리·가공한 후 주문자가 요구
  하는 장소에 운반하여 주고 이와 함께 식사의 편의를 제공하는 영업(주류를 함께 취급
  하는 경우에는 영업자가 조주사인 경우외에는 조주사를 두어야 한다)

제13조 (영업의 신고를 하여야 할 업종)

법 제22조제5항의 규정에 의하여 시·도지사에게 신고를 하여야 할 영업은 다음 각호와 같다.

1. 제7조제4호의 식품소분·판매업

2. 제7조제6호의 용기·포장류제조업(그 자신의 제품을 포장하기 위하여 용기·포장류를 제조
   하는 경우를 제외한다)

3. 농어민생산자단체가 직접 제조·가공하는 영업과 시·도지사가 지정하는 전통식품 또는 토산
   식품을 농어민이 직접 제조·가공하는 영업. 이 경우 그 대상영업자 및 품목은 보건사회부
   장관이 농림수산부장관과 협의하여 보건사회부령으로 정한다.

식품위생법 시행규칙

제21조 (식품소분업의 신고대상)

① 영 제7조제1항제4호 가목의 식품소분업 신고대상이 되는 식품 또는 첨가물(수입식품 및
  첨가물을 포함한다)은 영 제7조제1호 및 제2호의 규정에 의한 영업의 대상이 되는 식품
  또는 첨가물중 당류(엿류를 제외한다), 유가공품, 식육제품, 어육연제품, 식용유지, 다류,
  건강보조식품, 특수영양식품, 통·병조림제품, 전분, 장류, 식초, 인삼제품, 첨가물인 빙초
  산·초산·효모·인공감미료·글루타민산나트륨·구연산·구아검과 조사처리식품을 제외
  한 식품 또는 첨가물로 한다.

② 식품 또는 첨가물의 제조업허가를 받은 자가 자기가 제조한 제품의 소분·포장만을 하기
  위하여 허가받은 제조업소외의 장소에서 식품소분업을 하고자 하는 경우에는 그 제품이
  제1항의 식품소분업 신고대상품목이 아니더라도 식품소분업신고를 할 수 있다.

③ 양봉업자가 자가채취하여 직접 소분·포장하는 벌꿀은 식품소분업의 대상으로 보지 아니
  한다.

식품위생법 제77조 제1항 제1호는 같은 법 제22조 제5항의 규정을 위반한 자를 처벌하도록 규정하고 있고, 같은 법 제22조 제5항, 제21조, 같은법 시행령(이하 시행령이라고 한다) 제13조 제1호, 제7조 제4호 가목에 의하면, 보건사회부령이 정하는 식품 또는 첨가물의 완제품을 나누어 포장·판매하는 영업을 하고자 하는 자는 시·도지사에게 신고하도록 되어 있으며, 같은법 시행규칙(이하 시행규칙이라고 한다) 제21조 제1항과 제3항에 의하면, 시행령 제7조 제4호 가목의 식품소분업의 신고 대상이 되는 식품 또는 첨가물은 시행령 제7조 제1호 및 제2호의 규정에 의한 영업의 대상이 되는 식품 또는 첨가물 중 당류(엿류를 제외한다), 유가공품 등 식품 또는 첨가물로 한다. 양봉업자가 자가 채취하여 직접 소분 포장하는 벌꿀은 식품소분업의 대상으로 보지 아니한다고 규정하고 있고, 시행령 제7조 제1호 나목은 같은 법 제21조 제2항의 규정에 의한 영업의 세부 종류와 그 범위를 정하면서 당류제조업을 설탕, 포도당, 과당, 이성화당, 엿류 등을 제조하는 영업으로 규정하고 있다.

그렇다면 피고인이 소분하여 판매하였다는 판시 벌꿀은 당류로서 시행령 제7조 제1호 나목의 규정에 의한 영업의 대상이 되는 식품에 해당한다고 볼 수 있고, 이것은 시행규칙 제21조 제1항이 제외하는 엿류에 해당하는 것이 아니며, 원심이 인정한 사실에 의하면 피고인은 양봉업자로서 판시 벌꿀을 자가 채취하여 직접 소분 포장한 것도 아니므로, 피고인이 당류인 벌꿀을 신고 없이 소분하여 판매한 행위는 식품위생법 제77조 제1항 제1호, 제22조 제5항에 해당한다고 할 것이다.

시행령 제7조 제1호 나목은 식품위생법 제21조 제2항의 규정에 의한 영업의 세부 종류로서 당류제조업을 규정한 것인데 벌꿀을 채취하는 것은 식품 제조, 가공업에 해당하지 아니함은 소론과 같다고 하겠으나, 시행규칙 제21조 제1항은 시행령 제7조 제4호 가목에 의한 식품소분업의 신고 대상을 규정함에 있어 그 식품의 종류를 시행령 제7조 제1호 및 제2호의 규정에 의한 영업의 대상이 되는 식품 또는 첨가물 중 일정한 종류의 것을 규정한 것이지, 같은 법 소정의 식품의 제조·가공업에 의하여 생산된 제품을 소분·판매하는 경우에 한정하는 취지라고 해석할 수 없고, 이는 시행규칙 제21조 제3항이 양봉업자가 자가 채취하여 직접 소분 포장하는 벌꿀을 식품소분업의 대상으로 보지 않는다고 특별히 규정한 점에 비추어 보아도 그러하고, 이와 같은 시행규칙의 규정이 시행령의 규정에 저촉된다고 할 수 없다.

〈법원의 판단에 대한 해설〉

식품전문기자모임에 농림축산식품부 장관이 오셔서 향후 농촌 소득 증대를 위해서 체질 개선을 하고 있으며, 앞으로 우리 농촌의 밝은 미래에 대한 청사진을 열심히 설명하는 것을 들었다. 하지만 마음속 한편에서 좋은 정책이나 예산 투입도 좋지만 식품위생법상 농산물가공업에 대한 신설도 하나의 방법이 될 수 있을 것이다. 최근 농촌에서 영농조합법인 또는 농업 회사의 형태로 김치 및 각종 농산물을 이용한 다양한 식품 제조 가공업소가 있다. 이러한 업소는 양질의 원재료를 가지고 안전한 시설에서 생산되기 때문에, 기본적으로 소비자들에게 신뢰를 주고 호평을 받고 있다. 생활협동조합 등 다양한 형태의 시장을 통해서 이러한 제품들이 공급되고 있으며, 기존의 제품들보다 비싼 가격에 팔리고 있는 것이 현실이다.

그러나 이처럼 안전한 생산 시설을 통해서 제품이 만들어지기도 하지만, 소규모 영세 농민의 경우에는 양질의 재료를 가지고 있어도 설비를 제대로 구비할 수 있는 자본이 부족하여 현실적으로 많은 분들이 무허가로 제조를 하고 있기도 하다. 인터넷의 발달과 바쁜 일상으로 인하여 많은 소비자들이 블로그나 포털 사이트를 통해 농산물 또는 임산물가공품인 식품을 구매하고 있다. 이런 제품 가운데 정상적으로 식품제조가공업 등록을 하지 않은 순수 농민들이 가정에서 제조한 제품들도 있는데, 이는 엄격한 법의 잣대를 적용하면 식품위생법 위반으로 처벌이 된다. 물론 양심적이고 순수한 농민이 자신이 먹는 것과 같은 방법으로 집에서 만든 정성스런 제품을 주변친지나 지인들에게 선물하는 정도라면 문제가 없겠지만, 불특정 다수에게 주문을 받아 판매를 하는 것은 이미 제조·가공 및 판매 행위를 하고 있는 것이기에, 단순한 식품위생법에 대한 무지로 용서받을 수는 없다. 농가 소득 향상을 위해서 특용 작물 재배 등을 활성화하는 등 여러 가지 방안이 모색되고 있지만, 그 중 가장 쉽게 정착할 수 있는 것이 바로 임·농산물 가공업일 것이다. 자신이 재배한 임·농산물을 이용하여 즙, 쨈, 차 등 다양한 가공 식품을 제조하여 질 좋고 맛 좋고 건강에 좋은 제품을 소비자에게 공급하는 것은 모든 사람에게 혜택이 될 것이다. 하지만 현재 식품위생법 하에서는 농민들이 이렇게 식품 제조·가공업을 하려면, 대단위 시설과 설비를 갖추어야 하기에 현실적으로 많은 농민들이 식품위생법을 위반하고 있다. 물론 위생적인 환경에서 제조되어 소비자에게 안전한 식품을 제공하는 것이 중요하지만 매출액이나 규모를 제한하여 일정 미만의 생산이 이루어질 경우 농민들이 직접 생산하여 제공한다는 조건 하에 임·농산물가공업을 신설하여 제도권으로 끌어들이는 것도 고려해 볼 수 있을 것이다.

'고기를 주기보다 낚는 법을 알려주라'는 격언처럼 농민들에게 저금리 대출이나 지원을 해주기보다 소득 증대의 환경을 조성해주는 것이 더욱 효율적일 것이라고 생각한다.

37. 영업의 종류와 법원의 해석 (대법원 93도436)

〈사건의 개요〉

A는 대중음식점 영업 허가를 받고 식당을 운영하는 자로 영업 정지 명령을 받고도 이에 위반하여 영업을 함은 물론, 미성년자에게 주류를 제공하고 영업 제한 시간을 넘겨서까지 음식점 영업을 하였다. 영업 정지 기간 중에 있어 적법한 영업을 하는 자가 아닌 A와 같은 경우에는 어떠할까?

〈사건에 대한 적용 법령〉

식품위생법

제30조 (영업의 제한)

보건사회부장관은 공익상 또는 선량한 풍속을 유지하기 위하여 필요하다고 인정하는 때에는 영업자중 식품접객업을 하는 자(이하 "식품접객영업자"라 한다)에 대하여 영업시간 및 영업행위에 관한 필요한 제한을 할 수 있다.

제31조 (영업자의 준수사항)

식품접객영업자 및 대통령령이 정하는 영업자는 영업의 위생적 관리 및 질서유지와 국민보건위생의 증진을 위하여 보건사회부령이 정하는 사항을 지켜야 한다.

제42조 (식품접객영업자등의 준수사항)

법 제31조의 규정에 의하여 식품접객영업자등이 지켜야 할 준수사항은 별표13과 같다.

[**별표** 13] 식품접객영업자등의준수사항(제42조관련)

〈식품접객영업자및식품조리·판매영업자의준수사항〉

10. 미성년자에 대하여 주류제공을 하지 아니하여야 한다(주류제공시에는 반드시 연령을 확인
    하여야 한다).

〈사건에 대한 법원의 판단〉

식품위생법 제25조 제1항, 제30조, 제31조의 각 규정에 의하면 보건사회부장관은 같은 법에 의하여 영업 허가를 받은 식품접객영업자에 대하여 영업시간 및 영업 행위에 관하여 필요한 제한을 할 수 있고, 영업 허가를 받은 식품접객영업자 등은 보건사회부령이 정하는 사항을 지켜야 한다고 규정하고 있는데, 그 취지는 공익이나 선량한 풍속을 유지하고 영업의 위생적 관리와 질서 유지, 그리고 국민 보건 위생의 증진을 위하여 영업 허가를 받아 식품접객업을 적법하게 할 수 있는 영업자 등이 지켜야 할 사항을 정하고자 하는 데 있다. 같은 법 제30조의 영업시간 등에 관한 제한 규정과 같은 법 제31조와 이에 터 잡은 그 시행규칙 제42조 별표 13의 미성년자에 대한 주류제공금지 등에 관한 규정은 영업 허가를 받아 적법하게 식품접객업 등을 할 수 있는 영업자만이 그 규제 대상이 된다. 따라서 영업자가 영업 허가를 받아 식품접객업을 하다가 그 허가를 취소당한 경우는 물론이고 영업 정지 명령을 받아 그 정지 기간 중에 있는 경우에도 적법한 영업을 할 수 있는 자라고 볼 수 없어, 그 규제 대상이 되지 않으므로, 영업정지명령에 위반하여 영업을 하면서 위 각 규정을 위반한 행위에 대하여서는 같은 법 제30조와 제31조 위반죄로 다스릴 수 없다.

원심이 같은 취지에서 이 사건 공소 사실 중 대중음식점 영업 허가를 받은 피고인이 영업정지명령을 받고도 이를 위반하여 영업을 하면서 미성년자에게 주류를 제공하고 영업 제한 시간을 넘겨서까지 음식점 영업을 하였다는 부분에 관하여 같은 법 제30조와 제31조 위반죄를 구성하지 아니한다고 판단하여 이 부분에 관하여 피고인에게 무죄의 선고를 한 것은 정당하며, 여기에서 지적하는 바와 같은 법리 오해의 위법이 없다.

대다수의 국민이 애용하는 커피 분말 제품을 제조하는 회사들이 특정 식품 첨가물에 대해서 자극적으로 홍보에 이용하고 있어서 큰 물의를 빚었다. 이미 우리 사회가 벤조피렌, 3-MCPD와 같은 발암 물질로 인해서 주기적으로 소비자들이 불안에 떨고 있는 상황에서, 이는 참으로 안타까운 현상이라고 생각된다. 개별 사안에 대해서 전문가마다 다른 의견을 개진하고 있고 해답이 없는 문제라, 단순히 행정기관의 유권해석이나 전문가들의 견해로는 이미 소비자들의 불안을 제거할 수 없는 상황이다. 실제로 식품의약품안전처에서도 2011년 이런 문제가 이슈가 되었을 당시에도 시정명령 이외에는 할 수 있는 장치가 아무것도 없었다. 하지만 지금까지도 근본 대책이 마련되어 있지 않아, 이러한 문제가 주기적으로 반복되고 있다.

비단 카제인나트륨 문제뿐만 아니라, 80년대 화학간장 사건부터 지금의 산분해간장에 대한 문제 역시 이런 전철을 밟고 있다. 1980년대에는 대두찌꺼기에 화장실 청소용 염산을 첨가하여 산분해간장을 만든 것이 한 방송사에 보도되면서 온 국민을 경악하게 했고, 최근에는 그 산분해간장이 제조 공정 중에 2급 발암 물질인 3-MCPD(3-monochloropropane-1,2-diol)와 DCP(1,3-Dichloro-2-propanol)가 발생된다는 것이 문제가 되었다. 사실 식품에 대한 올바른 정보를 국민들에게 전달하기 위해서 식품위생법에서는 이러한 표시 기준에 대해 매우 엄격한 기준을 설정하고 적용하고 있다. 해당 판례는 식품위생법상 해당 조항의 해석에 관한 문제로서 정상적인 영업자의 범위와 적용에 대한 해석 기준을 제시해 주고 있다. 행정기관의 유권해석은 실행기관의 견해일 뿐 다른 기관이나 국민을 기속하는 힘은 없다. 하지만 법원의 판결에 의한 해석은 모든 기관과 국민이 지켜야 하는 근거라고 할 수 있다. 위에서 문제가 되고 있는 논란을 불식시키려면, 결국 법원에서 판단을 받는 것이 가장 효율적이고 최선인 것이다.

38. 허위 과대광고의 허용 범위 (부산지방법원 2009노2795)

〈사건의 개요〉

인터넷 사이트를 운영하며 건강 기능 식품을 판매하고 있는 김건강 씨는 건강 기능 식품의 제품명 및 제품 사진 밑에 '비타민E를 섭취하면 성 기능, 운동 기능, 심장 기능 강화, 항산화 작용으로 암, 노화의 원인 물질 억제 등의 효과가 있다'는 식으로 게시하였고 제품명 자체도 '비타민E'에 '네츄럴1000'을 합성한 형태였다. 그래서 일반 소비자들이 보기에는 마치 이 건강 기능 식품을 섭취하면 위와 같은 효능을 볼 수 있는 것처럼 광고가 되어 있어, 충분히 해당 제품을 의약품과 혼동·오인하게 할 우려가 있는 표시 또는 광고를 하였다고 볼 수 있었다. 그런데도 원심이 김건강 씨에게 무죄를 선고한 것에 대해 검사 A는, 사실을 오인하거나 법리를 오해하여 판결에 영향을 미친 위법이 있다고 생각하고 법원에 항소를 하였다. 과연 결과는 어떻게 되었을까?

〈사건에 대한 적용 법령〉

건강기능식품에관한법률

제18조(허위·과대·비방의 표시·광고 금지)

① 누구든지 건강기능식품의 명칭, 원재료, 제조방법, 영양소, 성분, 사용방법, 품질 및 건강기능식품이력추적관리 등에 관하여 다음 각 호에 해당하는 허위·과대·비방의 표시·광고를 하여서는 아니 된다.

　1. 질병의 예방 및 치료에 효능·효과가 있거나 의약품으로 오인(誤認)·혼동할 우려가 있는 내용의 표시·광고

　2. 사실과 다르거나 과장된 표시·광고

　3. 소비자를 기만하거나 오인·혼동시킬 우려가 있는 표시·광고

　4. 의약품의 용도로만 사용되는 명칭(한약의 처방명을 포함한다)의 표시·광고

　5. 다른 업체 또는 그 업체의 제품을 비방하는 표시·광고

　6. 제16조제1항에 따라 심의를 받지 아니하거나 심의받은 내용과 다른 내용의 표시·광고

② 제1항에 따른 허위·과대·비방의 표시·광고의 범위 등에 관하여 필요한 사항은 총리령으로 정한다.

건강기능식품에관한 법률 시행규칙

제21조(허위·과대·비방의 표시·광고의 범위)

법 제18조제2항에 따른 허위·과대·비방의 표시·광고의 범위는 별표 5와 같다.

〔**별표** 5〕 허위·과대·비방의 표시·광고의 범위(제21조관련)

　1. 질병의 예방 및 치료에 효능·효과가 있거나 의약품으로 오인·혼동할 우려가 있는 내용의 표시·광고에 해당하는 경우

　가. 질병 또는 질병군의 발생을 사전에 방지한다는 내용의 표시·광고

　나. 질병 또는 질병군에 효과가 있다는 내용의 표시·광고. 다만, 질병이 아닌 인체의 구조 및 기능에 대한 보건용도의 유용한 효과는 해당되지 아니한다.

　다. 질병의 특징적인 징후 또는 증상에 대하여 효과가 있다는 내용의 표시·광고

　라. 제품명, 학술자료, 사진 등을 활용하여 질병과의 연관성을 암시하는 표시·광고. 다만, 질병의 발생 위험을 감소시키는데 도움이 된다는 표시·광고의 경우에는 해당되지 아니한다.

마. 의약품에 포함된다는 내용의 표시·광고

바. 의약품을 대체할 수 있다는 내용의 표시·광고

사. 의약품의 효능 또는 질병 치료의 효과를 증가시킨다는 내용의 표시·광고

2. 사실과 다르거나 과장된 표시·광고에 해당하는 경우

　가. 법 제5조 내지 법 제7조의 규정에 따라 허가받은 사항이나 신고한 사항 또는 법 제8조의 규정에 따라 수입신고한 사항과 다른 내용의 표시·광고

　나. 식품의약품안전처장이 인정하지 아니한 기능성을 나타내는 내용의 표시·광고

　다. 정부 또는 관련공인기관의 수상·인증·선정·특허와 관련하여 사실과 다른 내용의 표시·광고

　라. 삭제

3. 소비자를 기만하거나 오인·혼동시킬 우려가 있는 표시·광고에 해당하는 경우

　가. 각종의 감사장 또는 체험기 등을 이용하거나 "주문쇄도", "단체추천" 또는 이와 유사한 내용을 표현하는 광고

　나. 의사, 치과의사, 한의사, 수의사, 약사, 한약사, 대학교수 또는 그 밖의 자가 제품의 기능성을 보증하거나, 제품을 지정·공인·추천·지도 또는 사용하고 있다는 내용 등의 표시·광고. 다만, 해당제품의 연구·개발에 직접 참여한 사실을 표시·광고하는 경우를 제외한다.

　다. 외국어의 사용 등으로 외국제품으로 혼동할 우려가 있는 표시·광고 또는 외국과 기술제휴한 것으로 혼동할 우려가 있는 내용의 표시·광고

　라. 해당 제품의 제조방법·품질·영양소·원재료·성분 또는 효과와 직접 관련이 적은 내용을 강조함으로써 다른 업소의 제품을 간접적으로 다르게 인식되게 하는 광고

　마. 비교표시·광고의 경우 그 비교대상 및 비교기준이 명확하지 아니하거나 비교내용 및 비교방법이 적정하지 아니한 내용의 표시·광고

4. 의약품의 용도로만 사용되는 명칭(한약의 처방명을 포함한다)의 표시·광고의 경우 : 법 제24조제3항의 규정에 따라 식품의약품안전처장이 정한 의약품의 용도로만 사용되는 원료에 관한 내용의 표시·광고

5. 다른 업체 또는 그 제품을 비방하는 표시·광고에 해당하는 경우: 다른 업체 또는 그 제품에 관하여 객관적인 근거가 없는 내용을 나타내어 비방하는 표시·광고

살피건대, 건강기능식품에 관한 법률 제18조 제1항 제1호는 '영업자는 건강기능식품의 명칭, 원재료, 제조방법, 영양소, 성분, 사용방법, 품질 및 건강기능식품이력추적관리 등에 관하여 질병의 예방 및 치료에 효능·효과가 있거나 의약품으로 오인·혼동할 우려가 있는 내용의 표시·광고를 하여서는 아니된다'와 같이 명시하고 있으며, 같은 법 제18조 제2항 및 같은 법 시행규칙 제21조, 별표 5에 의하면 허위·과대의 표시·광고의 범위(법 제21조 관련)와 관련하여 '1. 질병의 예방 및 치료에 효능·효과가 있거나 의약품으로 오인·혼동할 우려가 있는 내용의 표시·광고에 해당하는 경우. 가. 질병 또는 질병군의 발생을 사전에 방지한다는 내용의 표시·광고. 나. 질병 또는 질병군에 효과가 있다는 내용의 표시·광고. 다만, 질병이 아닌 인체의 구조 및 기능에 대한 보건용도의 유용한 효과는 해당되지 아니한다'라고 규정하고 있다.

그런데 위 법령 조항의 의미를 해석함에 있어, 위 규정이 건강 기능 식품의 약리적 효능에 관한 표시·광고를 전부 금지하고 있다고 볼 수는 없고, 그러한 내용의 표시·광고라 하더라도 그것이 건강 기능 식품으로서 갖는 효능이라는 본질적 한계 내에서 건강 기능 식품의 부수적인 영양 섭취의 결과 나타나는 효과임을 표시·광고하는 것과 같은 경우에는 허용된다고 보아야 한다. 결국 위 법령 조항은 건강기능식품 등에 대하여 마치 특정 질병의 직접적인 치료·예방 등을 주된 목적으로 하는 것인 양 표시·광고하여 소비자로 하여금 의약품으로 혼동·오인하게 하는 표시·광고만을 규제한다고 한정적으로 해석하여야 하며, 어떠한 표시·광고가 식품 광고로서의 한계를 벗어나 의약품으로 혼동·오인하게 하는지는 사회 일반인의 평균적 인식을 기준으로 법 적용 기관이 구체적으로 판단하여야 한다(대법원 2008. 8. 11. 선고 2007도7415 판결 등 참조).

원심이 적법하게 채택하여 조사한 증거들을 이와 같은 관계 규정 및 법리에 비추어 살펴보면, 원심 판시 이유와 같이 이 사건 건강 기능 식품에 대한 표시·광고는 이 사건 건강 기능 식품 자체의 광고라기보다는, 비타민E에 대한 일반적 건강 정보를 제공하는 정도에 그치고 있음을 인정할 수 있고, 또한 설령 위와 같은 내용이 이 사건 건강 기능 식품 자체의 광고로 오인할 여지가 있다고 할지라도, '기능 강화, 예방, 촉진 등의 효과가 있다'고 표시한 이 사건 표시·광고는 특정 질병이나 질병군의 직접적인 치료·예방 등을 주된 목적으로 하는 것처럼 표시·광고한 것이 아니라, 위 법 시행규칙 제21조 및 별표 5의 1. 나항의 예외 사유에 해당하는 인체의 구조 및 기능에 대한 보건 용도에 유용한 효과가 있다는 내용이다. 따라서 이는 건강 기능 식품으로서 갖는 효능이라는 본질적 한계 내에서 건강 기능 식품의 부수적인 영양 섭취의 결과 나타나는 효과임을 표시·광고한 것이라고 충분히 볼 수 있으므로, 원심이 이 사건 공소 사실을 무죄라고 판단한 것은 정당한 것으로 수긍할 수 있다. 따라서 검사의 사실 오인 또는 법리 오해 주장은 이유가 없다.

〈법원의 판단에 대한 해설〉

건강 기능 식품과 일반 식품에 대해서 관할 행정 기관에서는 매우 엄격하게 허위 과장 광고의 기준을 설정하여 적용하고 있다. 최근 유아 및 청소년의 성장 조력 제품에 대한 식품의약품안전처의 고발과 수사도 이와 같은 맥락이라고 할 것이다. 결과는 재판을 통해서 법원의 판단이 나와야 하겠지만 실질적으로 특정 질병이나 예방이나 치료에 효과가 있다고 광고하지 않고, 단순히 본 사안과 같이 특정 성분의 효능을 나열하는 것은 허위 과장 광고에 해당하지 않는다는 것이 법원의 일관된 판례이므로 행정기관과 영업자들은 이를 참고하면 될 것이다.

39. 특허 등록 사실에 대한 과대광고 판단 여부 (부산지방법원 2005노2117)

〈사건의 개요〉

A는 피부 건강과 항산화에 기능성이 있다는 사실을 식품의약품안전처로부터 인정받은 클로렐라 제품을 판매하면서, 해당 제품이 혈중 콜레스테롤 개선에 효과가 있다는 특허 등록 사실을 제품에 광고하였다. 이와 같은 광고에 대해서 처벌이 가능한가?

〈사건에 대한 적용 법령〉

건강기능식품에 관한 법률

제18조(허위·과대·비방의 표시·광고 금지)

① 누구든지 건강기능식품의 명칭, 원재료, 제조방법, 영양소, 성분, 사용방법, 품질 및 건강기능식품이력추적관리 등에 관하여 다음 각 호에 해당하는 허위·과대·비방의 표시·광고를 하여서는 아니 된다.

  1. 질병의 예방 및 치료에 효능·효과가 있거나 의약품으로 오인(誤認)·혼동할 우려가 있는 내용의 표시·광고

  2. 사실과 다르거나 과장된 표시·광고

  3. 소비자를 기만하거나 오인·혼동시킬 우려가 있는 표시·광고

  4. 의약품의 용도로만 사용되는 명칭(한약의 처방명을 포함한다)의 표시·광고

  5. 다른 업체 또는 그 업체의 제품을 비방하는 표시·광고

  6. 제16조제1항에 따라 심의를 받지 아니하거나 심의받은 내용과 다른 내용의 표시·광고

② 제1항에 따른 허위·과대·비방의 표시·광고의 범위 등에 관하여 필요한 사항은 총리령으로 정한다.

<사건에 대한 법원의 판단>

식품위생법의 규제 대상인 식품 범위에는 그 제2조 제1호에 의하여 처음부터 의약품은 제외되어 있으므로, 일반 식품이 질병의 치료에 효능이 있는 것이 사실이라 할지라도, 그 제품을 식품위생법에 의하여 식품으로만 공인받고 의약품으로 공인받지 않았다면, 다음과 같이 판단할 수 있다. 그 식품을 표시하거나 광고함에 있어서 의약품과 혼동할 우려가 있는 표현을 사용한다면, 그것은 식품에 관한 표시나 광고로서의 범위를 벗어나 그 자체만으로 식품의 품질에 관한 허위 표시나 과대광고로서 소비자의 위생에 위해를 가할 우려가 있다고 할 수 있게 된다. 따라서 식품으로 인한 위생상의 위해를 방지한다는 관점에서 식품에 관한 표시와 광고를 규제하는 법을 위반하게 되는 것이다. 그 광고에서 그 제품을 의약품이 아니라 식품이라고 명시하고 있다 할지라도, 그 표시나 광고의 내용에 의학적 효능·효과가 있는 것으로 오인될 우려가 있는 표현이 포함되어 있는 경우에는, 그 제품이 질병의 치료에 효능이 있는 것처럼 광고한 것이라고 보지 않을 수 없기에 이것 역시 과대광고에 해당한다 할 것이다.

돌이켜 이 사건에 관하여 보건대, 기록에 의하면, 피고인은 건강기능식품 제조 및 판매업을 영위하면서 '클로렐라'를 자사 홈페이지에 광고함에 있어, '본사 클로렐라 2002. 9. 12. 간기능장해개선제 및 혈중지질개선제 특허 등록 - 특히 혈중지질개선제란 인간 등 고등척추동물의 체내에 들어 있는 콜레스테롤(Cholesterol)의 수치를 낮추어 뇌졸중이나 심장병 등 순환기 질환을 예방하여 동맥경화증이나 고지혈증을 개선한다는 것으로, 이에 대한민국 특허를 받은 것입니다'라는 광고를 게재한 사실을 인정할 수 있는 바, 위 인정 사실에 의하면, 내용에 의학적 효능·효과가 있는 것으로 오인될 우려가 있는 표현이 허용되지 않고 있는데, 피고인이 사용한 문구는 '특정 질병'을 지칭하면서 그 질병의 예방과 치료 등 의학적 효능·효과가 있는 것으로 오인될 우려가 있는 표현을 사용한 것으로 보여, 피고인의 위 주장은 이유가 없다.

　현재 식품위생법이나 건강기능식품에 관한 법률에서는 명확하게 특허 사실에 대해서 규정을 두어 권리를 제한하지는 않고 있다. 다만 특허 등록 번호는 사용이 가능하다고 하면서도 명칭이나 내용에 대해서는 사용을 금지하고 있는데, 실제로 관련 조항이 전혀 없기 때문에 현재 여러 건의 소송이 진행 중이다. 이에 대해서 특허법에서는 특허 권리자에게 특허권에 대해 알리는 것을 재산권으로서 보장하고 있으므로, 헌법에 따라 관련 권리를 제한하기 위해서는, 명확하게 법률에서 규정을 두어 이를 시행해야만 한다. 그럼에도 불구하고 현행 법령에서는 그 어디에도 근거 조항이 없기에 이와 같은 유권해석에 의한 제한만 있어서 법률 전문가로서 안타깝게 생각하고 있다. 행정기관은 법률 집행 기관이므로 법률 해석에 대해서는 법원의 판단에 맡기거나 입법기관에서 제정한 법령을 준수하는 것이 가장 우선이지, 임의대로 법령을 해석해서 유리하게 집행해서는 안 되며, 만일 그 해석에 있어서 어려움이 있을 경우 전문가의 조언을 받아야만 할 것이다.

40. 법령 적용의 문제 (대법원 2005도7167)

〈사건의 개요〉

A가 제조·판매하고 있는 클로렐라는 '건강기능식품에 관한 법률'에 의해 고시된 '건강기능식품의 기준 및 규격'에 의하여 건강기능식품의 하나로 고시되어 있다. A가 위 클로렐라 제품을 판매하는 과정에서 허위·과대광고의 위법 행위가 있었다면, 건강기능식품에 관한 법률과 식품위생법 중 어떤 규정을 적용해야 할까?

〈사건에 대한 적용 법령〉

건강기능식품에 관한 법률

제3조(정의)

이 법에서 사용하는 용어의 뜻은 다음과 같다.
1. "건강기능식품"이란 인체에 유용한 기능성을 가진 원료나 성분을 사용하여 제조(가공을 포함한다. 이하 같다)한 식품을 말한다.
2. "기능성"이라 함은 인체의 구조 및 기능에 대하여 영양소를 조절하거나 생리학적 작용 등과 같은 보건용도에 유용한 효과를 얻는 것을 말한다.
3. "표시"라 함은 건강기능식품의 용기·포장(첨부물 및 내용물을 포함한다. 이하 같다)에 기재하는 문자·숫자 또는 도형을 말한다.
4. "광고"라 함은 라디오·텔레비젼·신문·잡지·음성·음향·영상·인터넷·인쇄물·간판 그 밖의 방법에 의하여 건강기능식품에 대한 정보를 나타내거나 알리는 행위를 말한다.
5. "영업"이라 함은 건강기능식품을 판매의 목적으로 제조(가공을 포함한다. 이하 같다) 또는 수입하거나 이를 판매(불특정 다수인에 대한 무상제공을 포함한다. 이하 같다) 하는 업을 말한다.

제14조(기준 및 규격)

① 식품의약품안전처장은 판매를 목적으로 하는 건강기능식품의 제조·사용 및 보존 등에 관한 기준과 규격을 정하여 고시한다.

② 식품의약품안전청장은 제1항의 규정에 의하여 기준과 규격이 고시되지 아니한 식품의 기준과 규격에 대하여는 제5조제1항 또는 제6조제1항의 규정에 의한 영업자로 하여금 당해 식품의 기준·규격, 안전성 및 기능성 등에 관한 자료를 제출하게 하여 검사기관의 검사를 거쳐 건강기능식품의 기준과 규격으로 인정할 수 있다.

③ 수출을 목적으로 하는 건강기능식품의 기준 및 규격은 제1항 및 제2항의 규정에 불구하고 수입자가 요구하는 기준 및 규격에 의할 수 있다.

④ 제2항의 규정에 의한 인정기준·방법 및 절차 등에 관하여 필요한 사항은 식품의약품안전청장이 정한다.

제18조(허위·과대·비방의 표시·광고 금지)

① 영업자는 건강기능식품의 명칭, 원재료, 제조방법, 영양소, 성분, 사용방법, 품질 등에 관하여 다음 각호에 해당하는 허위·과대의 표시·광고를 하여서는 아니된다.

　1. 질병의 예방 및 치료에 효능·효과가 있거나 의약품으로 오인·혼동할 우려가 있는 내용의 표시·광고

　2. 사실과 다르거나 과장된 표시·광고

　3. 소비자를 기만하거나 오인·혼동시킬 우려가 있는 표시·광고

　4. 의약품의 용도로만 사용되는 명칭(한약의 처방명을 포함한다)의 표시·광고

　5. 제16조제1항의 규정에 의하여 심의를 받지 아니하거나 심의 받은 내용과 다른 내용의 표시·광고

② 제1항의 규정에 의한 허위·과대의 표시·광고의 범위 등에 관하여 필요한 사항은 보건복지부령으로 정한다.

제44조(벌칙)

다음 각 호의 어느 하나에 해당하는 자는 5년 이하의 징역 또는 5천만원 이하의 벌금에 처한다. 이 경우 징역과 벌금을 병과할 수 있다.

    1. 제6조제2항에 따른 영업신고를 하지 아니하고 영업을 한 자

    2. 제7조제1항 전단에 따른 품목제조신고를 하지 아니하고 제품을 제조·판매한 자

    3. 제10조제1항제4호를 위반하여 판매를 한 자

    4. 제18조제1항제2호부터 제6호까지를 위반하여 허위·과대·비방의 표시·광고를 한 자

    5. 제21조제1항에 따른 자가품질검사를 하지 아니한 자

    6. 삭제 〈2016.2.3.〉

    7. 제24조부터 제26조까지의 규정을 위반하여 판매 등을 한 자

    8. 제29조 또는 제30조제1항 및 제3항에 따른 명령을 이행하지 아니한 자

    9. 제32조제1항에 따른 영업정지 명령을 위반한 자

〈사건에 대한 법원의 판단〉

건강기능식품에 관한 법률(2002. 8. 26. 법률 제6727호로 제정된 것) 제3조 제1호는 인체에 유용한 기능성을 가진 원료나 성분을 사용하여 정제·캡셀·분말·과립·액상·환 등의 형태로 제조·가공한 식품을 '건강기능식품'이라고 정의하고 있으며, 같은 법 제14조 제1항은 식품의약품안전청장으로 하여금 판매를 목적으로 하는 건강 기능 식품의 제조·사용 및 보존 등에 관한 기준과 규격을 정하여 고시하도록 하는 한편, 같은 법 제44조 제4호는 같은 법 제18조 제1항의 규정에 위반하여 허위·과대의 표시·광고를 한 자를 5년 이하의 징역 또는 5천만 원 이하의 벌금에 처하도록 규정하고 있고, 같은 법 제18조 제1항은 영업자가 건강 기능 식품의 명칭, 원재료, 제조방법, 영양소, 성분, 사용방법, 품질 등에 관하여 질병의 예방 및 치료에 효능·효과가 있거나 의약품으로 오인·혼동할 우려가 있는 내용 등의 허위·과대의 표시·광고를 하여서는 안 된다고 규정하고 있으며, 나아가 같은 법 부칙 제1조는 '이 법은 공포 후 1년이 경과한 날로부터 시행한다.'고, 같은 법 부칙 제5조는 '이 법 시행 전의 행위에 대한 벌칙 또는 과태료의 적용에 있어서는 식품

위생법의 규정에 의한다.'고 각각 규정하고 있다. 이상과 같은 규정들을 종합하여 보면, 건강 기능 식품에 관한 법률이 시행된 2003. 8. 27. 이후 영업자가 건강 기능 식품에 관하여 허위·과대의 표시·광고를 한 경우에는 같은 법 제44조 제4호, 제18조 제1항에 의하여 처벌할 수 있을 뿐이고, 식품위생법상의 처벌 규정(제77조 제1호, 제11조 제1항)은 그 적용이 배제된다고 할 것이다.

그런데 앞서 본 바와 같이 건강기능식품에 관한 법률 제14조 제1항에서 식품의약품안전청장이 판매를 목적으로 하는 건강식품의 제조·사용 및 보존에 관한 기준과 규격을 정하여 고시하도록 규정하고 있는데, 이 규정에 의하여 식품의약품안전청장이 정한 '건강기능식품의 기준 및 규격' 제3.의 12에 의하면 클로렐라 제품이 건강 기능 식품의 하나로 고시되어 있고, 한편 피고인이 이 사건 정식 재판 청구서에 첨부 제출한 자료에 의하면 (주) 한국△△△△가 2004. 7.경, 식품의약품안전청장으로부터 건강기능식품전문제조업 영업 허가를 받고 '○○클로렐라'라고 하는 건강기능 식품 품목 제조 신고를 하였는데 이 제품과 피고인이 판매한 클로렐라와 사이에 연관성이 있는 것으로 보인다.

그렇다면 만일 피고인이 판매한 클로렐라가 '건강기능식품에 관한 법률'이 규정하는 건강 기능 식품에 해당하는 것이라면, 피고인의 원심 판시 행위는 같은 법률 제18조 제1항을 적용할 것이지, 식품위생법을 적용하여서는 안 되는 것이므로, 원심으로서는 이 점을 더 심리하여 피고인이 판매한 클로렐라가 과연 위 법률 소정의 건강 기능 식품에 해당되는지 여부를 가린 다음 적용할 법령을 택하였어야 할 터인데도, 원심은 이에 관한 심리 없이 만연히 피고인의 그 판시 행위를 식품위생법 위반죄로 의율하여 피고인에 대하여 유죄를 선고하고 말았으니, 이와 같은 원심의 조치에는 심리를 다하지 아니한 채 법령의 적용을 잘못하여 판결에 영향을 미친 위법이 있고, 이 점을 지적하는 상고 이유의 주장은 이유가 있다. 그러므로 원심 판결을 파기하고, 사건을 다시 심리·판단하게 하기 위하여 원심 법원으로 환송하기로 판결한다.

　법률 제정과 집행의 중요성을 일깨워주는 판례라고 생각된다. 현재 식품위생법과 건강기능식품에 관한 법률은 법조문의 구성과 내용이 유사하여 법을 실제로 적용하여 집행하는 지자체나 지방청 공무원이 혼란스러울 수 있다. 일반적으로 특별법과 일반법, 신법과 구법, 법률과 시행령 사이에는 명확한 구분이 있어서, 적용에 있어서 선후를 따지기가 쉽지만, 위 사례처럼 식품위생법과 건강기능식품에 관한 법률은 모두 '식품'이라는 공통점이 있어서, 적용 순위를 정하기가 쉽지는 않았을 것이다.

　정부는 불량식품을 4대 악의 하나로 규정하여 식품 안전을 최우선시하는 새로운 정부를 조직하고자, 식품의약품안전청을 처로 승격하고 농림수산식품부와 보건복지부로부터 식품 안전에 관한 조직과 인원을 충원하여 새로운 조직을 구성하기 위해 준비하고 있다. 하지만 이러한 조직과 인원이 중요한 것이 아니라, 이와 관련된 식품위생법, 농수산물품질관리법, 축산물위생관리법 등이 유기적으로 통합되어야 하는 문제가 최우선이어야 한다.

　행정 조직이 법에 의한 집행을 제대로 하기 위한 선결 조건으로는 제대로 제정된 법률이 있어야 한다. 단순히 세 가지 법을 첨부하거나 통합하는 것이 문제가 아니라 해당 법률의 일부분을 발췌하여 첨부하다 보면 기존에 있던 법과 연계성이 문제가 될 수도 있는데, 새롭게 통합된 법률이 중복되거나 틈이 생기지 않아야 할 것이다.

41. 건강기능식품의 과대광고 (대법원 2010도3444)

〈사건의 개요〉

A가 인터넷 쇼핑몰에서 '콜라겐칼슘'이라는 건강 기능 식품을 판매하면서 그 홈페이지에 상품별로 특정 효능을 언급한 광고 배너를 설치하여 해당 상품의 주요 효능과 성분, 상품 특징 등에 관하여 게재하려 할 경우, 일부 광고에 질병의 예방 또는 치료에 직접적 연관이 있는 것처럼 광고하여도 아무런 문제가 없을까?

〈사건에 대한 적용 법령〉

건강기능식품에 대한 법률

제18조(허위·과대의 표시·광고 금지)

① 영업자는 건강기능식품의 명칭, 원재료, 제조방법, 영양소, 성분, 사용방법, 품질 및 건강기능식품이력추적관리 등에 관하여 다음 각호에 해당하는 허위·과대의 표시·광고를 하여서는 아니된다.

    1. 질병의 예방 및 치료에 효능·효과가 있거나 의약품으로 오인·혼동할 우려가 있는 내용의 표시·광고

    2. 사실과 다르거나 과장된 표시·광고

    3. 소비자를 기만하거나 오인·혼동시킬 우려가 있는 표시·광고

    4. 의약품의 용도로만 사용되는 명칭(한약의 처방명을 포함한다)의 표시·광고

    5. 제16조제1항의 규정에 의하여 심의를 받지 아니하거나 심의 받은 내용과 다른 내용의 표시·광고

② 제1항의 규정에 의한 허위·과대의 표시·광고의 범위 등에 관하여 필요한 사항은 보건복지부령으로 정한다.

건강기능식품에 관한 법률(2010. 1. 18. 법률 제9932호로 개정되기 전의 것) 제3조 제1호는 '건강 기능 식품'을 인체에 유용한 기능성을 가진 원료나 성분을 사용하여 제조(가공을 포함하다) 한 식품이라고 정의하고 있다. 대법원 판례에서는 건강 기능 식품의 약리적 효능에 관한 표시·광고를 전부 금지하고 있다고 볼 수는 없고, 그러한 내용의 표시·광고라고 하더라도 그것이 건강 기능 식품으로서 갖는 효능이라는 본질적 한계 내에서 건강 기능 식품의 부수적인 영양 섭취의 결과 나타나는 효과임을 표시·광고하는 것과 같은 경우에는 허용된다고 보아야 한다. 그러므로 결국 위 법령 조항을 해석할 때에는, 건강 기능 식품에 대하여 마치 특정 질병의 직접적인 예방·치료 등을 주된 목적으로 하는 것인 양 표시·광고하여 소비자로 하여금 의약품으로 오인·혼동하게 하는 경우만을 규제한다고 한정적으로 해석하여야 하며, 어떠한 표시·광고가 건강기능식품 광고로서의 한계를 벗어나 질병의 예방 및 치료에 효능·효과가 있거나 의약품으로 오인·혼동할 우려가 있는지는 사회 일반인의 평균적 인식을 기준으로 법 적용 기관이 구체적으로 판단하여야 한다.(대법원 2006. 11. 24. 선고 2005도844 판결, 대법원 2008. 8. 11. 선고 2007도7415 판결 등 참조)

원심 판결 이유 및 기록에 의하면, ① 피고인은 자신이 운영하는 이 사건 인터넷 쇼핑몰에서 이 사건 건강 기능 식품을 판매함에 있어 그 홈페이지를 통하여 이 사건 건강기능식품별로 특정 효능을 언급한 배너를 설치한 사실, ② 이 사건 인터넷 쇼핑몰의 이용자가 이 사건 건강기능식품의 해당 배너에 접속하면 이 사건 건강기능식품의 확대 사진과 함께 피고인이 게재한 해당 상품의 주요 효능과 주요 성분, 상품 특징에 관한 광고·표시를 접할 수 있도록 되어 있는 사실, ③ 피고인이 게재한 이 사건 건강기능식품의 광고 내용 중 주요 효능, 상품 특징란 등에 의하면, '콜라겐칼슘'은 시력 개선, 고혈압, 불면증, 신장 결석, 근육 경련에 효과적이라고 표시되어 있고(수사기록 11쪽 참조), '홍국'은 심장 기능 강화, 심혈관 기능 향상, 에이치디엘(HDL, 좋은 콜레스테롤) 수치를 유지함과 아울러 높은 에이치디엘 수치는 심장병을 예방할 수 있다는 취지로 기재되어 있으며(수사기록 14쪽 참조), '단백질파우더'는 치매 등의 예방, 노화 방지, 심혈관 질병 예방, 항암, 시력 개선 기능을 기재하고 있고(수사기록 17쪽 참조), '엽산'은 지방간을 없애고, 고지혈증 예방, 노인성 치매 개선, 당의 대사 조절, 제2형 당뇨병 및 그 신경 계통의 합병증 예방에 도움, 간염과 간 괴사 예방에 도움, 빈혈 예방 등을 기재하고 있는 사실(수사기록 21, 22쪽 참조) 등을 알 수 있다.

사정이 위와 같다면, 피고인이 이 사건 건강기능식품을 판매하면서 게재한 광고 내용은 이 사건 건강기능식품이 갖는 효능이라는 본질적 한계 내에서 그에 부수되거나 이를 섭취한 결과 나타나는 효과를 나타내는 표현을 넘어 구체적인 병명을 언급하여 특정 질병의 예방 또는 치료에 효과가 있다는 내용이 포함되어 있음을 알 수 있고, 위와 같은 광고 내용과 함께 이 사건 건강기능식품의 명칭인 '콜라겐칼슘, 홍국, 단백질파우더, 엽산'만으로는 사회 일반인의 평균적 인식을 기준으로 이 사건 건강 기능 식품이 의약품이 아니라는 점을 쉽게 알아차리기 어렵다고 보이는 사정 등을 앞서 본 법리에 비추어 보면, 비록 피고인이 이 사건 건강기능식품에 관한 광고 내용 중에 건강보조식품, 영양 보충제와 같은 표현과 아울러 일부 건강 기능 식품에 대하여는 진단, 치료, 질병 예방용이 아니라는 취지를 기재한 바 있더라도, 이 사건 건강 기능 식품에 관한 광고 내용은 특정 질병의 예방 및 치료 등을 직접적이고 주된 목적으로 하는 것인 양 표시·광고하여 소비자로 하여금 질병의 예방 및 치료에 효능·효과가 있거나 의약품으로 오인·혼동할 우려가 있는 표시·광고에 해당한다고 볼 여지가 충분하다.

〈법원의 판단에 대한 해설〉

건강기능식품에 관한 법률 제3조 제1호 정의에 의하면 '건강기능식품'이란, 인체에 유용한 기능성을 가진 원료나 성분을 사용하여 제조(가공을 포함한다. 이하 같다)한 식품을 말한다고 한다. 2012. 2. 식품의약품안전청이 발간한 건강기능식품의 기능성 원료 인정 현황 자료에 보면, 건강기능식품의 기능성이란 인체의 구조 및 기능에 대하여 영양소를 조절하거나 생리학적 작용 등과 같은 보건 용도에 유용한 효과를 얻는 것으로 정의하고 있다. 그렇다면 건강기능식품에도 자체적으로 영양소의 생리학적 작용이나 건강상의 기여나 기능 향상 또는 건강 유지, 개선을 나타내는 기능이 있다는 것을 의미한다. 하지만 이를 광고할 때에는 표현에 있어서 매우 까다로운 조건이 적용되어, 건강기능식품에 관한 법률 제17조 및 제18조를 통과해야만 한다. 대부분의 경우 소비자 기만 또는 오인·혼동시킬 우려가 있는 광고나 의약품으로 오인·혼동할 우려가 있다는 이유는 행정 처분과 처벌을 받게 된다.

　위 판례도 다른 사건들과 다르지 않다. 결국 건강기능식품의 효능 자체에 대한 광고는 허락되지만 의약품과의 오인·혼동 우려가 있으면 불가하다는 것이다. 과연 이러한 불법의 선과 합법의 선 사이에 있는 중간이나 합법의 마지노선은 무엇일까? 관련하여 2011. 8. 26. 서울행정법원에서 선고된 판결이 영업자들에게 실낱같은 희망을 준다고 생각된다.(서울행정법원 2011구합2934) 판결의 요지는 영업자가 직접 지시하거나 개입하지 않은 제품 사용자의 이용 후기는 건강기능식품에 관한 법률 제18조 제1항 제3호에 해당하지 않는다는 것이다. 눈여겨볼 필요가 있는 판례이며, 이에 대해 다수의 판례평석이 있으니 영업자들은 참고하길 바란다.

42. 한의사 제조 위해식품의 피해 (대구지방법원 2010고합14)

〈사건의 개요〉

한의사인 김 씨는(이하 'A'라고 한다) 자신이 운영하는 홈페이지와 웹사이트를 통하여 일반인에게 다이어트 식품으로 판매할 목적으로, 식품위생법상 식품 원료로 사용할 수 없는 마황(마황의 지표 물질인 '에페드린' 및 '수도에페드린')을 원료로 사용한 제품을 제조하여 약 1년간 이를 일반인에게 판매한 사실로, 식품위생법을 위반하여 징역 10월 및 벌금 22,000,000원을 선고 받았다. 그러나 A는 한의원에서 제조한 것을 구입하여 판매한 것에 불과하다고 주장하면서 선고 결과에 불복하였는데, 결과는 과연 어떻게 되었을까?

〈사건에 대한 적용 법령〉

식품위생법

제93조(벌칙)

① 다음 각 호의 어느 하나에 해당하는 질병에 걸린 동물을 사용하여 판매할 목적으로 식품 또는 식품 첨가물을 제조·가공·수입 또는 조리한 자는 3년 이상의 징역에 처한다.

1. 소해면상뇌증(狂牛病)

2. 탄저병

3. 가금 인플루엔자

② 다음 각 호의 어느 하나에 해당하는 원료 또는 성분 등을 사용하여 판매할 목적으로 식품 또는 식품 첨가물을 제조·가공·수입 또는 조리한 자는 1년 이상의 징역에 처한다.

1. 마황(麻黃)

2. 부자(附子)

3. 천오(川烏)

4. 초오(草烏)

5. 백부자(白附子)

6. 섬수(섬수)

7. 백선피(白鮮皮)

8. 사리풀

③ 제1항 및 제2항의 경우 제조·가공·수입·조리한 식품 또는 식품 첨가물을 판매하였을 때에는 그 소매가격의 2배 이상 5배 이하에 해당하는 벌금을 병과(倂科)한다.

④ 제1항 또는 제2항의 죄로 형을 선고받고 그 형이 확정된 후 5년 이내에 다시 제1항 또는 제2항의 죄를 범한 자가 제3항에 해당하는 경우 제3항에서 정한 형의 2배까지 가중한다.

〈사건에 대한 법원의 판단〉

피고인은 한의사로서 한약재에 대한 전문 지식이 있음에도 불구하고 영리를 위하여, 다량 섭취 시 불면증, 심장 마비, 부정맥 등을 일으킬 수 있어 식품위생법상 식품 원료로 사용할 수 없는 마황을 원료로 한 'E' 등을 제조하고, 장기간에 걸쳐 일반인들에게 다이어트 식품으로 판매해 왔는데, 그 범행 내용 및 수법, 기간 등에 비추어 그 죄질 및 범정이 좋지 않다.

<법원의 판단에 대한 해설>

　최근 한의사, 의사 등 의료 전문가들이 홈쇼핑 등에 출연하여 일반 식품이나 건강 기능 식품을 광고하는 것에 대해 문제가 제기되고 있다. 소비자들은 의료 전문가들의 말에 귀를 기울일 수밖에 없고, 의학 지식을 설명하면서 교묘하게 제품을 연관시켜서 판매하다 보니 누구든지 속아서 구매를 하게 되는데, 실제로 이런 제품들은 의약품이나 한약이 아니기 때문에, 그 효능에 대해서는 허위·과대광고일 가능성이 크다. 일반 영업자가 아닌 한의사가 자신의 전문 지식을 이용하여 식품에 사용할 수 없는 한약재를 사용하다가 적발될 경우, 더욱 형을 가중하여 처벌해야 할 것이며, 이런 전문 의료인들에 대해서는 적용 법령을 보다 강화할 필요가 있다고 사료된다.

43. 식품 원재료의 사용 가능 여부 판단 기준 (대전지방법원 2011고합8)

〈사건의 개요〉

농민인 김 씨는(이하 'A'라고 한다) A의 주거지에서 판매를 목적으로 관할 관청에 신고하지 않은 채, 식품위생법상 식품 원료로 사용할 수 없는 백선피를 원료 또는 성분 등으로 한 백선피, 감초, 대추의 혼합·추출물에 대해 시가 합계 880만원 상당을 판매하여 식품위생법을 위반하였다는 이유로 기소되었다. 처벌은 어떻게 되었을까?

〈사건에 대한 적용 법령〉

식품위생법

제93조(벌칙)

① 다음 각 호의 어느 하나에 해당하는 질병에 걸린 동물을 사용하여 판매할 목적으로 식품 또는 식품 첨가물을 제조·가공·수입 또는 조리한 자는 3년 이상의 징역에 처한다.

　1. 소해면상뇌증(狂牛病)

　2. 탄저병

　3. 가금 인플루엔자

② 다음 각 호의 어느 하나에 해당하는 원료 또는 성분 등을 사용하여 판매할 목적으로 식품 또는 식품 첨가물을 제조·가공·수입 또는 조리한 자는 1년 이상의 징역에 처한다.

　1. 마황(麻黃)

　2. 부자(附子)

　3. 천오(川烏)

　4. 초오(草烏)

　5. 백부자(白附子)

6. 섬수(섬수)

7. 백선피(白鮮皮)

8. 사리풀

③ 제1항 및 제2항의 경우 제조·가공·수입·조리한 식품 또는 식품 첨가물을 판매하였을 때에는 그 소매가격의 2배 이상 5배 이하에 해당하는 벌금을 병과(併科)한다.

④ 제1항 또는 제2항의 죄로 형을 선고받고 그 형이 확정된 후 5년 이내에 다시 제1항 또는 제2항의 죄를 범한 자가 제3항에 해당하는 경우 제3항에서 정한 형의 2배까지 가중한다.

〈사건에 대한 법원의 판단〉

[법률상 처단형의 범위] 징역 1년 이상 33년 이하, 벌금 1,752만원 이상 4,380만원 이하

[양형 기준상 권고형의 범위]

– 양형 기준이 설정된 판시 식품 제조로 인한 죄: 식품·보건 범죄, 유해 식품·의약품·화장품 중 유형2(유해한 식품 등의 제조 등), 기본 영역(1년6월-3년), 판시 판매로 인한 죄에 대하여 위 벌금형 병과

– 양형 기준이 설정되지 않은 판시 미신고 식품 제조 영업으로 인한 죄에 관하여 그 징역형의 하한을 위 양형 기준상 형량 범위의 하한에 따름

– 징역형에 관하여 법률상 처단형의 하한을 따름

[선고형의 결정] 피고인이 자신의 범행을 시인하며 반성하고 있고, 19년 전의 교통사고 등과 관련한 소액의 벌금형 이외 별다른 범죄 전력이 없으며, 이 사건 식품으로 인한 위험이 현실화되었다고 볼 자료가 없는 점과 피고인의 연령, 성향, 가족 관계, 사회적 유대 관계, 경제적 능력 등을 참작하여 주문과 같은 형을 선고한다. (벌금형으로 처벌되었음)

<법원의 판단에 대한 해설>

　농민들에게 적용하는 식품 제조와 가공업의 시설 기준을 완화하는 표준 조례와 규칙이 농림식품부와 식품의약품안전처에 의해서 준비되었다는 보도 자료가 있었다. 농가 소득 증대를 위해서는 반드시 필요하겠지만, 우려스러운 부분이 많다. 우선 본 사건과 같이 식품위생법에 무지한 농민들을 지도·감독할 지방자치단체의 인력과 단속 의지 부족 문제가 있다. 또한 농민들 역시 국민 건강을 위해서 스스로 위생 교육 등을 철저히 이수하고 법령 이해를 위한 적극적인 자세를 갖춰 식품 안전에 주의를 기울여야 할 것이다.

44. 영광 굴비, 안동 간고등어 원산지 표시 문제 (서울북부지방법원 2015노555)

〈사건의 개요〉

한 영업자가 A시에서 홍삼 절편을 제조하여 판매하면서 제품명에는 A시를 표기하였다. 하지만 실제 사용된 제품은 A시에서 생산된 인삼과 다른 시에서 생산된 인삼을 혼합하여 사용하였다. 이 경우 원산지 표시에 관한 법률에 위반한 것일까?

〈사건에 대한 적용 법령〉

농수산물의 원산지 표시에 관한 법률

제6조(거짓 표시 등의 금지)

① 누구든지 다음 각 호의 행위를 하여서는 아니 된다.

　　1. 원산지 표시를 거짓으로 하거나 이를 혼동하게 할 우려가 있는 표시를 하는 행위

　　2. 원산지 표시를 혼동하게 할 목적으로 그 표시를 손상·변경하는 행위

　　3. 원산지를 위장하여 판매하거나, 원산지 표시를 한 농수산물이나 그 가공품에 다른 농수산물이나 가공품을 혼합하여 판매하거나 판매할 목적으로 보관이나 진열하는 행위

② 농수산물이나 그 가공품을 조리하여 판매·제공하는 자는 다음 각 호의 행위를 하여서는 아니 된다.

　　1. 원산지 표시를 거짓으로 하거나 이를 혼동하게 할 우려가 있는 표시를 하는 행위

　　2. 원산지를 위장하여 조리·판매·제공하거나, 조리하여 판매·제공할 목적으로 농수산물이나 그 가공품의 원산지 표시를 손상·변경하여 보관·진열하는 행위

　　3. 원산지 표시를 한 농수산물이나 그 가공품에 원산지가 다른 동일 농수산물이나 그 가공품을 혼합하여 조리·판매·제공하는 행위

③ 제1항이나 제2항을 위반하여 원산지를 혼동하게 할 우려가 있는 표시 및 위장판매의 범위

등 필요한 사항은 농림축산식품부와 해양수산부의 공동 부령으로 정한다.

④ 「유통산업발전법」 제2조제3호에 따른 대규모점포를 개설한 자는 임대의 형태로 운영되는 점포(이하 "임대점포"라 한다)의 임차인 등 운영자가 제1항 각 호 또는 제2항 각 호의 어느 하나에 해당하는 행위를 하도록 방치하여서는 아니 된다.

제14조(벌칙)

제6조제1항을 위반한 자는 7년 이하의 징역이나 1억원 이하의 벌금에 처하거나 이를 병과할 수 있다.

〈사건에 대한 법원의 판단〉

피고인들이 이 사건 제품의 주 원료인 홍삼의 원산지를 '국산'이라고 적법하게 표시한 이상, 제품명과 판매자명에 'A시'라는 명칭을 사용하였다고 하여 이를 '원산지를 혼동하게 할 우려가 있는 표시를 하는 행위'라고 하기는 어렵다고 할 것이다. 또한 피고인들이 인터넷 쇼핑몰에서 이 사건 제품을 판매하면서 A시 홍삼의 우수성을 알리는 광고를 하였다고 하더라도, 이 사건 제품의 원재료에 실제로 A시 수삼이 포함되어 있을 뿐만 아니라 위 광고 문구는 위 홍삼을 가공·판매하는 피고인 A시 인삼협동조합이 자신의 지역 기반인 A시 홍삼의 일반적인 특징을 홍보하는 내용으로도 볼 수 있으므로, 그러한 사정이 더해진다고 하여 달리 볼 것도 아니라고 할 것이다.

그럼에도 원심은 그 판시와 같은 이유만을 들어 이 사건 공소 사실이 유죄로 인정된다고 판단하였으니, 원심 판결에는 원산지표시법 제6조 제1항 제1호 등에 관한 법리를 오해하여 판결에 영향을 미친 위법이 있다. 이를 지적하는 취지의 상고 이유 주장은 이유가 있다.

대법원 판결문에도 '홍삼절편과 같은 농산물 가공품의 경우에는 특별한 사정이 없는 한 그 제조·가공한 지역의 명칭을 제품명에 사용하는 것도 법령상 허용되고 있다고 보인다.'고 판단하였고, 이유는 비록 법규명령인 법률, 시행령, 시행규칙에는 명확하지 않으나, 내부 지침으로 구분되는 문답집의 경우 행정규칙으로 볼 때도 지금까지 '강릉한과'의 예로 볼 때 가공품의 경우 그 가공 지역을 사용하는 것이 가능하다고 명시되어 있기 때문이다. 추가로 농수산물원산지표시에 관한 법률의 제정 이유를 보면 분명히 첫 줄에 '농수산물 및 그 가공식품의 수입 확대로 생산자 및 소비자의 보호 필요성이 높아지고 있고 특히 미국산 쇠고기 수입으로 인하여 원산지 표시에 대한 중요성은 더욱 커지고 있음'이라고 명시하여, 수입산과 국내산을 허위 표시하는 것을 방지하기 위함이라고 명시해 놓은 것을 고려해 보아도 타당한 판결이라고 생각한다. 농수산물의 원산지 표시에 관한 법률의 제정 목적은 수입 농수산물로부터 국산 농수산물을 보호하기 위한 것이다. 그렇기 때문에 이미 제품에 국내산이라고 표시되어 있으면 특정 지역 명칭에 따른 지리적 표시의 문제는 식품위생법상 허위 표시 금지 조항 위반으로 처벌이 가능할 것이다.

〈사건의 개요〉

A는 식품제조·가공업체 (주)B의 대표자로서, 훈제건조어육의 일종인 가다랑어분말, 분말훈연다랑어(가쓰오 분말), 훈연고등어, 맛다랑가쓰오부시, 훈연다랑어 등을 제조·판매하는 사람이다. A는 (주)B에서 자신이 제조한 '가다랑어분말', '맛다랑어가쓰오부시', '분말훈련다랑어(가쓰오 분말)'의 벤조피렌 검출량이 식품공전에서 정한 10ppb를 초과하여 각각 32.1ppb, 12.68ppb, 30ppb로 검출되었음을 확인하였음에도, 위 '분말훈련다랑어(가쓰오 분말)'를 사용하여 '가쓰오 부시 엑기스'를 판매하였다. 그러나 이 제품을 원재료로 사용하여 만든 우동 등의 최종 제품에서는 벤조피렌 검출량이 정상으로 나왔다면, A는 처벌을 받을까?

〈사건에 대한 적용 법령〉

식품위생법

제7조(식품 또는 식품첨가물에 관한 기준 및 규격)

① 식품의약품안전청장은 국민보건을 위하여 필요하면 판매를 목적으로 하는 식품 또는 식품첨가물에 관한 다음 각 호의 사항을 정하여 고시한다. 다만, 식품첨가물 중 기구 및 용기·포장을 살균·소독하는 데에 쓰여서 간접적으로 식품으로 옮아갈 수 있는 물질은 그 성분명만을 고시할 수 있다.

  1. 제조·가공·사용·조리·보존 방법에 관한 기준

  2. 성분에 관한 규격

② 식품의약품안전청장은 제1항에 따라 기준과 규격이 고시되지 아니한 식품 또는 식품첨가물(식품에 직접 사용하는 화학적 합성품인 첨가물을 제외한다)에 대하여는 그 제조·가공업자에게 제1항 각 호의 사항을 제출하게 하여 제24조제1항제1호 및 제2항제1호에 따라 지정

된 식품위생검사기관의 검토를 거쳐 제1항에 따른 기준과 규격이 고시될 때까지 그 식품 또
는 식품첨가물의 기준과 규격으로 인정할 수 있다.

③ 수출할 식품 또는 식품첨가물의 기준과 규격은 제1항 및 제2항에도 불구하고 수입자가 요
구하는 기준과 규격을 따를 수 있다.

④ 제1항 및 제2항에 따라 기준과 규격이 정하여진 식품 또는 식품첨가물은 그 기준에 따라 제
조·수입·가공·사용·조리·보존하여야 하며, 그 기준과 규격에 맞지 아니하는 식품 또는 식
품첨가물은 판매하거나 판매할 목적으로 제조·수입·가공·사용·조리·저장·소분·운반·보
존 또는 진열하여서는 아니 된다.

제4조(위해식품등의 판매 등 금지)

누구든지 다음 각 호의 어느 하나에 해당하는 식품등을 판매하거나 판매할 목적으로 채취·제
조·수입·가공·사용·조리·저장·소분·운반 또는 진열하여서는 아니 된다.

1. 썩거나 상하거나 설익어서 인체의 건강을 해칠 우려가 있는 것

2. 유독·유해물질이 들어 있거나 묻어 있는 것 또는 그러할 염려가 있는 것. 다만, 식품의약
   품안전청장이 인체의 건강을 해칠 우려가 없다고 인정하는 것은 제외한다.

3. 병(病)을 일으키는 미생물에 오염되었거나 그러할 염려가 있어 인체의 건강을 해칠 우려
   가 있는 것

4. 불결하거나 다른 물질이 섞이거나 첨가(添加)된 것 또는 그 밖의 사유로 인체의 건강을
   해칠 우려가 있는 것

5. 제18조에 따른 안전성 평가 대상인 농·축·수산물 등 가운데 안전성 평가를 받지 아니
   하였거나 안전성 평가에서 식용(食用)으로 부적합하다고 인정된 것

6. 수입이 금지된 것 또는 제19조제1항에 따른 수입신고를 하지 아니하고 수입한 것

7. 영업자가 아닌 자가 제조·가공·소분한 것

<사건에 대한 법원의 판단>

식품 또는 식품 첨가물의 제조업자는 식품의약청장이 고시한 식품공전에 따라 기준과 규격에 맞지 아니한 식품 또는 식품 첨가물의 제조·판매 행위 등을 하지 말아야 함에도 불구하고, 피고인은 이 사건에서 문제가 된 훈제건조어육의 일종인 '분말훈연다랑어' 등에서 식품공전에서 정하고 있는 발암성 물질인 벤조피렌 검출량 기준을 초과한 사실을 알면서도 이를 판매하거나 이를 사용하여 식품을 제조·판매하였고, 그로 인하여 누구라도 유해한 식품으로 인한 피해의 당사자가 될 수 있다는 점에서 피고인들의 이 사건 범행에 대한 비난 가능성은 매우 높을 수 있다. 그러나 한편, ① 피고인들이 판매한 '분말훈연다랑어' 등은 국물을 추출하거나 라면류 등의 스프 제조에 사용되는 것으로, 훈제연어 등과 같이 훈제건조어육 자체를 직접적으로 섭취하는 경우와는 차이가 있을 뿐만 아니라, 위 '분말훈연다랑어' 등이 첨가된 라면스프류에서는 벤조피렌이 검출되지 아니하거나 기준치 범위 내의 벤조피렌이 검출된 점, ② 피고인 A는 위와 같이 판매된 '분말훈연다랑어' 등의 회수를 위해 노력하여 일부 제품을 회수하였고, 다랑어의 훈연 과정에서 필연적으로 발생할 수밖에 없는 벤조피렌의 저감화를 위해 제조 공정에 변화를 주는 등 노력을 기울이고 있는 것으로 보이는 점, ③ 피고인들에게 특별한 범행 전력이 없는 점, ④ 피고인들 모두 자신들의 잘못을 깊이 뉘우치고 있고, 특히 피고인 A는 약 2개월간의 구금 생활을 거치면서 다시는 이와 같은 범행을 저지르지 않고 가업으로 이어온 가쓰오부시 생산에 있어 품질 기준을 지킬 것을 다짐하고 있는 점, ⑤ 기타 피고인들이 판매한 기준 초과 '분말훈연다랑어' 등의 수량/금액 등 피고인들에게 유리한 여러 정상을 함께 고려하여 주문과 같이 그 형을 정하기로 한다.

<법원의 판단에 대한 해설>

식품의 원재료로 농·축·수·임산물이 사용되는 경우, 건전성에 문제가 있을 수 있다. 현행 식품위생법 제7조대로 하면 제4조의 위반과 동시에 원재료 관리 부실로 제7조로 처벌될 수 있다. 실제로 필자가 담당했던 사건에서는 자투리 단무지를 사용하는 과정에서 일부 썩은 부분을 제거하여 냉동만두의 재료로 사용하였는데, 비록 썩은 부분을 제거했을지라도, 썩은 부분이 있었다는 이유만으로 처벌이 될 수 있다고 법원이 판단한 사례가 있었다. 식품위생법 제4조와 제7조, 그리고 건전성과 안전성에 정리가 필요한 시기이다.

46. 건강원 판매 제품의 위법성 (대법원 99도2328)

〈사건의 개요〉

A는 건강원을 운영하면서 자신의 영업장에 찾아와 아프다고 하는 고객들에게 혀를 보거나 손바닥을 펴보게 하면서 뱀 가루를 복용하라고 한 행위가 의료 행위에 해당된다고 검찰에 기소되었다. 과연 이런 행위는 처벌될까?

〈사건에 대한 적용 법령〉

의료법

제27조(무면허 의료행위 등 금지)
① 의료인이 아니면 누구든지 의료행위를 할 수 없으며 의료인도 면허된 것 이외의 의료행위를 할 수 없다. 다만, 다음 각 호의 어느 하나에 해당하는 자는 보건복지부령으로 정하는 범위에서 의료행위를 할 수 있다.
  1. 외국의 의료인 면허를 가진 자로서 일정 기간 국내에 체류하는 자
  2. 의과대학, 치과대학, 한의과대학, 의학전문대학원, 치의학전문대학원, 한의학전문대학원, 종합병원 또는 외국 의료원조기관의 의료봉사 또는 연구 및 시범사업을 위하여 의료행위를 하는 자
  3. 의학·치과의학·한방의학 또는 간호학을 전공하는 학교의 학생
② 의료인이 아니면 의사·치과의사·한의사·조산사 또는 간호사 명칭이나 이와 비슷한 명칭을 사용하지 못한다.
③ 누구든지 「국민건강보험법」이나 「의료급여법」에 따른 본인부담금을 면제하거나 할인하는 행위, 금품 등을 제공하거나 불특정 다수인에게 교통편의를 제공하는 행위 등 영리를 목적으로 환자를 의료기관이나 의료인에게 소개·알선·유인하는 행위 및 이를 사주하는 행위를

하여서는 아니 된다. 다만, 다음 각 호의 어느 하나에 해당하는 행위는 할 수 있다.

1. 환자의 경제적 사정 등을 이유로 개별적으로 관할 시장·군수·구청장의 사전승인을 받아 환자를 유치하는 행위
2. 「국민건강보험법」 제109조에 따른 가입자나 피부양자가 아닌 외국인(보건복지부령으로 정하는 바에 따라 국내에 거주하는 외국인은 제외한다)환자를 유치하기 위한 행위

④ 제3항제2호에도 불구하고 「보험업법」 제2조에 따른 보험회사, 상호회사, 보험설계사, 보험대리점 또는 보험중개사는 외국인환자를 유치하기 위한 행위를 하여서는 아니 된다.

〈사건에 대한 법원의 판단〉

원심은 보건범죄단속에관한특별조치법위반의 주위적 공소 사실에 대하여, 제1심 및 원심이 적법하게 채택하여 조사한 증거들에 의하면, 피고인이 그가 운영하는 건강원을 찾아온 사람들로부터 그들의 증상 등을 듣고 나서 손바닥을 펴보게 하거나 혀를 내밀어 보게 하는 등으로 그 증상을 나름대로 확인한 다음 뱀 가루를 복용하면 그와 같은 증상이 호전된다고 하면서 이를 판매한 사실은 인정되나, 그와 같은 피고인의 행위만으로는 피고인이 의료 행위를 하였다고 볼 수 없고, 달리 피고인이 주위적 공소 사실 기재와 같은 의료 행위를 하였다고 인정할 증거가 없으므로 이 사건 주위적 공소 사실은 범죄의 증명이 없는 경우에 해당하여 무죄라고 판단하였다.

기록상의 증거 조사를 마친 증거들과 대조하여 살펴보니, 원심의 그 사실 인정은 정당하고, 거기에 필요한 심리를 다하지 아니하거나 채증법칙을 위반하여 사실을 잘못 인정한 위법이 없다.

한편, 의료 행위라 함은 의학적 전문 지식을 기초로 하는 경험과 기능으로 진찰, 검안, 처방, 투약 또는 외과적 수술을 시행하는 질병의 예방 또는 치료 행위와 그 밖에 의료인이 행하지 아니하면 보건위생상 위해가 생길 우려가 있는 행위를 말하는 것이고, 여기에서 진찰이라 함은 환자의 용태를 관찰하여 병상과 병명을 규명·판단하는 작용으로 그 진단 방법으로는 문진, 시진, 청진, 타진, 촉진, 기타 각종의 과학적 방법을 써서 검사하는 등 여러 가지가 있고, 위와 같은 작용에 의하여 밝혀진 질병에 적합한 약품을 처방, 조제, 공여하거나 시술하는 것이 치료 행위에 속한다고 할 것이다(대

법원 1978. 9. 26. 선고 77도3156 판결, 1981. 12. 22. 선고 80도2974 판결, 2000. 2. 25. 선고 99도4542 판결 등 참조).

기록에 따르면, 피고인은 그가 운영하는 건강원을 찾아온 손님들에게 뱀 가루를 판매함에 있어 그들로부터 그들의 증상에 대하여 듣고 나서 손바닥을 펴보게 하거나 혀를 내보이게 한 후 뱀 가루를 복용할 것을 권유하였을 뿐 그들의 병상이나 병명이 무엇인지를 규명하여 판단을 내리거나 설명을 한 바가 전혀 없음을 알 수 있으므로, 피고인의 그와 같은 행위는 단지 피고인이 그들에게 뱀 가루를 판매함에 있어 이를 용이하게 하기 위하여 한 부수적인 행위에 해당할 뿐, 그들의 병상이나 병명을 규명·판단하는 진찰행위에 해당한다고 볼 수 없다. 따라서 피고인의 행위는 의료 행위에 해당하지 아니한다고 본 원심의 판단은 정당하고, 거기에 의료 행위에 관한 법리를 오해한 위법이 없다.

〈법원의 판단에 대한 해설〉

전문가인 한의사나 의사의 진단 없이 한약재 등의 의약품을 손쉽게 구매할 수 있는 지금의 상황에서는 국민들을 모두 위법 천지에 몰아넣고, 영업자들을 전과자로 만들 수 있는 위험이 너무 크다. 실제로 건강기능식품이라는 제도가 생긴 이후, 일반 식품에 '건강기능식품'이라는 문구만 넣어도 무조건 식품위생법 제13조 위반으로 과대광고로 징역 5년 이하의 중형으로 다스려지게 된다. 사실 문구는 누구나 사용할 수 있지만 정부가 해당 문구에 대해서 상표 등록을 통해서 권리를 가지고 있는 것도 아니고, 단순히 건강기능식품에 관한 법률의 존재에 대해하여 무지하여 해당 단어를 사용했다는 이유만으로도 기소가 되는 것은 정말 안타까운 현실이다. 그러나 식품 분야에서 이런 일들은 만연해 있으며, 이번 사례처럼 의료인의 영역과 중첩되는 부분이 생기는 판매자들은, 매번 살얼음판을 걷는 심정으로 조심할 수밖에 없다. 어찌되었건 향후에는 이런 불합리한 제도들이 개선되기를 기대해 본다.

47. 천연유래 물질의 해결 방법 (대법원 2000도2341)

⟨사건의 개요⟩

A는 통조림을 제조해서 판매하는 업체이다. 그런데 경쟁 업체에서, A가 제조해서 판매하는 통조림에 인체에 유해한 포르말린이 사용되고 있다고 제보하자, 제보를 받은 경찰이 A를 수사하여 송치해 갔다. 그 결과는?

⟨사건에 대한 적용 법령⟩

식품위생법

제6조(기준·규격이 고시되지 아니한 화학적 합성품 등의 판매 등 금지)
제7조제1항의 규정에 의하여 기준·규격이 고시되지 아니한 화학적 합성품인 첨가물과 이를 함유한 물질을 식품첨가물로 사용하거나 이를 함유한 식품을 판매하거나 판매의 목적으로 제조·수입·가공·사용·조리·저장 또는 운반하거나 진열하지 못한다. 다만, 식품의약품안전청장이 식품위생심의위원회의 심의를 거쳐 인체의 건강을 해할 우려가 없다고 인정하는 것은 그러하지 아니하다

보건범죄단속에 관한 특별조치법

제2조(부정식품 제조 등의 처벌)
① 「식품위생법」 제37조제1항 및 제4항의 허가를 받지 아니하거나 신고를 하지 아니하고 제조·가공한 사람, 「건강기능식품에 관한 법률」 제5조에 따른 허가를 받지 아니하고 건강기능식품을 제조·가공한 사람, 이미 허가받거나 신고된 식품, 식품 첨가물 또는 건강기능식품과 유사하게 위조하거나 변조한 사람, 그 사실을 알고 판매하거나 판매할 목적으로 취득한

사람 및 판매를 알선한 사람, 「식품위생법」 제6조, 제7조제4항 또는 「건강기능식품에 관한 법률」 제24조제1항을 위반하여 제조·가공한 사람, 그 정황을 알고 판매하거나 판매할 목적으로 취득한 사람 및 판매를 알선한 사람은 다음 각 호의 구분에 따라 처벌한다.

1. 식품, 식품 첨가물 또는 건강기능식품이 인체에 현저히 유해한 경우: 무기 또는 5년 이상의 징역에 처한다.

2. 식품, 식품 첨가물 또는 건강기능식품의 가액(가액)이 소매가격으로 연간 5천만원 이상인 경우: 무기 또는 3년 이상의 징역에 처한다.

3. 제1호의 죄를 범하여 사람을 사상(사상)에 이르게 한 경우: 사형, 무기 또는 5년 이상의 징역에 처한다.

② 제1항의 경우에는 제조, 가공, 위조, 변조, 취득, 판매하거나 판매를 알선한 제품의 소매가격의 2배 이상 5배 이하에 상당하는 벌금을 병과(병과)한다.

〈사건에 대한 법원의 판단〉

(1) 통조림 1에서 검출된 포름알데하이드의 함유량이 번데기 원료에서 검출된 것의 19배에 이른다는 점에 관하여, 공소 외 1 주식회사에서 제조한 통조림 1에서 0.19mg/kg의 포름알데하이드가 검출된 사실은 앞서 본 바와 같고, 수사 기록에 편철된 검사 의뢰(191면) 및 시험 성적서 사본(196면)의 각 기재에 의하면, 공소 외 1 주식회사에서 수거한 태국산 번데기 원료에서는 포름알데하이드가 0.01mg/kg 검출되었음이 인정된다. 그러나 검사 작성의 압수 조서 및 수사 기록에 편철된 수사 보고(제품 수거 및 검사 의뢰 보고) 사본(3면), 시험 성적서 사본(6면, 196면), 번데기 송장 사본(71면), 생산일보 사본(80면) 등의 각 기재에 의하면, 위 통조림 1은 1998. 5. 27.경 수거된 것임에 비하여 위 태국산 번데기 원료는 같은 해 6. 18. 공소 외 1 주식회사에서 압수되어 검사 의뢰된 것이 분명하다. 한편 그 원료 입고 및 생산일자에 비추어 볼 때, 위 통조림 1은 위와 같이 검사 의뢰된 태국산 원료와는 다른 중국산 원료로 만들어졌을 가능성이 많으므로, 단순히 위 통조림과 태국산 원료에서 각 검출된 포름알데하이드의 양을 비교하여 위 통조림 제조 과정에서 포름알데하이드 함유량이 19배로 늘었다고 할 수는 없다.

(2) 대부분의 다른 회사 통조림에서는 전혀 포름알데하이드가 검출되지 않았으며, 공소 외 1 주식회사의 제품에서는 국내산 원료를 사용한 통조림을 포함한 모든 제품에서 포름알데하이드가 검출되었다는 점에 관하여, 식품 중 포름알데하이드 함유량은 구체적인 시험 대상 및 그 채취 부위에 따라 상당히 다를 수 있고, 많은 자연 상태의 식품 중에는 천연적으로 포름알데하이드가 존재하고 있으며, 특히 국내산 팥, 호박 등에서도 상당량의 포름알데하이드가 검출된 사실은 이미 앞서 본 바와 같다. 서울특별시 보건환경연구원이 작성한 각 시험 성적서에 따르면, 다른 회사의 통조림 제품 중 효성번데기에서는 0.02mg/kg, 물개표번데기에서는 0.05mg/kg, 삼포골뱅이에서는 0.086mg/kg 또는 0.042mg/kg, 삼포번데기에서는 0.003mg/kg, 삼포마늘에서는 0.039mg/kg, 유동골뱅이에서는 0.08mg/kg 또는 0.106mg/kg, 유동번데기에서는 0.071mg/kg의 각 포름알데하이드가 각 검출되었다. 따라서, 검사가 주장하는 위와 같은 사정도 피고인들이 통조림을 생산하는 과정에서 다른 회사와는 달리 고의로 포르말린을 사용하였음을 인정할 만한 증거는 되지 못한다고 할 것이다.

(3) 피고인들로서는 원료의 부패 방지가 절실하였다는 점에 관하여,

① 통조림 생산 기계의 고장 빈도 및 수리에 걸리는 시간, 창고에서 일단 출고되었다가 당일 제품화되지 못한 원료의 양, 냉동 창고가 고장 난 시기 및 그 수리에 걸린 시간 등을 구체적으로 확인할 수 있는 자료가 없어, 그로 인한 원료의 부패 가능성 및 부패 속도 등을 확정하기 어려운 이상, 피고인들이 원료의 부패를 방지하기 위한 보존료로서 포르말린을 사용할 필요가 있었다고 쉽사리 단정하기는 어려운 점, ② 더구나 위와 같은 보존료 사용의 필요성은 주 성분이 단백질인 번데기, 골뱅이의 경우에는 일부 '수긍할 수 있으나, 그 외에 마늘, 팥, 호박의 경우에도 모두 그러한 필요성이 있는 것으로 보기는 힘들 뿐만 아니라, 특히 통조림 3의 원료는 소금에 절여진 상태로 반입되었고, 공소 외 1 주식회사의 생산일보 사본의 기재에 따르면, 마늘 원료는 1998. 5. 4. 3,200kg이 입고되어 같은 달 13.~18. 사이에 모두 제품화되었으며, 다시 같은 달 19. 12,150kg이 입고되어 같은 달 28.부터 같은 해 6. 9.까지 사이에 모두 제품화되었음을 알 수 있기에, 이러한 경우에까지 피고인들이 보존료를 사용하였으리라고 보기는 어려운 점, ③ 또한 자동화된 대규모의 생산 설비를 갖추지 못한 영세한 임가공업체로서 원료의 부패 방지 필요성이 절실하였다는 사정이 단지 공소 외 1 주식회사에만 국한된 것은 아니라고 보이는 점 등을 종합하면,

비록 원료의 부패 방지를 위한 필요성이 절실하였다고 하더라도 그것 때문에 피고인들이 포르말린을 사용하였으리라고 함부로 단정할 수는 없다 할 것이다. ④ 그 외에 검사 작성의 송인상에 대한 진술 조서 및 검사가 추송한 서울특별시 보건환경연구원이 작성한 시험 성적서와, 국립과학수사연구소가 작성한 질의 사항 관련 회보의 각 기재에 의하면, 공소 외 1 주식회사의 통조림 제조 과정에 사용되었던 지하수에서는 포름알데하이드가 전혀 검출되지 아니하였을 뿐만 아니라, 포름알데하이드의 비등점이 98℃ 정도로 물보다 낮아 통조림 제조 과정에서 원료 또는 물을 끓이는 경우 포름알데하이드의 양은 현저히 감소하는 사실을 인정할 수 있으나, 앞서 본 바와 같은 식품 중 천연적인 포름알데하이드의 존재 가능성 및 가열 후에도 그 포름알데하이드가 잔류하고 있을 가능성에 비추어 보면, 위와 같은 사실 역시 피고인들의 포르말린 사용을 적극적으로 입증하는 증거는 될 수 없다고 할 것이다.

〈법원의 판단에 대한 해설〉

식품 제조 과정 중에 발생하는 여러 가지 화학 물질에 대해서 식품의약품안전처에서는 지금까지 개별 건마다 다른 적용을 하면서 일괄적인 해결을 피하고 있다. 물론 제도를 악용하는 영업자들이 있을 수 있는 것도 이해는 간다. 하지만 제조 과정에서 영업자도 모르게 발생하는 수많은 화학 물질을 전부다 영업자 스스로 규명하게 하는 것도 문제는 있다. 결과적으로 일부 검출되더라도 적정량 이하일 경우 재시험이나 규정을 찾는 것은 정부가 해야 할 일이다. 상기 사건은 식품 분야에 종사하는 사람들이라면 누구나 알고 있는 포르말린 통조림 사건이다. 결국 무죄로 끝났지만 멀쩡한 영업자는 극심한 고통을 겪었고, 사업은 회생 불가의 상황에 빠졌을 것이지만 누구도 구제해주지 않았을 것이다. 사실 일부 천연유래 식품 첨가물의 경우 이미 식품의약품안전처에서 매년 예산을 편성해서 연구 사업을 하고 있는데 이 자체를 더욱 확대하고 입증 책임 자체를 전환하는 것에 대해서 심각하게 고려할 필요가 있다고 생각한다.

48. 식품 첨가물의 사용량과 위법성 (대법원 2015도2662)

〈사건의 개요〉

A는 식품 첨가물공전에 등록되어 사용이 가능한 니코틴산을 제품 1회 섭취량 당 100mg에 달하는 양을 첨가하여 기타 가공 식품을 제조 및 판매하였다. 니코틴산은 사용 기준에 대해서 아무런 규정이 없으나, 식약처의 위해 평가 설명서에 따르면 하루 50mg이상 섭취 시 위장 장애가 있을 수 있으며, 장기 섭취 시 간 기능 장애가 나타난다고 알려져 있다. 하지만 식품 첨가물공전에 기준이 없는 경우에도 처벌을 할 수 있을까?

〈사건에 대한 적용 법령〉

식품위생법

제4조 (위해식품등의 판매 등 금지)

누구든지 다음 각 호의 어느 하나에 해당하는 식품등을 판매하거나 판매할 목적으로 채취·제조·수입·가공·사용·조리·저장·소분·운반 또는 진열하여서는 아니 된다.

1. 썩거나 상하거나 설익어서 인체의 건강을 해칠 우려가 있는 것

2. 유독·유해물질이 들어 있거나 묻어 있는 것 또는 그러할 염려가 있는 것. 다만, 식품의약품안전처장이 인체의 건강을 해칠 우려가 없다고 인정하는 것은 제외한다.

3. 병(病)을 일으키는 미생물에 오염되었거나 그러할 염려가 있어 인체의 건강을 해칠 우려가 있는 것

4. 불결하거나 다른 물질이 섞이거나 첨가(添加)된 것 또는 그 밖의 사유로 인체의 건강을 해칠 우려가 있는 것

5. 제18조에 따른 안전성 평가 대상인 농·축·수산물 등 가운데 안전성 평가를 받지 아니하였거나 안전성 평가에서 식용(食用)으로 부적합하다고 인정된 것

6. 수입이 금지된 것 또는 제19조제1항에 따른 수입신고를 하지 아니하고 수입한 것

7. 영업자가 아닌 자가 제조·가공·소분한 것

〈사건에 대한 법원의 판단〉

식품위생법은 '불결하거나 다른 물질이 섞이거나 첨가된 것 또는 그 밖의 사유로 인체의 건강을 해칠 우려가 있는 식품 등'을 판매하거나 판매할 목적으로 제조 등을 하는 것을 금지하고 있다.

식품의약품안전처장이 고시한 '식품 첨가물의 기준 및 규격'(이하 '식품 첨가물공전'이라고 한다)에 식품에 사용 가능한 첨가물로 규정되어 있기는 하지만 그 사용량의 최대한도에 관하여서는 아무런 규정이 없는 식품 첨가물의 경우에도, 그 식품 첨가물이 1일 섭취 한도 권장량 등 일정한 기준을 현저히 초과하여 식품에 첨가되었을 때 그 식품이 인체의 건강을 해칠 우려가 있다고 인정되는 경우에는, 그 식품은 식품위생법 제4조 제4호에 규정된 '그 밖의 사유로 인체의 건강을 해칠 우려가 있는 식품'에 해당한다고 보아야 한다. 나아가, 그와 같은 식품 첨가물이 일정한 기준을 초과하여 식품에 첨가될 때, 그 식품이 인체의 건강을 해칠 우려가 있는지는 그 기준의 초과 정도, 기준을 초과한 식품 첨가물이 첨가된 식품의 섭취로 인하여 발생할 수 있는 건강의 침해 정도와 침해 양상, 건강에 영향을 미칠 수 있는 그 식품의 용기에 대한 유의 사항 등의 기재 여부와 그 내용 등을 종합하여 판단하여야 한다.

사실 관계를 통해 알 수 있는 다음과 같은 사정, 즉 ① 이 사건 제품에 건강기능식품공전에서 정한 1일 섭취량 상한의 3배에서 4배에 달하는 니코틴산이 첨가되어 있었던 점, ② 따라서 하루에 이 사건 제품 1포를 섭취하는 경우에도 홍조, 피부 가려움증, 구토, 위장 장애 등 니코틴산 과다 섭취로 인한 부작용이 생길 수 있었고, 실제로 그와 같은 부작용을 겪은 소비자들이 있었던 점, ③ 그럼에도 이 사건 산수유 제품의 유의 사항에는 1일 2포까지 섭취가 가능하고 그와 같이 열이 나고 피부가 따끔거리는 증상은 잠시 후 사라지니 안심하라는 취지의 문구가 기재되어 있었던 점 등을 앞서 본 법리에 비추어 살펴보면, 니코틴산이 식품 첨가물공전에 식품에 사용 가능한

첨가물로서 그 사용량의 최대 한도가 정해져 있지 않고 건강기능식품공전에 임의기준으로서 1일 섭취량의 상한만 설정되어 있었다고 하더라도, 니코틴산이 1일 섭취 한도 권장량을 현저히 초과하여 첨가된 이 사건 산수유 제품은 식품위생법 제4조 제4호에 규정된 '그 밖의 사유로 인체의 건강을 해칠 우려가 있는 식품'에 해당한다고 보아야 한다.

〈법원의 판단에 대한 해설〉

식품 첨가물의 표시 제도는 매번 큰 변화가 진행 중이다. 천연과 합성의 구분이 없어져 그동안 소비자들을 현혹시키는 광고들에 대해서 변화가 예상된다. 식품의 기준 및 규격, 식품 첨가물의 기준 및 규격 등, 수만 가지 원재료가 있는 식품에 대해 모든 기준과 규격을 정량화하여 설정하는 것은 불가능하다. 하지만 간혹 이렇게 규정이 없는 것이 영업자들의 무지나 혹은 고의로 악용되는 경우가 있다. 독성은 결국 양의 문제라는 것이 식품독성학의 기본적인 진리다. 아무리 좋은 원재료도 과다 섭취하면 무조건 부작용이 발생할 수밖에 없다. 시간이 많이 걸리겠지만 국민들에게 식품의 올바른 진실을 알리는 데 소홀해져서는 안 된다. 이런 노력이 없으면, 불안한 소비 심리를 이용해 이득을 취하려는 불순 세력들이 잘못된 정보를 이용하는 것을 도와주는 격이 될 수 있다.

49. 식품위생법과 다른 법률의 상충 관계 (대법원 2000도2123)

〈사건의 개요〉

A는 노인 복지 시설인 '○○요양의 집'을 운영하고 있는 원장으로서, '○○요양의 집'을 통해 노인들에게 급식을 제공하였다. 당시 A가 참고한 노인복지법 규정에는 조리사를 배치하여야 한다는 규정이 없었기에, A는 '○○요양의 집'운영에 있어 조리사를 고용하지 않았다. 그런데 식품위생법에 따르면 노인 복지 시설은 집단 급식소에 해당할 여지가 있으며, 식품위생법상의 집단 급식소는 조리사의 배치 의무가 있다고 한다. 이 경우, A의 '○○요양의 집'에 식품위생법상의 집단 급식소에 관한 규정이 적용될까?

〈사건에 대한 적용 법령〉

식품위생법

제2조(정의)

이 법에서 사용하는 용어의 뜻은 다음과 같다.

1. "식품"이란 모든 음식물(의약으로 섭취하는 것은 제외한다)을 말한다.
2. "식품 첨가물"이란 식품을 제조·가공 또는 보존하는 과정에서 식품에 넣거나 섞는 물질 또는 식품을 적시는 등에 사용되는 물질을 말한다. 이 경우 기구(器具)·용기·포장을 살균·소독하는 데에 사용되어 간접적으로 식품으로 옮아갈 수 있는 물질을 포함한다.
3. "화학적 합성품"이란 화학적 수단으로 원소(元素) 또는 화합물에 분해 반응 외의 화학 반응을 일으켜서 얻은 물질을 말한다.
4. "기구"란 다음 각 목의 어느 하나에 해당하는 것으로서 식품 또는 식품 첨가물에 직접 닿는 기계·기구나 그 밖의 물건(농업과 수산업에서 식품을 채취하는 데에 쓰는 기계·기구나 그 밖의 물건은 제외한다)을 말한다.

가. 음식을 먹을 때 사용하거나 담는 것

나. 식품 또는 식품 첨가물을 채취·제조·가공·조리·저장·소분[(小分): 완제품을 나누어 유통을 목적으로 재포장하는 것을 말한다. 이하 같다]·운반·진열할 때 사용하는 것

5. "용기·포장"이란 식품 또는 식품 첨가물을 넣거나 싸는 것으로서 식품 또는 식품 첨가물을 주고받을 때 함께 건네는 물품을 말한다.

6. "위해"란 식품, 식품 첨가물, 기구 또는 용기·포장에 존재하는 위험요소로서 인체의 건강을 해치거나 해칠 우려가 있는 것을 말한다.

7. "표시"란 식품, 식품 첨가물, 기구 또는 용기·포장에 적는 문자, 숫자 또는 도형을 말한다.

8. "영양표시"란 식품에 들어있는 영양소의 양(量) 등 영양에 관한 정보를 표시하는 것을 말한다.

9. "영업"이란 식품 또는 식품 첨가물을 채취·제조·가공·조리·저장·소분·운반 또는 판매하거나 기구 또는 용기·포장을 제조·운반·판매하는 업(농업과 수산업에 속하는 식품 채취업은 제외한다)을 말한다.

10. "영업자"란 제37조제1항에 따라 영업허가를 받은 자나 같은 조 제4항에 따라 영업신고를 한 자 또는 같은 조 제5항에 따라 영업등록을 한 자를 말한다.

11. "식품위생"이란 식품, 식품 첨가물, 기구 또는 용기·포장을 대상으로 하는 음식에 관한 위생을 말한다.

12. "집단급식소"란 영리를 목적으로 하지 아니하면서 특정 다수인에게 계속하여 음식물을 공급하는 다음 각 목의 어느 하나에 해당하는 곳의 급식시설로서 대통령령으로 정하는 시설을 말한다.

가. 기숙사

나. 학교

다. 병원

라. 「사회복지사업법」 제2조제4호의 사회복지시설

마. 산업체

바. 국가, 지방자치단체 및 「공공기관의 운영에 관한 법률」 제4조제1항에 따른 공공기관

사. 그 밖의 후생기관 등

13. ″식품이력추적관리″란 식품을 제조·가공단계부터 판매단계까지 각 단계별로 정보를 기록·관리하여 그 식품의 안전성 등에 문제가 발생할 경우 그 식품을 추적하여 원인을 규명하고 필요한 조치를 할 수 있도록 관리하는 것을 말한다.

14. ″식중독″이란 식품 섭취로 인하여 인체에 유해한 미생물 또는 유독물질에 의하여 발생하였거나 발생한 것으로 판단되는 감염성 질환 또는 독소형 질환을 말한다.

15. ″집단급식소에서의 식단″이란 급식대상 집단의 영양섭취기준에 따라 음식명, 식재료, 영양성분, 조리방법, 조리인력 등을 고려하여 작성한 급식계획서를 말한다.

제34조 (조리사)

대통령령이 정하는 식품접객영업자와 집단급식소의 운영자는 조리사를 두어야 한다. 다만, 식품접객영업자 또는 집단급식소의 운영자 자신이 조리사가 되어 직접 음식물을 조리하는 경우에는 그러하지 아니하다.

식품위생법 시행령

제2조(집단급식소의범위)

「식품위생법」(이하 ″법″이라 한다) 제2조제12호에 따른 집단급식소는 1회 50명 이상에게 식사를 제공하는 급식소를 말한다.

〈사건에 대한 법원의 판단〉

이 사건 공소 사실 중 피고인 2 사회복지법인 소속의 실비 노인 요양 시설인 '○○요양의 집'(이하 '이 사건 복지 시설'이라고 한다)의 원장인 피고인 1이 이 사건 복지 시설이 식품위생법상의 집단 급식소에 해당함에도 불구하고 조리사를 고용하지 아니하였다는 점에 대하여, 노인복지법(1997. 8. 22. 법률 제5359호로 전문 개정되기 전의 것) 제19조 제2항, 제3항, 동법시행규칙 제12조 〔별표 1〕 중 '2. 시설별 기준'의 '3. 직원의 배치 기준'의 각 규정에 따라 노인 복지 시설에는 영양사를 배치하여야 한다는 규정이 있으나, 조리사를 배치하여야 한다는 규정이 없는 점과 노인 복지법의 목적(제1조)이나 기본 이념(제2조)에 비추어, 조리사 배치 의무를 규정한 식품위생법 제34조의 규정은 이 사건 복지 시설에는 그 적용이 배제된다는 이유로, 원심은 피고인들에게 무죄를 선고하였다.

식품위생법은 식품으로 인한 위생상의 위해를 방지하고 식품 영양의 질적 향상을 도모함으로써 국민 보건의 증진에 이바지함을 목적으로 하고 있고, 노인복지법은 노인의 심신의 건강 유지 및 생활 안정을 위하여 필요한 조치를 강구함으로써 노인의 복지 증진에 기여함을 목적으로 하고 있으므로 서로 그 입법 취지를 달리하고 있다. 따라서, 식품위생법 제2조, 동법시행령 제2조에 의하면 이 사건 복지 시설은 식품위생법상의 집단 급식소에 해당함이 분명하고, 위 노인복지법 시행규칙 제12조 〔별표 1〕 중 '2. 시설별 기준'의 '3. 직원의 배치 기준'은 노인 복지 시설에 관한 사업의 정지, 폐지 또는 허가 취소의 사유가 되는 시설 기준을 정한 것에 불과하므로, 이를 근거로 식품위생법상의 집단 급식소 관련 규정 적용이 노인 복지 시설을 배제한다고 볼 수 없다. 따라서, 피고인 1이 이 사건 복지 시설을 운영하면서 조리사를 두지 아니한 행위는 식품위생법 제34조의 규정을 위반한 것이라 할 수 있는데도 이와 달리 판단한 원심의 조치는 식품위생법과 노인복지법의 관련 법령의 해석을 그르쳐 판결 결과에 영향을 미친 위법을 저지른 것이라 할 수 있으므로 이 점을 지적하는 검사의 상고는 이유가 있다.

〈법원의 판단에 대한 해설〉

법제처 통계 자료에 의하면 2013. 1. 8. 우리나라에는 4,246개의 법령이 있다. 이 가운데 법률이 1,286개이고, 나머지는 대통령령, 총리령 등이다.

모든 법질서는 서로 모순이 없어야 하겠지만, 실질적으로 1,286개의 법률이 유기적이고 조직적으로 제정되어 하나의 괘를 이루고 있지 않다는 것은 너무도 자명하다. 그렇기 때문에 수많은 법률이 서로 충돌할 때 어떻게 해결해야 할지 문제가 되는 경우가 많다. 일반적으로 상위법과 하위법, 특별법과 일반법, 신법과 구법의 관계라면 상위법, 특별법, 신법이 우선이 된다. 하지만 오늘의 주제처럼 법원(法源) 간에 충돌이 생긴 경우에는 최종적으로 법원(法院)에서 판단해야 할 문제이다.

결국 이 사건과 같이 노인복지법과 식품위생법이 충돌한 경우, 노인의 복지보다 상위 개념인 국민 보건을 위한 식품위생법을 적용하여 법원(法院)에서는 노인 복지 시설도 식품위생법상 집단 급식소로 인정하게 된 것이다. 이와 별개의 문제이긴 하지만, 식품관련 법 중에서 가장 많이 발생되는 문제가 식품위생법과 건강기능식품에 관한 법률 모두를 위반하여 행정기관이 대상자에게 행정 처분을 내릴 때 어떻게 해야 하는지에 대한 문제이다. 대법원에서는 식품위생법을 일반법으로 보고 건강기능식품에 관한 법률을 특별법의 형식으로 보아 처분한 사례가 있다.(대법원 2005. 12. 22. 선고 2005도7167 판결)

50. 식품의 정의와 농약 기준 위반 (대법원 89도1348)

⟨사건의 개요⟩

콩나물과 같은 농수산물은 식품위생법 상의 식품일까, 아니면 농산물품질관리법 상의 농산물에서 그치는 것일까? 농산물이기에 농수산물품질관리법에 해당하는 사항만 지키면 문제가 없는 것일까?

⟨사건에 대한 적용 법령⟩

식품위생법

제2조(정의)

이 법에서 사용하는 용어의 뜻은 다음과 같다.

1. "식품"이란 모든 음식물(의약으로 섭취하는 것은 제외한다)을 말한다.

2. "식품 첨가물"이란 식품을 제조·가공 또는 보존하는 과정에서 식품에 넣거나 섞는 물질 또는 식품을 적시는 등에 사용되는 물질을 말한다. 이 경우 기구(器具)·용기·포장을 살균·소독하는 데에 사용되어 간접적으로 식품으로 옮아갈 수 있는 물질을 포함한다.

3. "화학적 합성품"이란 화학적 수단으로 원소(元素) 또는 화합물에 분해 반응 외의 화학 반응을 일으켜서 얻은 물질을 말한다.

4. "기구"란 다음 각 목의 어느 하나에 해당하는 것으로서 식품 또는 식품 첨가물에 직접 닿는 기계·기구나 그 밖의 물건(농업과 수산업에서 식품을 채취하는 데에 쓰는 기계·기구나 그 밖의 물건은 제외한다)을 말한다.

   가. 음식을 먹을 때 사용하거나 담는 것

   나. 식품 또는 식품 첨가물을 채취·제조·가공·조리·저장·소분[(小分): 완제품을 나누어 유통을 목적으로 재포장하는 것을 말한다. 이하 같다]·운반·진열할 때 사용하는 것

5. "용기·포장"이란 식품 또는 식품 첨가물을 넣거나 싸는 것으로서 식품 또는 식품 첨가물을 주고받을 때 함께 건네는 물품을 말한다

6. "위해"란 식품, 식품 첨가물, 기구 또는 용기·포장에 존재하는 위험요소로서 인체의 건강을 해치거나 해칠 우려가 있는 것을 말한다.

7. "표시"란 식품, 식품 첨가물, 기구 또는 용기·포장에 적는 문자, 숫자 또는 도형을 말한다.

8. "영양표시"란 식품에 들어있는 영양소의 양(量) 등 영양에 관한 정보를 표시하는 것을 말한다.

9. "영업"이란 식품 또는 식품 첨가물을 채취·제조·가공·조리·저장·소분·운반 또는 판매하거나 기구 또는 용기·포장을 제조·운반·판매하는 업(농업과 수산업에 속하는 식품 채취업은 제외한다)을 말한다.

10. "영업자"란 제37조제1항에 따라 영업허가를 받은 자나 같은 조 제4항에 따라 영업신고를 한 자 또는 같은 조 제5항에 따라 영업등록을 한 자를 말한다.

11. "식품위생"이란 식품, 식품 첨가물, 기구 또는 용기·포장을 대상으로 하는 음식에 관한 위생을 말한다.

12. "집단급식소"란 영리를 목적으로 하지 아니하면서 특정 다수인에게 계속하여 음식물을 공급하는 다음 각 목의 어느 하나에 해당하는 곳의 급식시설로서 대통령령으로 정하는 시설을 말한다.

　가. 기숙사

　나. 학교

　다. 병원

　라. 「사회복지사업법」 제2조제4호의 사회복지시설

　마. 산업체

　바. 국가, 지방자치단체 및 「공공기관의 운영에 관한 법률」 제4조제1항에 따른 공공기관

　사. 그 밖의 후생기관 등

13. "식품이력추적관리"란 식품을 제조·가공단계부터 판매단계까지 각 단계별로 정보를 기록·관리하여 그 식품의 안전성 등에 문제가 발생할 경우 그 식품을 추적하여 원인을 규명하고 필요한 조치를 할 수 있도록 관리하는 것을 말한다.

14. 〝식중독〞이란 식품 섭취로 인하여 인체에 유해한 미생물 또는 유독물질에 의하여 발생하였
거나 발생한 것으로 판단되는 감염성 질환 또는 독소형 질환을 말한다.
15. 〝집단급식소에서의 식단〞이란 급식대상 집단의 영양섭취기준에 따라 음식명, 식재료, 영양
성분, 조리방법, 조리인력 등을 고려하여 작성한 급식계획서를 말한다.

〈사건에 대한 법원의 판단〉

식품위생법 제2조 제1호에는 식품이라 함은 의약으로서 섭취하는 것을 제외한 모든 음식물을
말한다고 규정하고 있다. 따라서, 위 식품에는 자연식품, 가공 및 조리된 식품이 모두 포함되고 콩
나물은 위 식품에 해당한다고 할 것이므로(당원 1989.7.11. 선고 88도2312호 판결 참조), 논지
는 그 이유가 없다.

〈법원의 판단에 대한 해설〉

식품위생법 제2조(정의) 제1호에서 '식품'이란 모든 음식물(의약으로 섭취하는 것은 제외한다)
을 말한다고 명시되어 있다. 그렇다면 농수산물은 식품위생법상의 식품에 해당될까? 아니면 농
수산물은 식품이지만 농수산물이므로 식품위생법에 해당되지 않는 것일까?

우선 농수산물에 관해서는 농수산물품질관리법이 있다. 여기에 제2조(정의) 제1호 가목 농산
물의 정의를 보면 다시 '농어업·농어촌 및 식품산업기본법 제3조 제6호 가목의 농산물'이라고 규
정되어 있다. 그리하여 다시 농어업·농어촌 및 식품산업기본법 제3조 제6호 가목의 농산물을 살
펴보면, 농업 활동으로 생산되는 산물로서 대통령령으로 정하는 것이라고 정의되어 있다. 다시 동
법 대통령령 제5조(농수산물의 범위)를 보면 제2조의 농업활동으로부터 생산되는 산물을 말한다
고 규정되어 있다.

여기까지 보아도 농산물이 식품인지에 대한 해답은 나오지 않는다. 하지만 농어업·농어촌 및

식품산업기본법 제3조 제7호에 답이 있다. 동법 동조 제7호에서 '식품'이란 다음 각목의 어느 하나에 해당하는 것으로, 사람이 직접 먹거나 마실 수 있는 농수산물 또는 농수산물을 원료로 하는 모든 음식물이라고 정의하고 있다.

결론적으로 콩나물은 사람이 직접 먹거나 마실 수 있는 농산물이기에 식품이고 당연히 음식물이며, 식품위생법의 식품에도 해당되므로 식품위생법에 의한 처분도 가능하다고 할 수 있다. 그러나 영업자로서는 위 판례에서 문제된 바와 같이 콩나물은 농산물이므로 농산물은 농산물품질관리법에 해당되는 사항을 지킨다면 문제가 없다고 생각할 수도 있을 것이다. 그러나 이러한 중복규제나 처벌에 대해서 많은 혼돈이 있는 것이 현실이다. 예를 들어 쇠고기 원산지 미표시로 농산물품질관리법과 식품위생법을 동시에 위반한 경우, 어떻게 처리될까? 식품의약품안전청에서 발간한 '식품분야 자주 묻는 질문집' 14페이지에 따르면, 어느 행정기관이 단속하여 적발되었는지에 따라 다르다는 답을 하고 있다. 이와 관련 보건복지부 식품정책과-4273(2009. 9. 4.) 공문도 있다고 나와 있다. 입법 시 이러한 문제를 해결하지 않은 입법기관도 문제지만 이를 개정하거나 문제 제기 없이 그대로 실행하고 있는 행정기관도 문제라고 할 것이다.

51. 원재료에 사용된 농약의 완제품 불검출 시 문제 (대법원 95도2471)

〈사건의 개요〉

콩나물을 재배하여 판매하고 있는 A는 농약인 '호마이'라는 성분이 들어있는 물에 원료 콩을 불려 콩나물을 재배하였다. A는 재배하는 과정에서 호마이를 포함한 여러 가지 약품을 혼합한 물에 콩을 불린 것은 인정하나, 재배 과정에 따라 점차 희석되어, 시판 단계에는 인체에 유해한 만큼의 유해 물질이 남아 있지 않았다. 호마이와 같은 농약을 사용한 A의 행위는 위법인가?

〈사건에 대한 적용 법령〉

식품위생법

제4조 (위해식품등의 판매등 금지)

다음 각호의 1에 해당하는 식품등은 판매하거나 판매할 목적으로 채취·제조·수입·가공·사용·조리·저장 또는 운반하거나 진열하지 못한다.

1. 썩었거나 상하였거나 설익은 것으로서 인체의 건강을 해할 우려가 있는 것
2. 유독·유해물질이 들어 있거나 묻어 있는 것 또는 그 염려가 있는 것. 다만, 인체의 건강을 해할 우려가 없다고 보건복지부장관이 인정하는 것은 예외로 한다.
3. 병원미생물에 의하여 오염되었거나 그 염려가 있어 인체의 건강을 해할 우려가 있는 것
4. 불결하거나 다른 물질의 혼입 또는 첨가 기타의 사유로 인체의 건강을 해할 우려가 있는 것
5. 제22조제1항 또는 제5항의 규정에 의하여 영업의 허가를 받아야 하는 경우 또는 신고를 하여야 하는 경우에 허가받지 아니하거나 신고하지 아니한 자가 제조·가공한 것
6. 삭제
7. 수입이 금지된 것 또는 제16조제1항의 규정에 의하여 수입신고를 하여야 하는 경우에 신고하지 아니하고 수입한 것
8. 삭제

이 사건 주위적 공소 사실의 요지는 다음과 같다. '피고인은 콩나물을 재배하는 자로서, 유독·유해 물질이 들어 있거나 그 염려가 있는 식품은 판매가 금지되어 있고 콩나물을 재배할 때는 인돌비 이외의 농약을 일체 사용할 수 없음에도 불구하고, 1992. 12.경부터 1994. 6. 경 사이에 서울 서대문구 연희동에 소재한 자신이 경영하는 두채공장에서 어독성 1급으로 취급 제한 기준 및 허용 작물 및 용도가 제한되어 있는 농약인 호마이를 사용하여 콩나물을 생산하고, 위와 같이 농약을 사용하여 가공한 콩나물 약 30,000kg을 식료품점 등에 판매한 것이다.'라는 사실에 대해, 피고인이 콩나물의 원료콩을 불리는 과정에서 농약인 호마이를 포함한 여러 가지 약품을 혼합한 물에 콩을 불려 콩나물을 재배하여 온 사실은 인정되나, 한편 소송 기록에 편철된 사단법인 대한두채협회 작성의 두채생산업의 실태 보고서 및 두채 중의 잔류 농약에 관한 논문의 각 기재에 의하면, 콩나물은 그 생산 과정에서 보통 78일 동안 1일 56회의 살수로 재배하기 때문에, 원료콩 자체에 함유된 유해 물질이 재배 과정에 따라 점차 희석되고, 마지막 시판 단계에 이르러서는 유해 물질이 전혀 검출되지 아니하는 경우도 있는 사실 또한 인정되므로, 피고인이 판매한 이 사건 콩나물에 대하여 유독·유해 물질이 포함되어 있다는 감정 결과 등이 현출되지 아니한 이 사건에 있어서 피고인이 원료 콩을 불리는 과정에서 위 농약인 호마이를 사용하였다는 사실만으로 피고인이 제조하여 판매한 이 사건 콩나물이 유독·유해 물질을 함유하고 있었다거나 그러한 염려가 있는 식품에 해당한다고 보기 어렵다고 하여, 위 식품위생법위반의 주위적 공소 사실은 범죄의 증명이 없는 경우에 해당한다고 원심은 판단하였다(다만 예비적 공소 사실인 농약관리법위반죄를 유죄로 인정한다는 이유로 인해 따로 주문에서 무죄를 선고하지 아니하였다).

이 사건에 적용될 식품위생법(1995. 12. 29. 법률 제5099호로 개정되기 이전의 것, 이하 같다) 제74조, 제4조 제2호에 의하면, 유독·유해 물질이 들어 있거나 묻어 있는 것 또는 그 염려가 있는 식품 또는 첨가물을 판매한 경우에는 처벌하도록 규정하고 있다. 다만, 식품위생법 제4조 제2호 단서에 의하면 인체의 건강을 해칠 우려가 없다고 보건사회부장관이 인정하는 것은 판매 등의 금지 대상에서 제외하고 있으며, 같은법 시행규칙(1995. 8. 31. 보건복지부령 제10호로 개정되기 이전의 것) 제2조는 그 제외 대상 식품의 범위에 관하여 같은 법 제12조의 규정에 의한 식품·첨가물 등의 공전에 수록된 기준 규격에 적합한 것과 위 공전에 수록되지 아니한 것으로서 보건사회부장관이 식품위생심의위원회의 심의를 거쳐 유해의 정도가 인체의 건강을 해할 우려가 없는 것으로 인정한 것으로 한정하고 있다. 따라서 위 공전에 수록된 기준 규격에 적합하지 아니하거나 위 공전에 수록되지 아니한 것으로서 보건사회부장관이 유해의 정도가 인체의 건강을 해할 우려가 없는 것으로 인정한 것이 아닌 것은 그 판매 등이 금지된다고 보아야 할 것인데(당원 1995. 11. 7. 선고 95도1966 판결 참조), 농약인 호마이 또는 그 성분인 '톱신'은 사람이 이를 장기간 섭취하면 발암을 촉진하고 돌연변이를 유발하는 등의 만성 중독 현상을 일으키는 것으로서 인체에 유해하고(당원 1989. 7. 25. 선고 88도1575 판결 참조), 식품위생법 제12조의 규정에 의한 식품·첨가물등의공전에 수록된 기준 규격에 적합하거나, 보건사회부장관이 식품위생심의위원회의 심의를 거쳐 유해의 정도가 인체의 건강을 해할 우려가 없는 것으로 인정한 것도 아니므로, 위 농약이 들어있는 콩나물은 같은 법 제4조 제2호에서 금지하고 있는 유해·유독 물질이 들어있는 식품이라고 할 것이다.

그리고 원래 유해·유독 물질이 들어 있는 식품은 사람의 생명, 신체, 건강에 위험을 초래하고 소비 대중이 위험성을 미처 인식하지 못하고 이를 섭취함으로써 피해가 신속하고 광범위하게 발생할 위험이 있으며, 또한 일단 피해가 발생되면 사후 구제란 별 효과가 없는 경우가 대부분이기 때문에, 식품으로 인한 위생상의 위해를 방지하고 식품 영양의 질적 향상을 도모함으로써 국민 보건의 증진에 이바지함을 목적으로 하여 제정된 식품위생법 제4조 제2호는 위와 같은 유해 식품으로 인하여 생기는 피해의 특수성을 고려하고 그 피해의 방지를 위하여 유독·유해 물질이 들어 있거나 묻어 있는 것 외에 그 염려가 있는 것까지도 판매하는 등의 행위를 금지하고 있다. 이 사건의 경우 피고인이 이 사건 콩나물의 원료 콩을 불리는 과정에서 유독·유해 물질인 호마이라는 농약을 포함한 여러 가지 약품을 혼합한 물에 콩을 불려 콩나물을 재배하였음은 기록상 명백하고, 원심이 인정한 바와 같이 콩나물은 그 생산 과정에서 보통 78일 동안 1일 56회 물을 뿌려 재배하기 때문에 이러한 살수 과정에서 콩에 함유된 유해 물질이 점차 희석되고, 마지막 시판 단계에 이르러서는 유해 물질이 전혀 남아 있지 아니한 경우도 있을 수 있으나, 원료 콩을 불리는 물에 투입되어 원료 콩에 흡수된 농약의 양, 콩나물을 재배하는 동안의 살수의 정도와 양, 온도, 습도, 재배 기간에 따라서 콩나물이 판매될 당시에 농약이 들어 있는지 또한 얼마나 들어 있는지가 달라질 것이기 때문에 피고인이 유독·유해 물질인 호마이를 혼합한 물에 콩을 불려 이 사건 콩나물을 재배하여 판매할 당시에 콩나물에 위 농약이 들어 있을 가능성을 배제할 수는 없는 노릇이다.

사정이 이러하다면 피고인이 이 사건 콩나물을 재배하는 과정에서 그 성분으로 보아 인체에 유해한 유독·유해 물질인 호마이를 넣은 물에 원료 콩을 불려 이 사건 콩나물을 재배한 이상, 이 사건 콩나물이 판매될 당시 콩나물에 유독·유해 물질이 포함되어 있지 않았다거나 그 재배 과정에서의 적정한 처리에 의하여 그 염려가 없게 되었다는 점에 대한 충분한 입증이 없는 한, 피고인은 적어도 유독·유해 물질이 들어 있을 염려가 있는 식품을 판매한 것이라고 보지 않을 수 없다. 이에 원심 판결을 파기하고 이 사건을 다시 심리·판단하게 하기 위하여 원심 법원에 환송하기로 하여 관여 법관의 일치된 의견으로 주문과 같이 판결한다.

〈법원의 판단에 대한 해설〉

최근 우리 식탁에서 국산이 사라지고 외국산 수입 식품 및 농수산물이 과반수일 정도라는 우려의 목소리가 언론을 통해 보도된 바 있다. 이렇게 외국 농수산물을 수입하는 데 있어서 가장 문제가 되는 것 중에 하나가 바로 농약 문제이다. 현재 우리나라는 네거티브 시스템을 사용하여 금지된 농약이 아니면 사용이 가능하도록 되어 있으며, 모든 종류의 농약에 대해 기준을 설정할 수 없기 때문에 기준이 없는 농약은 비슷한 종류로 묶어 기준을 잡아서 규제를 하고 있다. 이러다 보니 실제 농약에 대한 규제 시스템을 변경해야 한다는 목소리가 커지고 있으며, 현재 식품의약품 안전청에서도 관련 부처인 농촌진흥청과 협의 중에 있는 것으로 알고 있다. 농약으로 인한 농산물의 생산과 관련된 것은 농촌진흥청 소관 업무이지만, 그 농약이 식품에 잔류하여 안전에 관련된 것은 식품의약품안전청 소관 업무이기 때문이다. 여기서도 두 부처 간에 협의가 쉽지 않아서 법령 개정 등이 지연되면서 결국 소비자들만 피해를 보고 있지 않을까 걱정이 된다.

현재 식품위생법 제7조 제1항과 2항에 의해 농약에 대해 규제를 하고 구체적인 사항은 고시로 명시하여, '식품의 기준 및 규격 중 개정 고시'에서 농약 잔류 허용 기준 및 시험법을 명시하고 있다. 위 콩나물 문제는 예전에 사회적으로 이슈가 되고 언론에 많이 보도가 되었던 사건이다. 지금은 기억하는 사람이 별로 없지만, 이러한 문제는 대상 식품이나 작물만 바뀔 뿐 현재에도 끊임없이 문제가 되고 있다.

52. 위해제품 판매 자체가 위법 (대법원 2004도7294)

〈사건의 개요〉

A는 지인이 대형마트에 공급하였다가 냄새가 나거나 곰팡이가 피었음 등의 이유로 반품된 오징어를 무상으로 받아 사무실에 보관하고 있다가, 일견 보기에 곰팡이가 피지 않아 보이거나 조금밖에 피지 않은 것으로 판단되는 오징어 200축 정도를 골라 B에게 무상으로 주고, 나머지는 아는 사람에게 헐값에 판매하였다. B는 이 A에게 받은 오징어를 물에 씻은 후 불에 조리하여 자신이 운영하는 식당에서 반찬으로 제공하였으나, 위 반찬을 섭취한 손님들에게 건강상의 위해가 발생한 것은 아니었다. 이러한 경우 A와 B는 어떠한 잘못이 있을까?

〈사건에 대한 적용 법령〉

식품위생법

제4조(위해식품등의 판매 등 금지)
다음 각호의 1에 해당하는 식품등은 판매하거나 판매할 목적으로 채취·제조·수입·가공·사용·조리·저장 또는 운반하거나 진열하지 못한다.

　1. 썩었거나 상하였거나 설익은 것으로서 인체의 건강을 해할 우려가 있는 것

　2. 유독·유해물질이 들어 있거나 묻어 있는 것 또는 그 염려가 있는 것. 다만, 인체의 건강을 해할 우려가 없다고 식품의약품안전청장이 인정하는 것은 예외로 한다.

　3. 병원미생물에 의하여 오염되었거나 그 염려가 있어 인체의 건강을 해할 우려가 있는 것

　4. 불결하거나 다른 물질의 혼입 또는 첨가 기타의 사유로 인체의 건강을 해할 우려가 있는 것

　5. 제22조제1항 또는 제5항의 규정에 의하여 영업의 허가를 받아야 하는 경우 또는 신고를 하여야 하는 경우에 허가받지 아니하거나 신고하지 아니한 자가 제조·가공·소분한 것

　6. 제15조의 규정에 의한 안전성 평가의 대상에 해당하는 농·축·수산물 등으로서 안전성 평

가를 받지 아니하거나 안전성 평가결과 식용으로 부적합하다고 인정된 것

　7. 수입이 금지된 것 또는 제16조제1항의 규정에 의하여 수입신고를 하여야 하는 경우에 신고
　　하지 아니하고 수입한 것

　8. 삭제

〈사건에 대한 법원의 판단〉

　① 이 사건 오징어는 곰팡이가 피고 악취가 심하게 나는 등으로 반품되어 전혀 상품 가치가 없는 물건으로 어차피 폐기하여야 하는 것이므로 위 제1심 공동 피고인이 피고인 1을 통하여 피고인 2에게 무상으로 주었으며 그렇게 피고인 2에게 공급된 오징어 중 일부에는 곰팡이가 피어 있었음을 자인하였던 점, ② 제1심 공동 피고인은 실제 곰팡이가 핀 다른 오징어의 실물을 확인하고 이 사건 오징어도 그런 정도는 된다고 진술하였던 점 등에 비추어 볼 때, 원심의 이러한 사실 인정은 정당하다고 수긍이 되고, 거기에 상고 이유에서 주장하는 바와 같이 심리를 미진하였거나 또는 채증법칙을 위배하여 사실을 잘못 인정한 위법이 있다고 볼 수 없다.

　원래 불결한 식품은 사람의 생명, 신체, 건강에 위험을 초래하고 소비 대중이 위험성을 미처 인식하지 못하고 이를 섭취함으로써 피해가 신속하고 광범위하게 발생할 위험이 있으며, 또한 일단 피해가 발생되면 사후 구제란 별 효과가 없는 경우가 대부분이기 때문에 식품으로 인한 위생상의 위해를 방지하고 식품 영양의 질적 향상을 도모함으로써 국민 보건의 증진에 이바지함을 목적으로 하여 제정된 식품위생법 제4조 제4호는 위와 같은 불결한 식품으로 인하여 생기는 피해의 특수성을 고려하여 피해 방지를 위하여 불결하거나 다른 물질의 혼입 또는 첨가 기타의 사유로 '인체의 건강을 해할 우려가 있는 식품'을 판매하는 등의 행위를 금지하고 있으므로(대법원 1997. 7. 25. 선고 95도2471 판결 참조), 그로 인하여 인체의 건강을 해한 결과가 발생하지 아니하였더라도 그러한 우려가 있었음만 인정된다면 위 규정에 의한 처벌 대상이 된다고 할 것이다.

이 사건에서 보건대 원심이 적법하게 사실 인정을 한 바와 같이, 이 사건 오징어가 곰팡이가 피거나 냄새가 심하게 난다는 등의 이유로 반품되어 상품 가치가 전혀 없는 폐기 대상이 되는 것들이고 실제로 그 일부에는 곰팡이가 피어 있는 상태였음이 명백한 이상, 비록 그 오징어 전량이 이미 조리·판매되어 얼마나 불결한 상태였는지 객관적인 확인이 불가능하고 이를 물로 씻은 후 불에 조리하여 만든 음식을 취식한 사람들에게서 인체의 건강을 해하는 결과가 발생되지 아니하였다 하더라도, 위 오징어는 곰팡이가 피고 변질되는 등 불결하거나 기타의 사유로 인체의 건강을 해할 우려가 있는 식품에 해당한다고 보지 않을 수 없다고 할 것인바, 같은 취지의 원심의 판단은 결국 정당한 것으로 수긍할 수 있고, 거기에 상고 이유에서 주장하는 바와 같이 위해식품의 인정에 관한 법리를 오해한 위법이 있다고 볼 수 없다. 상고 이유에서 들고 있는 대법원 판결은 그 사안과 취지를 달리하여 이 사건에서 원용하기 부적절하다.

〈법원의 판단에 대한 해설〉

형법에는 미수범이라는 개념이 있다. 실행에는 착수했지만 행위를 종료하지 못하였거나, 종료하였더라도 결과가 발생하지 아니한 경우를 말한다. 그렇다면 식품위생법상에서 판매를 목적으로 위해 식품을 제조했지만 아직 판매를 하지 않은 채 적발되었다면 이를 처벌해야 할까? 아니면 아직 누구에게도 해를 끼치지 않았으니 행정 처분으로 전량 폐기 처분만 명령하면 되는지가 궁금하지 않은가?

이와 관련하여 판례가 있어서 소개한다. 위 판시 사항과 같이 식품위생법상 위해 식품이 이미 판매가 되었지만 아직 결과적으로 위해 식품으로 인한 소비자의 건강이 침해되는 결과가 발생되지 않은 경우도 위법이라는 것을 명확히 하고 있다. 결국 위해식품 제조 자체의 위험성에 대해 처벌을 하는 것이므로 형법상의 위험범에 해당한다고 볼 수 있을 것이다.

※ 위험범: 우리나라 형법에서 규정한 대부분의 범죄는 침해범 또는 결과범인데, 이는 법적으로 보호받는 이익 또는 가치(법익)를 침해한 결과가 발생해야 구성 요건이 충족된다. 위험범은 이와

대립되는 개념으로서 법익 침해에 대한 결과가 발생하지 않고 단지 위험 상태를 야기하는 것만으로도 범죄의 구성 요건이 충족된다.

53. 개정 법률의 소급 적용 (대법원 99도3870)

〈사건의 개요〉

일반음식점을 운영하던 A는 1998년 7월경 당시 5:00부터 24:00시로 제한되어 있었던 영업시간을 어기고 영업을 하다가 처벌을 받았다. 그런데 같은 해 9월에 위 제한이 사라짐은 물론 일반음식점이 아예 영업시간 제한 대상 업종에서 제외되었다. A는 법이 바뀌기 전에 처벌을 받았던 것이 억울하다고 생각한다. A의 억울함은 해소될 수 있을까?

〈사건에 대한 적용 법령〉

식품위생법

제30조 (영업의 제한)

보건사회부장관은 공익상 또는 선량한 풍속을 유지하기 위하여 필요하다고 인정하는 때에는 영업자중 식품접객업을 하는 자(이하 "식품접객영업자"라 한다)에 대하여 영업시간 및 영업행위에 관한 필요한 제한을 할 수 있다.

〈사건에 대한 법원의 판단〉

원심이 채용한 증거들을 기록과 대조하여 검토하여 보면, 원심의 판시와 같이 피고인이 영업시간 제한에 위반하여 그가 경영하는 일반음식점의 영업을 한 사실을 충분히 인정할 수 있으므로, 원심 판결에 논하는 바와 같이 채증법칙을 위반하여 판결에 영향을 미친 사실을 잘못 인정한 위법이 있다고 볼 수 없고, 원심이 인정한 바와 같이 피고인이 이 사건 영업시간 제한 위반 행위를 할 당시인 1998. 7. 11.경에는 식품위생법 제30조, 같은법시행령 제53조, 대구광역시 고시 제

1994-22호에 의하여 일반음식점의 영업시간이 05:00에서 24:00으로 제한되어 있었다가 같은 해 9. 14. 위 시행령 제53조가 삭제되고 보건복지부 고시 제1998-52호에서 일반음식점이 영업시간 제한 대상 업종에서 제외되었으나, 이러한 법령의 개정은 법률 이념의 변천으로 종래의 규정에 따른 처벌 자체가 부당하다는 반성적 고려에서 비롯된 것이라기보다는 사회 상황의 변화에 따른 일반음식점의 영업시간 제한 필요성의 감소와 그 위반 행위의 단속 과정에 있어서 발생하는 부작용을 줄이기 위한 특수한 정책적인 필요 등에 대처하기 위하여 취하여진 조치에 불과한 것이므로, 위와 같이 일반음식점의 영업시간 제한 규정이 폐지되었다고 하더라도 그 이전에 범하여진 피고인의 이 사건 위반 행위에 대한 가벌성이 소멸되는 것은 아니라고 할 것이다(대법원 1999. 5. 28. 선고 97도1764 판결, 1997. 2. 28. 선고 96도2247 판결, 1996. 10. 29. 선고 96도1324 판결 등 참조).

〈법원의 판단에 대한 해설〉

한 케이블방송을 통해 방영되었던 드라마를 통해서 1990년대 문화와 생활에 대한 추억들을 이용하여 마케팅이 활발히 진행되었다. 다른 상품들보다 우리의 생활과 밀접한 관계를 맺어온 식품들도 당시 인기리에 판매되었던 것이 지금까지도 그 명맥을 유지하면서 상점의 한 자리를 차지하고 있는 것을 보면서 친밀감과 추억이 떠올라 나도 모르게 제품을 구매하게 된다. 현재와 비교하여 1990년대에 식품접객업과 관련된 큰 특징은 영업 활동 시간의 제한이었다. 소위 '관광 특구'를 제외하고는 24시간 영업이 제한되어, 이를 어길 경우 식품위생법에 따라 처벌을 받던 시절이었다. 그래서 유흥을 즐기던 사람들은 주말이 되면 관광 특구로 원정을 가기도 했었다. 그러다가 법률이 개정되면서 영업 제한이 폐지되었지만 하단의 판례에 대한 사건은 법률 개정 전에 적발된 사건에 대해 개정 후 법률을 적용할 수 있는지에 대한 '소급효'의 문제이다.

형법 제1조 제2항에는 '범죄 후 법률의 변경에 의하여 그 행위가 범죄를 구성하지 아니하거나 형이 구법보다 경한 때에는 신법에 의한다.'고 규정하고 있다. 하지만 대법원은 이 규정을 문리해석하지 않고, 법률 변경의 이유가 법률 이념의 변천에 따라 과거의 규정에 대한 반성적 고려에 의한 것이면 피고인에게 유리한 신법을 적용하고, 법률 변경의 이유가 사정의 변천에 따라 그때그때의 특수한 필요에 대처하기 위한 것이면, 피고인에게 불리한 구법을 적용하여야 한다고 판시하고 있다. 이를 동기설이라고 하는데, 이에 대해서는 형법 제1조 제2항을 축소 해석하여 피고인에게 불리한 결과를 초래하므로 유추해석금지원칙에 반한다는 비판이 있다. 또한 이러한 '반성적 고려'의 명백한 기준이 없는 상황에서 법원의 판단에 의해 좌지우지된다면 법적 안전성을 해친다는 문제점도 제기되고 있다. 법률의 개정은 매우 조심스러우면서 그 영향에 대한 심도 깊은 연구 후에야 가능할 것이기에 이미 이러한 절차를 거쳐서 모든 여론을 수렴하여 개정된 이후에는 신법에 따라 법률을 적용하는 것이 원칙일 것이며, 이는 죄형법정주의와 맥을 같이 하는 중요한 헌법 원리이다. 새로운 정부가 시작되면서 식품위생법의 개정에 대한 권한을 식품의약품안전처가 스스로 가지게 되면서 국민들의 기대가 매우 크다. 이에 대해서 조급한 결정보다는 치밀하고 세심한 연구를 통해 식품안전의 근간이 될 새로운 법률의 탄생을 기대해본다.

행정 사건

54. 식품의 유형과 기준 및 규격 (인천지방법원 2009구합3198)

〈사건의 개요〉

2009년 여름, 무더위를 맞아 대형마트에서 팥빙수를 팔고 있는 김빙수 씨는 끊임없이 방문하는 손님들로 인해서 점심도 못 먹고 판매에 매진하고 있었다. 그런데 갑자기 들이 닥친 식품 위생 감시원(관할지역 구청 공무원)들이 식품위생법 위반 여부 조사를 위해 필요하니 판매되고 있는 제품을 만들어 달라고 한다.

우선 공무원들의 요청이라 거부할 수는 없었던 김빙수 씨는 제품 하나를 정성스럽게 만들어 주었는데, 식품 위생 감시원들은 이를 수거함에 담아 검사를 하겠다고 가지고 갔으며, 해당 광역시의 보건환경연구원에 의뢰하여 세균 수에 대해 검사한 결과, 130,000/ml가 나왔다.

해당 지방자치단체에서는 식품위생법상 빙과류의 허용 세균 수(3,000/ml)를 초과하는 세균이 검출되었기 때문에, 김빙수 씨에게 식품위생법 제7조, 제58조 및 동법 시행규칙 제53조에 의한 영업정지 15일에 갈음하는 과징금 15,500,000만원을 부과하였다. 과연 그 결과는 어떻게 되었을까?

제7조(식품 또는 식품 첨가물에 관한 기준 및 규격)

① 식품의약품안전처장은 국민보건을 위하여 필요하면 판매를 목적으로 하는 식품 또는 식품 첨가물에 관한 다음 각 호의 사항을 정하여 고시한다. 다만, 식품 첨가물 중 기구 및 용기·포장을 살균·소독하는 데에 쓰여서 간접적으로 식품으로 옮아갈 수 있는 물질은 그 성분명만을 고시할 수 있다.

  1. 제조·가공·사용·조리·보존 방법에 관한 기준

  2. 성분에 관한 규격

② 식품의약품안전청장은 제1항에 따라 기준과 규격이 고시되지 아니한 식품 또는 식품첨가물(식품에 직접 사용하는 화학적 합성품인 첨가물을 제외한다)에 대하여는 그 제조·가공업자에게 제1항 각 호의 사항을 제출하게 하여 제24조제1항제1호 및 제2항제1호에 따라 지정된 식품위생검사기관의 검토를 거쳐 제1항에 따른 기준과 규격이 고시될 때까지 그 식품 또는 식품첨가물의 기준과 규격으로 인정할 수 있다.

③ 수출할 식품 또는 식품첨가물의 기준과 규격은 제1항 및 제2항에도 불구하고 수입자가 요구하는 기준과 규격을 따를 수 있다.

④ 제1항 및 제2항에 따라 기준과 규격이 정하여진 식품 또는 식품 첨가물은 그 기준에 따라 제조·수입·가공·사용·조리·보존하여야 하며, 그 기준과 규격에 맞지 아니하는 식품 또는 식품 첨가물은 판매하거나 판매할 목적으로 제조·수입·가공·사용·조리·저장·소분·운반·보존 또는 진열하여서는 아니 된다.

식품의 기준 및 규격

1. 과자류

 4) 식품유형

  (4) 빙과류

먹는물에 식품 또는 식품 첨가물을 혼합하여 냉동한 것으로 유지방함유 아이스크림류에 해당되지 아니하는 것을 말한다.

(6) 세균수

② 빙과류 : 검체를 녹인 액체 1 mL 당 3,000 이하(다만, 유산균 함유 빙과류는 제외한다.)

29. 기타 식품류

기타 식품류라 함은 1. 과자류 내지 28. 건포류의 식품군에 해당되지 아니하는 식품으로서 다음에서 정하는 식품을 말한다.

29-18. 즉석섭취·편의식품류

1) 정의

즉석섭취·편의식품류라 함은 소비자가 별도의 조리과정 없이 그대로, 또는 단순 조리 과정을 거쳐 섭취할 수 있도록 제조·가공·포장한 즉석 섭취 식품, 즉석 조리 식품, 신선 편의 식품을 말한다. (다만, 따로 기준 및 규격이 정하여져 있는 식품은 그 기준·규격에 의한다.)

4) 식품 유형

(1) 즉석섭취식품

동·식물성 원료를 식품이나 식품 첨가물을 가하여 제조·가공한 것으로서, 더 이상의 가열, 조리과정 없이 그대로 섭취할 수 있는 김밥, 햄버거, 선식 등의 식품을 말한다.

5) 규격

(2) 세균수 : 1 g 당 100,000 이하 (즉석조리식품에 한하며, 발효제품 또는 유산균 첨가제품은 제외한다)

〈사건에 대한 법원의 판단〉

사건 팥빙수가 이 사건 고시에서 분류해 놓은 식품 유형 중 '빙과류'에 해당하는지 여부에 대하여 보건대, 이 사건 고시에서 빙과류는 '먹는물에 식품 또는 식품 첨가물을 혼합하여 냉동한 것으로 유지방함유 아이스크림류에 해당되지 아니하는 것'으로 규정하고 있는 바, 이 사건 팥빙수는 얼음에 팥 잼, 소프트 아이스크림, 생과일 등의 각종 식품 첨가물이 첨가된 것은 맞지만, 이를 혼합한 후 냉동한 것이 아닌 점, 이 사건 고시는 빙과류에서 유지방 함유 아이스크림류를 명백하게 제외하고 있으나, 이 사건 팥빙수의 재료에는 소프트 아이스크림이 포함되어 있는 점, 해당 관할 구청은 이 사건 고시에서 분류해 놓은 식품 유형 중 이 사건 팥빙수와 완전히 일치하는 것이 없어, 가장 비슷한 '빙과류'의 규격을 적용하였다고 하고 있으나, 이 사건 고시에서는 장기보존식품('제3. 장기보존식품의 기준 및 규격'에 규정), 수산물('제6. 수산물에 대한 규격'에 규정), 식품접객업소에서 제공되는 냉면 육수, 접객용 음용수('제8. 식품접객업소의 조리판매 등에 대한 기준 및 규격'에 규정)를 제외한 나머지 식품을 '제5. 식품별 기준 및 규격'의 28가지 식품군으로 분류하고, 위 식품군에 해당하지 아니하는 식품들을 '29. 기타 식품류'로 분류하고 있어, 해당 제품이 1 내지 28의 식품군으로 분류되기 어려운 경우, 이를 반드시 위 식품군 중 하나로 의율해야 하는 것이 아니라, '29. 기타 식품류'로 분류하도록 되어 있는 점, '29. 기타 식품류' 식품군의 세부 식품군에는 '29-18. 즉석섭취·편의식품류' 식품군 중 '즉석섭취식품'(동·식품성 원료를 식품이나 식품 첨가물을 가하여 제조·가공한 것으로서 더 이상의 가열, 조리과정 없이 그대로 섭취할 수 있는 김밥, 햄버거, 선식 등의 식품)에 대한 규정이 있는 바, 이 사건 팥빙수는 얼음에 유지방 함유 아이스크림 등을 첨가하여 더 이상의 가열·조리 없이 섭취하는 제품의 속성상, 오히려 위 '즉석섭취식품'으로 분류될 수 있으므로, 즉석섭취식품에 대하여는 세균 수의 규격이 없는 점 등을 종합하면, 이 사건 팥빙수는 빙과류에 해당하지 않는다고 할 것이므로, 관할 행정기관이 이 사건 팥빙수에 빙과류의 세균 수 규격을 적용하여 이 사건 처분을 한 것은 위법하다.

〈법원의 판단에 대한 해설〉

행정기관은 입법기관에 의해 제정된 법률을 집행하는 기관으로서 법령에 근거하여야 하는 것이 가장 기본적인 원칙이다. 그러나 현재 단속과 관리를 위해서 식품의약품안전처를 비롯한 행정기관에서 유권해석이라는 명목으로 과도한 단속이나 처분이 행해지고 있는 것이 현실이다. 법률의 판단은 법원만이 할 수 있는 것이며, 자의적이거나 목적을 위한 수단으로서의 판단은 반드시 시정되어야 한다.

　최근 법원을 통해 이러한 행정기관의 잘못된 처분이 취소되는 사례가 많이 있으므로 영업자들은 무조건 처분을 따르기보다는 전문가와의 상담을 통해 해당 처분의 적법성을 따져보는 것이 자신의 권리를 찾는 가장 기본적인 첫걸음이 될 것이다.

55. 행정 처분 2차 위반 대상의 기준 (부산지방법원 2008구단116)

〈사건의 개요〉

서울시 관악구에서 식품제조가공업에 종사하는 김오징어 씨는 주로 건포류를 제조·가공하는 주식회사 조미오징어가공의 대표이사이다. 그러나 김오징어 씨가 운영하는 주식회사 조미오징어가공이 판매하고 있는 제품을 식품 위생 감시원이 수거하여 서울시보건환경연구원에 의뢰한 결과, 조미오징어 제품에 허용되지 않는 식품 첨가물인 삭카린나트륨이 검출되었다. 이로 인하여 2008년 8월 관할 행정기관인 관악구는 식품위생법 제7조, 제75조, 같은 법 시행규칙 제89조를 적용하여 영업 정지 1월(2008. 8. 21. ~ 2008. 9. 20.) 및 당해 제품(유통기한이 2009. 1. 25.자인 제품)의 폐기를 명하는 처분(이하 '1차 처분'이라 한다)을 하였다.

그 후 관악구는 강원도지사로부터 유통기한이 2009. 2. 10.자인 주식회사 조미오징어의 제품에서 삭카린나트륨이 검출되었다는 통보를 받고, 2009. 1. 2. 이를 이유로 주식회사 조미오징어에 대하여 식품위생법 제7조, 제75조, 같은 법 시행규칙 제89조를 적용하여 영업 정지 2월(2009. 1. 21. ~ 2009. 8. 20.) 및 당해 제품(유통기한이 2009. 2. 10.자인 제품)의 폐기를 명하는 처분(이 중 영업정지 2월을 명하는 부분을 '이 사건 처분'이라 한다)을 하였다. 과연 이 사건 처분은 적법한 것일까?

〈사건에 대한 적용 법령〉

식품위생법

제7조(식품 또는 식품 첨가물에 관한 기준 및 규격)

① 식품의약품안전처장은 국민보건을 위하여 필요하면 판매를 목적으로 하는 식품 또는 식품 첨가물에 관한 다음 각 호의 사항을 정하여 고시한다. 다만, 식품 첨가물 중 기구 및 용기·포장을 살균·소독하는 데에 쓰여서 간접적으로 식품으로 옮아갈 수 있는 물질은 그 성분명만을 고시할 수 있다.

　1. 제조·가공·사용·조리·보존 방법에 관한 기준

　2. 성분에 관한 규격

② 식품의약품안전청장은 제1항에 따라 기준과 규격이 고시되지 아니한 식품 또는 식품첨가물(식품에 직접 사용하는 화학적 합성품인 첨가물을 제외한다)에 대하여는 그 제조·가공업자에게 제1항 각 호의 사항을 제출하게 하여 제24조제1항제1호 및 제2항제1호에 따라 지정된 식품위생검사기관의 검토를 거쳐 제1항에 따른 기준과 규격이 고시될 때까지 그 식품 또는 식품첨가물의 기준과 규격으로 인정할 수 있다.

③ 수출할 식품 또는 식품첨가물의 기준과 규격은 제1항 및 제2항에도 불구하고 수입자가 요구하는 기준과 규격을 따를 수 있다.

④ 제1항 및 제2항에 따라 기준과 규격이 정하여진 식품 또는 식품 첨가물은 그 기준에 따라 제조·수입·가공·사용·조리·보존하여야 하며, 그 기준과 규격에 맞지 아니하는 식품 또는 식품 첨가물은 판매하거나 판매할 목적으로 제조·수입·가공·사용·조리·저장·소분·운반·보존 또는 진열하여서는 아니 된다.

제72조(폐기처분 등)

① 식품의약품안전처장, 시·도지사 또는 시장·군수·구청장은 영업을 하는 자가 제4조부터 제6조까지, 제7조제4항, 제8조, 제9조제4항, 제10조제2항, 제12조의2제2항 또는 제13조를 위반한 경우에는 관계 공무원에게 그 식품등을 압류 또는 폐기하게 하거나 용도·처리방법 등을 정하여 영업자에게 위해를 없애는 조치를 하도록 명하여야 한다.

② 식품의약품안전청장, 시·도지사 또는 시장·군수·구청장은 제37조제1항 또는 제4항을 위반하여 허가받지 아니하거나 신고하지 아니하고 제조·가공·조리한 식품 또는 식품첨가물이나 여기에 사용한 기구 또는 용기·포장 등을 관계 공무원에게 압류하거나 폐기하게 할 수 있다.

③ 식품의약품안전청장, 시·도지사 또는 시장·군수·구청장은 식품위생상의 위해가 발생하였거나 발생할 우려가 있는 경우에는 영업자에게 유통 중인 해당 식품등을 회수·폐기하게 하거나 해당 식품등의 원료, 제조 방법, 성분 또는 그 배합 비율을 변경할 것을 명할 수 있다.

④ 제1항 및 제2항에 따른 압류나 폐기를 하는 공무원은 그 권한을 표시하는 증표를 지니고

이를 관계인에게 내보여야 한다.

⑤ 제1항 및 제2항에 따른 압류 또는 폐기에 필요한 사항과 제3항에 따른 회수·폐기 대상 식품등의 기준 등은 보건복지가족부령으로 정한다.

⑥ 식품의약품안전청장, 시·도지사 및 시장·군수·구청장은 제1항에 따라 폐기처분명령을 받은 자가 그 명령을 이행하지 아니하는 경우에는 「행정대집행법」에 따라 대집행을 하고 그 비용을 명령위반자로부터 징수할 수 있다.

제75조(허가취소 등)

① 식품의약품안전처장 또는 특별자치도지사·시장·군수·구청장은 영업자가 다음 각 호의 어느 하나에 해당하는 경우에는 대통령령으로 정하는 바에 따라 영업허가 또는 등록을 취소하거나 6개월 이내의 기간을 정하여 그 영업의 전부 또는 일부를 정지하거나 영업소 폐쇄(제37조제4항에 따라 신고한 영업만 해당한다. 이하 이 조에서 같다)를 명할 수 있다.

1. 제4조부터 제6조까지, 제7조제4항, 제8조, 제9조제4항, 제10조제2항, 제11조제2항 또는 제12조의2제2항을 위반한 경우

2. 제12조제1항·제2항 또는 제13조제1항을 위반한 경우

3. 제17조제4항을 위반한 경우

4. 제19조제1항을 위반한 경우

5. 제31조제1항을 위반한 경우

6. 제36조를 위반한 경우

7. 제37조제1항 후단, 제3항, 제4항 후단 및 제5항을 위반하거나 같은 조 제2항에 따른 조건을 위반한 경우

8. 제38조제1항제8호에 해당하는 경우

9. 제40조제3항을 위반한 경우

10. 제41조제5항을 위반한 경우

11. 제42조제1항을 위반한 경우

12. 제43조에 따른 영업 제한을 위반한 경우

13. 제44조제1항·제2항 및 제4항을 위반한 경우

14. 제45조제1항 전단에 따른 회수 조치를 하지 아니한 경우

15. 제48조제2항에 따른 위해요소중점관리기준을 지키지 아니한 경우

16. 제51조를 위반한 경우

17. 제71조제1항, 제72조제1항·제3항, 제73조제1항 또는 제74조제1항(제88조에 따라 준용되는 제71조제1항, 제72조제1항·제3항 또는 제74조제1항을 포함한다)에 따른 명령을 위반한 경우

18. 「성매매알선 등 행위의 처벌에 관한 법률」 제4조에 따른 금지행위를 한 경우

② 식품의약품안전청장 또는 특별자치도지사·시장·군수·구청장은 영업자가 제1항에 따른 영업정지 명령을 위반하여 영업을 계속하면 영업허가를 취소하거나 영업소 폐쇄를 명할 수 있다.

③ 식품의약품안전청장 또는 특별자치도지사·시장·군수·구청장은 다음 각 호의 어느 하나에 해당하는 경우에는 영업허가를 취소하거나 영업소 폐쇄를 명할 수 있다.

1. 영업자가 정당한 사유 없이 6개월 이상 계속 휴업하는 경우

2. 영업자(제37조제1항에 따라 영업허가를 받은 자만 해당한다)가 사실상 폐업하여 「부가가치세법」 제5조에 따라 관할세무서장에게 폐업신고를 하거나 관할세무서장이 사업자등록을 말소한 경우

④ 제1항 및 제2항에 따른 행정처분의 세부기준은 그 위반 행위의 유형과 위반 정도 등을 고려하여 보건복지가족부령으로 정한다.

식품위생법 시행규칙

제89조(행정처분의 기준)

법 제71조, 법 제72조, 법 제74조부터 법 제76조까지 및 법 제80조에 따른 행정처분의 기준은 별표 23과 같다.

〔**별표** 23〕

I. 일반기준

1. 둘 이상의 위반행위가 적발된 경우로서 위반행위가 다음 각 목의 어느 하나에 해당하는 경우에는 가장 중한 정지처분 기간에 나머지 각각의 정지처분 기간의 2분의 1을 더하여 처분한다.

　가. 영업정지에만 해당하는 경우

5. 위반행위의 횟수에 따른 행정처분의 기준은 최근 1년간(법 제4조부터 제6조까지 및 법 제8조 및 법 제19조 위반은 3년간으로 한다) 같은 위반행위(법 제7조제4항 위반행위의 경우에는 식품등의 기준과 규격에 따른 같은 기준 및 규격의 항목을 위반한 것을 말한다)를 한 경우에 적용한다. 다만, 식품등에 이물이 혼입되어 위반한 경우에는 같은 품목에서 같은 종류의 재질의 이물이 발견된 경우에 적용한다.

위반사항	근거 법령	행정처분기준		
		1차 위반	2차 위반	3차 위반
카. 식품 첨가물의 사용 및 허용기준을 위반한 것으로서 1) 허용한 식품 첨가물 외의 식품 첨가물	법 제71조, 법 제72조, 법 제75조 및 법 제76조	영업정지 1개월과 해당 제품 폐기	영업정지 2개월과 해당 제품 폐기	영업허가·등록취소 또는 영업소 폐쇄

〈사건에 대한 법원의 판단〉

이 사건 처분의 대상이 된 제품은 ① 1차 처분의 대상이 된 제품보다 유통기한이 15일 가량 늦은 것으로 원고가 피고로부터 1차 사전통지서를 받기 전에 제조된 것으로 보이므로 원고가 1차 처분을 받은 후 제조한 것이 아닌 점, ② 식품위생법 제72조에 따르면 이 사건과 같이 식품 제조·가공업자가 식품위생법 제7조 제4항을 위반하였을 경우, 식품 위생 행정을 담당하는 관계 행정기관에게도 식품 위생상의 위해를 제거하기 위하여 용도·처리 방법 등을 정하여 필요한 조치를 할 것을 명하도록 하는 등 일정한 책무를 부과하고 있으므로 피고가 원고에 대하여 1차 처분의 대상이 되는 제품(유통기한 2009. 1. 25.자)만 폐기하도록 명한 것 외에는, 유통기한이 다른 제품에 대하여서도 삭카린나트륨 검출 여부 조사 혹은 자진 회수 조치 등의 필요한 조치를 명하지 않았기 때문에, 1차 처분의 대상이 된 제품과 비슷한 시기에 제조된 제품이 회수되지 않고 유통되어 다시 적발된 것은 피고에게도 상당 부분 책임이 있다고 할 것인 점 등에 비추어 보면, 이 사건 처분은 원고의 위반 행위의 내용과 정도에 비하여 그 제재 정도가 지나치게 가혹하여, 재량권을 일탈 내지 남용한 것으로 보이기에, 이는 위법하다.

〈법원의 판단에 대한 해설〉

행정기관의 법리 해석은 대체로 자의적이거나 관행적으로, 또는 관리·단속 편의적으로 행해지고 있는 것이 현실이다. 또한 담당자나 사회 분위기 변경에 따라 행정기관의 유권해석이 달라지는 경우가 있는데, 이를 믿고 생산에 매진하거나 소비하는 생산자와 소비자는 결과에 따라 매우 당황스러운 상황이 발생하는 경우가 많다.

최근 논란이 되고 있는 식품 첨가물의 표시 및 광고에 대해서는 식품의약품안전처의 일관성 없는 유권해석이 문제가 되고 있다. 현행 표시 기준 관련 고시에는, 들어가서는 안 되는 식품 첨가물을 '무첨가'라고 하는 경우에만 위반이 되는데, 이렇듯 명확한 기준이 있음에도 불구하고 시시때때로 다른 유권해석을 내리고 있어 문제가 되고 있다.

결과적으로 이러한 행정기관의 일관성 없는 판단은, 사법기관에 문제가 제기되면 100% 신뢰 보호의 원칙 위반 또는 재량권 일탈 또는 남용으로 패소하게 된다. 그러므로 행정기관에서는 행정 행위 시, 보다 신중하게 판단하기 위해 담당 기관의 법률 자문관 또는 자문 변호사를 활용하여 법적으로 명확한 행정 행위를 하도록 촉구하는 바이다.

56. 규제 개혁 청원과 법원의 판단 (서울행정법원 2012구합29929)

〈사건의 개요〉

주식회사 사카린(이하 'A'라고 한다)은 화학적 합성품인 사카린을 제조, 판매하는 회사이다. 식품의약품안전처(이하 'B'라고 한다)는 2011년 경 시행되던 식품위생법에서 지정되지 아니한 식품에 사카린을 사용하는 것을 금지하고 있었다.

A는 사카린의 사용 대상 품목을 추가로 설정하는 사용 기준을 개정하여 줄 것을 신청하였고, B는 '전문가 자문 회의'와 '열린 포럼' 등을 개최하여 각계 의견을 수렴한 후, 취약 계층인 영·유아, 어린이의 기호 식품인 신청 품목을 제외하여 고시하였다. A는 다시 B에게 사카린에 대한 규제 철폐 청원서를 제시하였고, B는 이전에도 유사한 민원을 수차례 답변한 점을 반영하여 자체 종결 처리하였다. B의 종결 처리 행위에 대해 A는 법원에 추가 신청 거부 처분 취소 소송을 제기하였는데, 결과는 어떻게 되었을까?

〈사건에 대한 적용 법령〉

식품위생법

제6조(기준·규격이 고시되지 아니한 화학적 합성품 등의 판매 등 금지)

누구든지 다음 각 호의 어느 하나에 해당하는 행위를 하여서는 아니 된다. 다만, 식품의약품안전청장이 제57조에 따른 식품위생심의위원회(이하 "심의위원회"라 한다)의 심의를 거쳐 인체의 건강을 해칠 우려가 없다고 인정하는 경우에는 그러하지 아니하다.

1. 제7조제1항에 따라 기준·규격이 고시되지 아니한 화학적 합성품인 첨가물과 이를 함유한 물질을 식품 첨가물로 사용하는 행위
2. 제1호에 따른 식품 첨가물이 함유된 식품을 판매하거나 판매할 목적으로 제조·수입·가공·사용·조리·저장·소분·운반 또는 진열하는 행위

제7조(식품 또는 식품 첨가물에 관한 기준 및 규격)

① 식품의약품안전청장은 국민보건을 위하여 필요하면 판매를 목적으로 하는 식품 또는 식품 첨가물에 관한 다음 각 호의 사항을 정하여 고시한다. 다만, 식품첨가물 중 기구 및 용기·포장을 살균·소독하는 데에 쓰여서 간접적으로 식품으로 옮아갈 수 있는 물질은 그 성분명만을 고시할 수 있다.

 1. 제조·가공·사용·조리·보존 방법에 관한 기준

 2. 성분에 관한 규격

② 식품의약품안전처장은 제1항에 따라 기준과 규격이 고시되지 아니한 식품 또는 식품 첨가물(식품에 직접 사용하는 화학적 합성품인 첨가물을 제외한다)에 대하여는 그 제조·가공업자에게 제1항 각 호의 사항을 제출하게 하여 「식품·의약품분야 시험·검사 등에 관한 법률」 제6조제3항제1호에 따라 식품의약품안전처장이 지정한 식품전문 시험·검사기관 또는 같은 조 제4항 단서에 따라 총리령으로 정하는 시험·검사기관의 검토를 거쳐 제1항에 따른 기준과 규격이 고시될 때까지 그 식품 또는 식품 첨가물의 기준과 규격으로 인정할 수 있다.

③ 수출할 식품 또는 식품첨가물의 기준과 규격은 제1항 및 제2항에도 불구하고 수입자가 요구하는 기준과 규격을 따를 수 있다.

④ 제1항 및 제2항에 따라 기준과 규격이 정하여진 식품 또는 식품첨가물은 그 기준에 따라 제조·수입·가공·사용·조리·보존하여야 하며, 그 기준과 규격에 맞지 아니하는 식품 또는 식품첨가물은 판매하거나 판매할 목적으로 제조·수입·가공·사용·조리·저장·소분·운반·보존 또는 진열하여서는 아니 된다.

식품 첨가물의 기준 및 규격

I. 총칙

(1) 이 고시에 실린 식품 첨가물(이하 "첨가물"이라 한다)의 적·부는 총칙, 제조기준, 일반사용기준, 품목별 규격 및 기준, 일반시험법의 규정에 따라 판정한다. 다만, 품목별 규격 및 기준 중 성상은 색, 냄새, 맛에 한하여 적·부 판정에 적용한다.

(5) 식품 첨가물의 기준 및 규격 설정과 사용기준 개정을 신청하려는 자는 「식품 첨가물의 기

준 및 규격 설정과 사용기준 개정 신청에 관한 지침」에 따라 신청할 수 있다.

Ⅱ. 화학적합성품, 천연첨가물 및 혼합제제류

제4. 품목별 사용기준

  가. 화학적합성품

사카린나트륨

사카린나트륨은 아래의 식품 이외에 사용하여서는 아니 된다. 사카린나트륨의 사용량

1. 젓갈류, 절임식품, 조림식품 : 1.0g/kg 이하(단, 팥 등의 앙금류의 경우에는 0.2g/kg 이하)

2. 김치류 : 0.2g/kg 이하

3. 음료류(발효음료류, 인삼·홍삼음료 제외) : 0.2g/kg 이하(다만, 5배이상 희석하여 사용하
   는 것은 1.0g/kg 이하)

4. 어육가공품 : 0.1g/kg 이하

5. 시리얼류 : 0.1g/kg 이하

6. 뻥튀기 : 0.5g/kg 이하

7. 특수의료용도등식품 : 0.2g/kg 이하

8. 체중조절용조제식품 : 0.3g/kg 이하

9. 건강기능식품 영양소제품(단, 두 가지 이상의 건강기능식품원료를 사용하는 경우에는 사용
   된 영양소 성분의 배합비율을 적용) : 1.2g/kg 이하

<사건에 대한 법원의 판단>

① 사카린의 경우 국제적으로 1일 섭취 허용량(ADI)이 수치로 설정되어 있고, 그 기준량 이내로 섭취 시 안전한 것으로 평가하고 있어, 각 국가에서는 1일 섭취 허용량 이내로 섭취하도록 사용 기준을 관리하고 있는 점, ② 이 사건 고시 당시 B는 사용 기준을 통하여 이미 김치류 등 11개 품목에 사카린 사용을 허용하고 있어, A가 신청한 13개 품목 모두에 대하여 추가로 사용을 허용할 경우 섭취량이 급격히 증가하므로, 극단적으로 섭취할 경우 예상 섭취량이 1일 섭취 허용량 대비 95%까지 이를 수도 있을 것으로 예측되었던 점, ③ B는 특히 어린이 등 취약 계층 섭취량의 급격한 증가를 막을 필요가 있어, 어린이들이 주 소비자인 이 사건 신청 품목에 대하여는 사용 대상으로 추가하지 아니하였던 점, ④ 그러나 최근 학계의 논의를 고려하여 나머지 추가 품목에 대하여서는 A의 신청을 받아들여 사용 대상으로 추가하는 내용의 이 사건 고시를 한 점, ⑤ 그 과정에서 B는 A 등 사업자, 소비자, 전문가들의 의견을 폭넓게 수렴하였는데, 최근 사카린의 유해성에 관한 과거의 연구나 실험에 오류가 있다는 점이 지적되고 있기는 하지만, 오랫동안 사카린이 해로운 첨가물질로 인식되어 왔고 아직 사카린에 대한 국민의 불안감은 완전히 해소되지 않은 상황이었기에 위 의견 수렴 당시 일반 소비자의 불안이 상당한 것으로 드러났던 점, ⑥ 이에, 식품 때문에 생기는 위생상의 위해 방지, 식품 영양의 질적 향상 도모, 그리고 올바른 식품 관련 정보 제공을 통한 국민 보건 증진을 위해 식품위생법의 집행을 담당하는 피고로서는, 원고 등 사업자의 입장뿐만 아니라 이러한 소비자들의 입장까지 고려하여, 어린이들을 위한 최소한의 보호 조치로서 이 사건 신청 품목을 사용 대상에서 제외한 것으로 보이는 점, ⑦ 원고가 들고 있는 아스파탐 등의 인공 감미료의 경우, 사카린처럼 유해성 논란이 없었을 뿐만 아니라, 그 구성 성분이나 내용 등이 달라 원고의 주장과 같은 기능적 측면만을 고려한 단순 비교 대상으로 삼기 어려운 점에 비추어 보면, B가 이 사건 신청 품목에 대하여 A의 사용 대상 추가 신청을 거부한 처분이 형평성이나 비례원칙을 위반하였거나 재량권을 일탈·남용하였다고 보기도 어렵다.

식품의약품안전처는 각종 언론 매체를 통해 소비자들에게 불안감을 가중시켰던 MSG에 대해 안전성을 재차 확인하면서 적극적인 자세로 식품 첨가물 논쟁에 대해 대응한 바 있다. 현재 식품 위생법상 식품 첨가물의 기준 및 규격에 명시된 모든 식품 첨가물은 국제 기준과 제외국의 현황을 비교 분석하여 국내 기준에 적합한 형태로 제시되어 있는 것이며, 안정성에 대해 현재의 과학적 수준에서 모두 검증을 거친 것이다. 그러므로 일부 전문가의 견해나 학설도 일견 일리는 있지만, 국가와 국제적인 연구자들이 정해놓은 기준과 안전성 검증도 국가 기관이 책임감을 가지고 선정한 것에 대해서는 재량권 일탈이나 남용으로 보기 어렵다는 것이 법원의 판단이라고 생각된다.

〈사건의 개요〉

오로라 시는 미니유통 오로라점에서 참좋은회사(이하 'A'라 한다)가 미니유통으로부터 OEM 방식으로 제조 위탁을 받아 생산한 '미니유통 맛나 참기름'(이하 '이 사건 참기름'이라 한다)을 수거하여 시도보건환경연구원(이하 '이 사건 검사 기관'이라 한다)에 성분 분석 검사를 의뢰한 결과, 식품공전에 따른 벤조피렌 관리 기준인 2.0ppb를 초과하는 5.1ppb의 벤조피렌이 검출되었다고 통지하였다.

이에 참좋은회사의 소재지 관할 관청인 오로라 시장(이하 'B'라 한다)는 위 검사 결과를 처분 사유로 식품위생법에 따라 A에게 이 사건 참기름에 관한 회수 명령을 하였고 A는 B에게 이의 신청을 하였으나, B는 위 회수 명령은 타당하다는 취지로 회신하였다. 과연 B의 회수 명령은 타당한 처분이 되는 것일까?

〈사건에 대한 적용 법령〉

식품위생법

제7조(식품 또는 식품 첨가물에 관한 기준 및 규격)

① 식품의약품안전처장은 국민보건을 위하여 필요하면 판매를 목적으로 하는 식품 또는 식품 첨가물에 관한 다음 각 호의 사항을 정하여 고시한다. 다만, 식품 첨가물 중 기구 및 용기·포장을 살균·소독하는 데에 쓰여서 간접적으로 식품으로 옮아갈 수 있는 물질은 그 성분명만을 고시할 수 있다.

  1. 제조·가공·사용·조리·보존 방법에 관한 기준

  2. 성분에 관한 규격

② 식품의약품안전처장은 제1항에 따라 기준과 규격이 고시되지 아니한 식품 또는 식품첨가물(식품에 직접 사용하는 화학적 합성품인 첨가물을 제외한다)에 대하여는 그 제조·가공업자

에게 제1항 각 호의 사항을 제출하게 하여 제24조제1항제1호 및 제2항제1호에 따라 지정
된 식품위생검사기관의 검토를 거쳐 제1항에 따른 기준과 규격이 고시될 때까지 그 식품 또
는 식품첨가물의 기준과 규격으로 인정할 수 있다.

③ 수출할 식품 또는 식품첨가물의 기준과 규격은 제1항 및 제2항에도 불구하고 수입자가 요
구하는 기준과 규격을 따를 수 있다.

④ 제1항 및 제2항에 따라 기준과 규격이 정하여진 식품 또는 식품 첨가물은 그 기준에 따라
제조·수입·가공·사용·조리·보존하여야 하며, 그 기준과 규격에 맞지 아니하는 식품 또는
식품 첨가물은 판매하거나 판매할 목적으로 제조·수입·가공·사용·조리·저장·소분·운
반·보존 또는 진열하여서는 아니 된다.

제72조(폐기처분 등)

① 식품의약품안전처장, 시·도지사 또는 시장·군수·구청장은 영업을 하는 자가 제4조부터 제
6조까지, 제7조제4항, 제8조, 제9조제4항, 제10조제2항, 제12조의2제2항 또는 제13조를
위반한 경우에는 관계 공무원에게 그 식품등을 압류 또는 폐기하게 하거나 용도·처리방법
등을 정하여 영업자에게 위해를 없애는 조치를 하도록 명하여야 한다.

② 식품의약품안전처장, 시·도지사 또는 시장·군수·구청장은 제37조제1항, 제4항 또는 제5
항을 위반하여 허가받지 아니하거나 신고 또는 등록하지 아니하고 제조·가공·조리한 식품
또는 식품첨가물이나 여기에 사용한 기구 또는 용기·포장 등을 관계 공무원에게 압류하거
나 폐기하게 할 수 있다.

③ 식품의약품안전처장, 시·도지사 또는 시장·군수·구청장은 식품위생상의 위해가 발생하였거
나 발생할 우려가 있는 경우에는 영업자에게 유통 중인 해당 식품등을 회수·폐기하게 하거나
해당 식품등의 원료, 제조 방법, 성분 또는 그 배합 비율을 변경할 것을 명할 수 있다.

④ 제1항 및 제2항에 따른 압류나 폐기를 하는 공무원은 그 권한을 표시하는 증표를 지니고
이를 관계인에게 내보여야 한다.

⑤ 제1항 및 제2항에 따른 압류 또는 폐기에 필요한 사항과 제3항에 따른 회수·폐기 대상 식
품등의 기준 등은 총리령으로 정한다.

⑥ 식품의약품안전처장, 시·도지사 및 시장·군수·구청장은 제1항에 따라 폐기처분명령을 받

은 자가 그 명령을 이행하지 아니하는 경우에는 「행정대집행법」에 따라 대집행을 하고 그 비
용을 명령위반자로부터 징수할 수 있다.″

제76조(품목 제조정지 등)

① 식품의약품안전처장 또는 특별자치도지사·시장·군수·구청장은 영업자가 다음 각 호의 어
느 하나에 해당하면 대통령령으로 정하는 바에 따라 해당 품목 또는 품목류(제7조 또는 제
9조에 따라 정하여진 식품등의 기준 및 규격 중 동일한 기준 및 규격을 적용받아 제조·가
공되는 모든 품목을 말한다. 이하 같다)에 대하여 기간을 정하여 6개월 이내의 제조정지를
명할 수 있다.
 1. 제7조 제4항을 위반한 경우
② 제1항에 따른 행정처분의 세부기준은 그 위반 행위의 유형과 위반 정도 등을 고려하여 총리
령으로 정한다

식품위생법 시행규칙

제89조(행정처분의 기준)

법 제71조, 법 제72조, 법 제74조부터 법 제76조까지 및 법 제80조에 따른 행정처분의 기준
은 별표 23과 같다.

[**별표** 23] 행정처분 기준

Ⅱ. 개별기준

위반사항	근거법령	행정처분기준		
		1차 위반	2차 위반	3차 위반
4. 법 제7조 제4항을 위반한 경우다. 바륨, 포름알데히드, 올소톨루엔, 설폰아미드, 방향족탄화수소, 폴리옥시에틸렌, 엠씨피디 또는 세레늄의 기준을 위반한 것	법 제71조, 법 제72조, 법 제75조 및 법 제76조	품목류 제조정지 15일과 해당제품 폐기	품목류 제조정지 1개월과 해당제품 폐기	영업정지 1개월과 해당제품 폐기

식품공전

제2. 식품일반에 대한 공통기준 및 규격

5. 식품일반의 기준 및 규격

13) 벤조피렌〔Benzo pyrene〕① 식용유지: 2.0ppb 이하. 끝.

〈사건에 대한 법원의 판단〉

① 이 사건 LOT에 속한 참기름에 대한 A의 출고 전 검사 결과, 회수 명령 직후 A의 자체 검사 결과, 그리고 한국식품연구소 및 에스푸드가디언스의 검사 결과가 모두 벤조피렌 관리 기준인 2.0ppb를 초과하지 않는 것으로 나타났고, 원고가 앞서 본 증거 보전 절차를 통해 확보한 이 사건 검사 대상 참기름에 대한 감정인의 감정 결과 역시, 평균 1.4ppb와 1.6ppb(최고치는 1.7ppb)로 측정되었던 점, ② 이 사건 검사 기관이 이 사건 검사 대상 참기름에 대한 성분 검사를 시행한 후 위 검사 대상 참기름에 벤조피렌 성분이 추가 생성되거나 사라져 다른 검사 결과가 나타날 여지가 없는 것으로 보이는 점, ③ 벤조피렌 성분 분석의 경우 극히 미량의 성분을 분석하는 작업으로 내부 표준 물질 혼입 등의 복잡한 전처리 절차가 필요하고, 이 과정에서 분석자의 숙련도에 따라 오차가 발생할 여지가 있다는 점을 고려하더라도, 벤조피렌 관리 기준인 2.0ppb를 초과하지 않았던 상기 여러 검사 결과와 비교할 때, 기준치를 크게 상회하는 5.1ppb로 나타난 이 사건 검사 기관의 검사 결과는 이례적으로 보이는 점 등을 종합하면, 이 사건 검사 대상 참기름에서 관리 기준인 2.0ppb를 초과하는 5.1ppb의 벤조피렌 함량이 검출되었다는 이 사건 처분 사유는 인정하기 어렵다.

<법원의 판단에 대한 해설>

식품위생법의 규정에 의해 국가가 해야 할 검사 업무를 대행하고 있는 식품위생검사기관의 실험 오류는 어제 오늘의 일이 아니다. 하지만 빈번히 발생하고 있는 사고에 대해서 일방적인 행정처분으로 해결되는 문제는 없다. 결국 전문성을 갖춘 검사 인력과 우수 장비를 보유하기 위해서는 최소한의 수익을 보장해 주는 자율적인 경쟁체제 도입이 필요하다.

그러나 현재 업계 상황은 식품의약품안전처의 수수료 상한선 통제 하에 출혈 경쟁이 되다 보니, 피해를 보는 것은 소비자가 되는 실정이다. 그러므로 정부는 일방적인 단속과 관리를 통해서 모든 것을 해결하려는 정책을 추진하기보다, 자율 경쟁 체제 하에 건전한 경쟁 문화를 조장하고 검사 수수료 정상화를 통해 안정적인 수입원을 확보하여 검사 기관 스스로 서비스의 질적 향상을 도모하는 방향으로 인도하여 업계의 자발적인 참여 하에 식품 안전 문제가 해결될 수 있도록 관리하는 것이 올바른 방법이 아닌가 싶다.

58. 즉석 조리 식품의 기준 (광주지방법원 2010구합1941)

〈사건의 개요〉

광주광역시 B구청은(이하 'B'라 한다) (주)볶음밥(이하 'A'라 한다)이 제조, 가공하여 판매를 위해 제공(진열)한 '참치김치볶음밥'(이하 '이 사건 제품'이라 한다)을 수거하여 광주광역시 보건환경연구원에 식중독 세균 황색포도당구균 외 9종에 대한 검사를 의뢰하였는데, 그 결과 이 사건 제품에서 리스테리아 모노사이토지니스(Listeria monocytogenes)라는 식중독 균(이하 '이 사건 식중독 균'이라 한다)이 검출되었다.

이에 B는 A가 식품위생법 제7조 제4항을 위반하였다는 이유로, 1개월간의 품목류 제조 정지 및 이 사건 제품 폐기를 처분하였다. 그러자 A는, 식품위생법 제14조에 따라 식품의약품안정청장이 작성·보급하는 식품공전에 따라 이 사건 식중독 균은 이 사건 제품과 같은 즉석 섭취 식품에 관한 식중독 균 검출 기준으로 규정되어 있지 않으므로, 이 사건 제품에서 이 사건 식중독 균이 검출되었다 하더라도 이를 식중독 균 검출 기준을 위반한 것으로 볼 수 없는 바, B의 처분은 위법하다고 주장한다. 과연 B의 이 사건 제품에 대한 폐기 처분은 위법일까?

〈사건에 대한 적용 법령〉

식품위생법

제7조(식품 또는 식품 첨가물에 관한 기준 및 규격)

① 식품의약품안전처장은 국민보건을 위하여 필요하면 판매를 목적으로 하는 식품 또는 식품 첨가물에 관한 다음 각 호의 사항을 정하여 고시한다. 다만, 식품 첨가물 중 기구 및 용기·포장을 살균·소독하는 데에 쓰여서 간접적으로 식품으로 옮아갈 수 있는 물질은 그 성분명만을 고시할 수 있다.

1. 제조·가공·사용·조리·보존 방법에 관한 기준

2. 성분에 관한 규격

② 식품의약품안전청장은 제1항에 따라 기준과 규격이 고시되지 아니한 식품 또는 식품첨가물
 (식품에 직접 사용하는 화학적 합성품인 첨가물을 제외한다)에 대하여는 그 제조·가공업자
 에게 제1항 각 호의 사항을 제출하게 하여 제24조제1항제1호 및 제2항제1호에 따라 지정
 된 식품위생검사기관의 검토를 거쳐 제1항에 따른 기준과 규격이 고시될 때까지 그 식품 또
 는 식품첨가물의 기준과 규격으로 인정할 수 있다.

③ 수출할 식품 또는 식품첨가물의 기준과 규격은 제1항 및 제2항에도 불구하고 수입자가 요
 구하는 기준과 규격을 따를 수 있다.

④ 제1항 및 제2항에 따라 기준과 규격이 정하여진 식품 또는 식품 첨가물은 그 기준에 따라
 제조·수입·가공·사용·조리·보존하여야 하며, 그 기준과 규격에 맞지 아니하는 식품 또는
 식품 첨가물은 판매하거나 판매할 목적으로 제조·수입·가공·사용·조리·저장·소분·운
 반·보존 또는 진열하여서는 아니 된다.

식품위생법 시행규칙

제89조(행정처분의 기준)

법 제71조, 법 제72조, 법 제74조부터 법 제76조까지 및 법 제80조에 따른 행정처분의 기준
은 별표 23과 같다.

〔**별표** 23〕

Ⅱ 개별기준

위반사항	근거법령	행정처분기준		
		1차 위반	2차 위반	3차 위반
4. 법 제7조 제4항을 위반한 경우 아. 식중독균 검출기준을 위반한 것	법 제71조, 법 제72조, 법 제75조 및 법 제76조	품목류 제조정지 1개월과 해당제품 폐기	영업정지 1개월과 해당제품 폐기	영업정지 3개월과 해당제품 폐기

(1) 살피건대, 식품위생법 제14조에 따라 식품 또는 식품 첨가물의 기준과 규격을 정하고 있는 식품공전의 '제2. 식품일반에 대한 공통기준 및 규격' 중 '5. 식품일반의 기준 및 규격'의 4) 식중독균'에서는, 더 이상의 가공, 가열 조리를 하지 않고 그대로 섭취하는 가공식품에서는 식중독 균이 검출되어서는 안 되지만, '제5. 식품별 기준 및 규격'에서 식중독 균에 대한 규격이 정하여진 식품에는 해당 식품의 규격을 적용한다고 규정하고 있는데, 이 사건 제품은 식품공전에 '즉석섭취식품'으로 '제5. 식품별 기준 및 규격' 중 '29-18 즉석섭취·편의식품류'의 '5) 규격'에서 황색포도상구균, 살모넬라 등 식중독 균에 대한 규격이 정하여진 식품이다. 따라서 이 사건 제품의 식중독 균 검출 기준은 위 제5. 식품별 기준 및 규격' 중 '29-18' 즉석섭취·편의식품류'의 '5) 규격'에 따른다고 할 것이다.

(2) 그런데, 위 제5. 식품별 기준 및 규격' 중 '29-18' 즉석섭취·편의식품류'의 '5) 규격'에서는 식중독 균으로 황색포도상구균, 살모넬라, 장염비브리오균, 바실러스 세레우스, 대장균 O157:H7, 클로스트리디움 퍼프린젠스만을 규정하고 있을 뿐, 이 사건 식중독 균을 규정하고 있지 않다. 여기에 다음과 같은 점을 보태어 보면, 즉석섭취식품인 이 사건 제품의 경우 '제5. 식품별 기준 및 규격' 중 '29-18 즉석섭취·편의식품류'의 '5) 규격'에서 식중독 균으로 규정된 위 황색포도상구균 외 5종의 식중독 균 이외의 식중독 균이 검출되더라도 식중독 균 검출 기준을 위반한 것으로 볼 수 없다 할 것이다.

즉, ① 식품공전의 '제2. 식품일반에 대한 공통기준 및 규격' 중 '1. 기준 및 규격의 적용'의 1)항은 '제4. 규격외 일반가공식품의 기준 및 규격', '제5. 식품별 기준 및 규격' 및 '제7. 기구 및 용기포장의 기준 및 규격'에서 개별로 정하고 있는 식품 등은 그 기준 및 규격을 우선 적용하여야 한다고 규정하고 있으므로, 이에 의하더라도 이 사건 제품은 '제5. 식품별 기준 및 규격' 중 '29-18' 즉석섭취·편의식품류'에서 개별로 정하고 있으므로 그 기준 및 규격을 우선 적용하여야 한다. ② 식품공전의 '제1. 총칙' 중 '2. 용어의 풀이'의 21)항에서 '검출되어서는 아니된다'라 함은 이 공전에 규정하고 있는 방법으로 시험하여 검출되지 않는 것을 말하는 것이라고 규정하고 있는데, 제5. 식품별 기준 및 규격 중 '29-18' 즉석섭취·편의식품류'의 '6) 시험방법'은 황색포도상구균 외 5종의 식중독균의 시험방법에 대해서만 규정하고 있을 뿐 이 사건 식중독균의 시험방법에 대해서는 규정하고 있지 않다. ③ B는 식품공전의 '제5. 식품별 기준 및 규격'에서 개별적으로 식중독 균에 대한 규격을 정하고 있는 취지에 대하여, 모든 식품에서는 어떠한 식중독 균이라도 검출되어서는 안 되지만, 개별적으로 식중독 균에 대한 규격이 정해진 식품의 경우 일부 식중독 균이 일정 기준 이하로 검출되더라도 규제 완화 차원에서 이를 허용하고자 하는 것이라고 주장한다. 그러나 이 사건 제품과 같은 즉석 섭취 식품에 한하여 보더라도 '제5. 식품별 기준 및 규격'에서 식중독 균 중 살모넬라, 대장균 O157:H7의 경우, 개별적으로 '음성이어야 한다'고 규정하고 있는 바, 피고의 주장과 같이 일부 식중독 균이 일정 기준 이하로 검출되더라도 이를 허용하고자 하는 취지였다면 허용할 식중독 균과 수치만을 규정하면 되고, 굳이 '음성이어야 한다'고 규정할 필요가 없다.

따라서 이 사건 제품에서 이 사건 식중독 균이 검출되었다 하더라도, 이 사건 식중독 균이 제5. 식품별 기준 및 규격 중 '29-18' 즉석섭취·편의식품류'의 '5) 규격'에 규정되어 있지 않은 이상, 이를 식중독 균 검출 기준을 위반한 것으로 볼 수 없는 바, 이와 다른 전제에서 내려진 이 사건 처분은 위법하다 할 것이다.

〈법원의 판단에 대한 해설〉

최근 옻나무에 대한 청주지방법원의 판결에서 식품의약품안전처가 관리하는 식품 원재료데이터베이스 웹사이트에 근거한 행정 처분은 법적인 근거가 될 수 없다고 명백하게 결정되었다. 본 사건은 행정 기관들이 법령을 집행할 시에는 반드시 법적 근거가 있을 경우에만 가능하다는 것을 재차 확인한 사례라 할 것이다. 필자가 전국의 식품위생공무원을 교육하면서 항상 느끼는 것은 지방자치단체 혹은 담당자마다 자의적으로 법령을 해석하여 지금까지 공무를 수행해 왔으나, 요행으로 법적인 판단을 위한 소송이 제기되지 않아서 그저 지나친 것들이 너무나도 많다는 것이다. 법적 안정성을 위해서는 반드시 법령에 근거한 행정 처분만이 유효하다 할 것이며, 앞으로 이와 같은 위법한 처분은 근절되어야 할 것이다.

59. 식품 위생 감시원의 절차 위반 단속 행위 (창원지방법원 2011구합3294)

〈사건의 개요〉

김외식 씨는 연 매출 27억의 '맛있는 뷔페'를 운영하는 대표이다. 2013년 8월, '맛있는 뷔페'에 지방자치단체 식품 위생 감시원이 찾아와 하절기 식중독 예방을 위하여 조리 음식 중 육회를 수거하겠다고 하였으나, 육회는 6월까지만 메뉴에 포함되어 있어 손님들에게 제공하는 육회가 없었다. 이에 식품 위생 감시원은 종업원 중 한 명에게 육회를 양념에 버무려 달라고 요청하여 육회 200g을 멸균 봉투에 담아 밀봉한 후 아이스박스에 넣어 수거해 갔다. 이후 해당 청의 시험 분석 센터 검사 결과 대장균 양성으로 판정되어 '맛있는 뷔페'는 식품위생법 7조 4항 위반을 이유로 영업 정지 15일에 갈음하는 2,000만원 상당의 과징금 부과 처분을 받았다. 이에 김외식 씨는 이 사건 처분의 취소를 청구하였는데, 과연 결과는 어떻게 되었을까?

〈사건에 대한 적용 법령〉

식품위생법

제7조(식품 또는 식품 첨가물에 관한 기준 및 규격)

① 식품의약품안전처장은 국민보건을 위하여 필요하면 판매를 목적으로 하는 식품 또는 식품 첨가물에 관한 다음 각 호의 사항을 정하여 고시한다. 다만, 식품 첨가물 중 기구 및 용기·포장을 살균·소독하는 데에 쓰여서 간접적으로 식품으로 옮아갈 수 있는 물질은 그 성분명만을 고시할 수 있다.

1. 제조·가공·사용·조리·보존 방법에 관한 기준

2. 성분에 관한 규격

② 식품의약품안전처장은 제1항에 따라 기준과 규격이 고시되지 아니한 식품 또는 식품 첨가물(식품에 직접 사용하는 화학적 합성품인 첨가물을 제외한다)에 대하여는 그 제조·가공업자에게 제1항 각 호의 사항을 제출하게 하여 「식품·의약품분야 시험·검사 등에 관한 법률」

제6조제3항제1호에 따라 식품의약품안전처장이 지정한 식품전문 시험·검사기관 또는 같은 조 제4항 단서에 따라 총리령으로 정하는 시험·검사기관의 검토를 거쳐 제1항에 따른 기준과 규격이 고시될 때까지 그 식품 또는 식품 첨가물의 기준과 규격으로 인정할 수 있다.

③ 수출할 식품 또는 식품첨가물의 기준과 규격은 제1항 및 제2항에도 불구하고 수입자가 요구하는 기준과 규격을 따를 수 있다.

④ 제1항 및 제2항에 따라 기준과 규격이 정하여진 식품 또는 식품 첨가물은 그 기준에 따라 제조·수입·가공·사용·조리·보존하여야 하며, 그 기준과 규격에 맞지 아니하는 식품 또는 식품 첨가물은 판매하거나 판매할 목적으로 제조·수입·가공·사용·조리·저장·소분·운반·보존 또는 진열하여서는 아니 된다.

식품위생법 시행령

제53조(영업정지 등의 처분에 갈음하여 부과하는 과징금의 산정기준)

법 제82조제1항 본문에 따라 부과하는 과징금의 금액은 위반행위의 종류와 위반 정도 등을 고려하여 총리령으로 정하는 영업정지, 품목·품목류 제조정지 처분기준에 따라 별표 1의 기준을 적용하여 산정한다.

[별표 1] 영업정지 등의 처분에 갈음하여 부과하는 과징금 산정기준(제53조 관련)

1. 일반기준
   가. 영업정지 1개월은 30일을 기준으로 한다.
   나. 영업정지에 갈음한 과징금부과의 기준이 되는 매출금액은 처분일이 속한
       연도의 전년도의 1년간 총매출금액을 기준으로 한다. 다만, 신규사업·휴업 등으로 인하여 1년간의 총매출금액을 산출할 수 없는 경우에는 분기별·월별 또는 일별 매출금액을 기준으로 연간 총매출금액으로 환산하여 산출한다.

2. 과징금 기준

업종 등급	연 간 매 출 액 (단위: 백만원)			영업정지 또는 제조정지 1일에 해당하는 과징금의 금액 (단위: 만원)
	식품 및 식품 첨가물 제조업· 가공업 외의 영업	식품 및 식품 첨가물 제조업· 가공업의 영업	품목 또는 품목류 제조	
20	2,500 초과 ~ 3,000 이하			130

식품위생법 시행규칙

제89조(행정처분의 기준)

법 제71조, 법 제72조, 법 제74조부터 법 제76조까지 및 법 제80조에 따른 행정처분의 기준은 별표 23과 같다.

[별표 23] 행정처분 기준(제89조 관련)
   Ⅱ. 개별기준

3. 식품접객업

영 제21조제8호의 식품접객업을 말한다.

위반사항	근거법령	행정처분기준		
		1차 위반	2차 위반	3차 위반
4. 법 제7조제4항을 위반한 경우 자. 산가, 과산화물가, 대장 균, 대장균군 또는 일반 세균의 기준을 위반한 것 1) 조리식품 등 또는 접객용 음용수	법 제71조, 법 제72조 및 법 제75조	법 제71조, 법 제72조 및 법 제75조	영업정지 1개월과 해당음식물 폐기	영업정지 2개월과 해당음식물 폐기

〈사건에 대한 법원의 판단〉

식품위생법 82조 1항, 75조 1항, 7조 4사항에 의한 과징금 부과 처분을 위해서는, 식품의약품안전청장의 고시에 위반하는 식품이 '판매할 목적으로 제조·수입·가공·사용·조리·저장·소분·운반·보존 또는 진열'된 것이어야 하는 바, 상기 언급한 상황에 비추어 볼 때 인정되는 다음과 같은 사정, 즉 ① 감시원이 이 사건 육회를 수거할 당시 육회가 제조 또는 진열되어 있지 아니하였던 점, ② 육회 수거 당시에는 김외식이 영업을 준비하고 있던 시기여서 손님에게 식품을 판매하고 있지도 아니하였던 점, ③ 김외식은 2013. 6.까지만 육회를 뷔페 메뉴에 포함하였고, 같은 해 7.부터는 메뉴에서 제외하였다고 주장하고 있는데, 이를 반증할 만한 증거가 없는 점을 종합할 때, 이 사건 육회는 판매할 목적으로 제조되었다고 보기 어렵다.

이에 대하여 감시원 소속 지방자치단체는 ① 감시원이 원고 측 직원 및 책임자에게 저녁 메뉴에 육회가 제공되는지 여부를 재차 확인하였고, ② 식품을 검사할 목적으로 수거하는 경우, 영업자가 현장에서 바로 조리한 음식을 수거해 달라는 요청이 많은 편이라고 주장하나, 김외식이 육회를 저녁 메뉴에 제공하였음을 인정하기에 부족하고, 달리 이를 입증할 만한 아무런 증거가 없으며, 한편 영업자들이 이미 판매 중인 음식보다 신선한 음식으로 검사를 받기 위해 현장에서 졸지한 음식을 제출하는 경우가 많다는 이유로 현장에서 판매·진열하고 있지도 아니한 음식을 제조케 하여 제출받은 본 건의 단속 행위가 정당하게 된다고 볼 수도 없다 할 것이므로, 지방자치단체의 주장에은 이유가 없다.

〈법원의 판단에 대한 해설〉

수사나 단속을 담당하는 기관의 입장에서 국민의 안전을 위해 적극적으로 업무를 수행하다 보니 이처럼 법령을 준수하지 않고 결과에만 집중하게 되는 경우가 있을 수 있다. 간혹 식품제조업을 하다가 자신도 속아서 무허가업소로부터 제품을 공급받거나, 직원들의 잘못된 판단으로 인한 실수임에도 불구하고 수사 기관의 회유나 강압으로 인해 거짓 자백을 하거나 확인서에 서명을 하는 경우가 있다. 그러나 이는 명백한 불법이며 그러한 행위는 오히려 국민의 안전을 위협하고 건전한 산업 육성에 해가 되는 일이므로 철저히 삼가야 할 것이다. 그리고 담당 기관에서도 공무원의 법령 준수 고취를 위해 정기적인 교육 훈련을 통해 확실히 전달해야 할 것이다.

60. 검체 수거 시 절차 위반의 결과 (전주지방법원 2012구합2617)

〈사건의 개요〉

2013년 6월, 식품 감시원이 '여름철 성수 식품 합동 점검'을 실시하면서 김김밥 씨가 '김밥좋아'라는 상호로 운영하고 있는 일반음식점의 김밥을 수거하여 갔는데, 검사 결과 위 김밥에서 식중독 균인 바실러스세레우스균이 기준을 초과하여 검출되었다는 이유로 김김밥 씨는 영업 정지 1월 처분을 받았다.

이에 대해 김김밥 씨는 위 감시원이 식품공전에서 정하고 있는 검체 채취 및 취급 방법을 따르지 않았기 때문에 그에 대한 검사 결과 또한 신빙할 수 없으므로 처분을 취소하고, 영업 손실에 대한 손해 배상을 청구하였다. 과연 결과는 어떻게 되었을까?

〈사건에 대한 적용 법령〉

식품위생법

제7조(식품 또는 식품첨가물에 관한 기준 및 규격)

① 식품의약품안전청장은 국민보건을 위하여 필요하면 판매를 목적으로 하는 식품 또는 식품첨가물에 관한 다음 각 호의 사항을 정하여 고시한다. 다만, 식품첨가물 중 기구 및 용기·포장을 살균·소독하는 데에 쓰여서 간접적으로 식품으로 옮아갈 수 있는 물질은 그 성분명만을 고시할 수 있다.

  1. 제조·가공·사용·조리·보존 방법에 관한 기준

  2. 성분에 관한 규격

② 식품의약품안전청장은 제1항에 따라 기준과 규격이 고시되지 아니한 식품 또는 식품첨가물(식품에 직접 사용하는 화학적 합성품인 첨가물을 제외한다)에 대하여는 그 제조·가공업자에게 제1항 각 호의 사항을 제출하게 하여 제24조제1항제1호 및 제2항제1호에 따라 지정

된 식품위생검사기관의 검토를 거쳐 제1항에 따른 기준과 규격이 고시될 때까지 그 식품 또
는 식품첨가물의 기준과 규격으로 인정할 수 있다.

③ 수출할 식품 또는 식품첨가물의 기준과 규격은 제1항 및 제2항에도 불구하고 수입자가 요
구하는 기준과 규격을 따를 수 있다.

④ 제1항 및 제2항에 따라 기준과 규격이 정하여진 식품 또는 식품첨가물은 그 기준에 따라 제
조·수입·가공·사용·조리·보존하여야 하며, 그 기준과 규격에 맞지 아니하는 식품 또는 식
품첨가물은 판매하거나 판매할 목적으로 제조·수입·가공·사용·조리·저장·소분·운반·보
존 또는 진열하여서는 아니 된다.

식품공전

제 1. 총칙

　2. 용어의 풀이

　23) 냉동·냉장식품의 보존온도는 이 공전에서 따로 정하여진 것을 제외하고는 냉동은
　　　 -18℃이하, 냉장은 0~10℃를 말한다.

　26) "멸균"이라 함은 따로 규정이 없는 한 미생물의 영양세포 및 포자를 사멸시켜 무균상태
　　　 로 만드는 것을 말한다.

　27) "밀봉"이라 함은 용기 또는 포장 내외부의 공기유통을 막는 것을 말한다.

제 8. 식품접객업소(집단급식소 포함)의 조리식품 등에 대한 기준 및 규격

　1. 정의

　'식품접객업소(집단급식소 포함)의 조리식품'이란 유통판매를 목적으로 하지 아니하고 조리
　등의 방법으로 손님에게 직접 제공하는 모든 음식물(음료수, 생맥주 등 포함)을 말한다.

　4. 규격

　가) 조리식품 등

　(5) 식중독균 : 식품접객업소(집단급식소 포함)에서 조리된 식품은 살모넬라(Salmonella
　　　 spp.), 황색포도상구균(Staphylococcus aureus), 리스테리아 모노사이토제

네스(Listeria monocytogenes), 장출혈성 대장균, 캠필로박터 제주니/콜리
(Camplyobacter jejuni/coli), 여시니아 엔테로콜리티카(Yersinia enterocolitica)
등 식중독균이 음성이어야 하며, 장염비브리오균(Vibrio parahaemolyticus), 클로
스트리디움 퍼프린젠스(Clostridium perfringens) g당 100 이하, 바실러스 세레우
스(Bacillus cereus) g당 10,000 이하이어야 한다. 다만, 조리과정 중 가열처리를 하
지 않거나 가열 후 조리한 식품의 경우 황색포도상구균(Staphylococcus aureus)은
g당 100 이하이어야 한다.

제 9. 검체의 채취 및 취급방법

1. 검체채취의 의의

검체의 채취는 식품위생법에 따라서 식품위생감시원이 검사대상으로부터 일부의 검체를 채
취하여 기준·규격 적합여부, 오염물질 등에 대한 안전성 검사를 실시하여 그 검사결과에
따라 행정조치 등이 이루어지게 되므로 검사대상 선정, 검체채취·취급·운반·시험검사 등
은 효율성을 확보하면서 과학적인 방법으로 수행하여야 한다. 따라서 검체를 채취하여 식
품위생검사기관에 검사의뢰하는 것은 중요한 의의를 가지므로 식품위생감시원은 검체채취
및 취급방법 등에 대하여 충분한 지식을 가지고 그 직무를 수행하여야 한다.

2. 용어의 정의

1) 검체 : 검사대상으로부터 채취된 시료를 말한다.

3. 검체채취의 일반원칙

1) 검체의 채취는 「식품위생법」 제32조 및 같은 법 시행령 제16조에 따른 식품위생감시원
이 수행하여야 한다.

7) 채취된 검체가 검사대상이 손상되지 않도록 주의하여야 하고, 식품을 포장하기전 또는
포장된 것을 개봉하여 검체로 채취하는 경우에는 이물질의 혼입, 미생물의 오염 등이
되지 않도록 주의하여야 한다.

8) 채취한 검체는 봉인하여야 하며 파손하지 않고는 봉인을 열 수 없도록 하여야 한다.

4. 검체의 채취 및 취급요령

(6) 미생물 검사를 하는 검체의 채취

① 검체를 채취·운송·보관하는 때에는 채취당시의 상태를 유지할 수 있도록 밀폐되는 용기·포장 등을 사용하여야 한다.

② 미생물학적 검사를 위한 검체는 가능한 미생물에 오염되지 않도록 단위포장상태 그대로 수거하도록 하며, 검체를 소분채취할 경우에는 멸균된 기구·용기 등을 사용하여 무균적으로 행하여야 한다.

③ 검체는 부득이한 경우를 제외하고는 정상적인 방법으로 보관·유통중에 있는 것을 채취하여야 한다.

4)검체의 운반 요령

(1)채취된 검체는 오염, 파손, 손상, 해동, 변형 등이 되지 않도록 주의하여 검사실로 운반하여야 한다.

(5)미생물 검사용 검체의 운반

①부패·변질 우려가 있는 검체

미생물학적인 검사를 하는 검체는 멸균용기에 무균적으로 채취하여 저온(5℃± 3 이하)을 유지시키면서 24시간 이내에 검사기관에 운반하여야 한다. 부득이한 사정으로 이 규정에 따라 검체를 운반하지 못한 경우에는 재수거하거나 채취일시 및 그 상태를 기록하여 식품위생검사기관에 검사 의뢰한다.

③ 얼음 등을 사용할 때의 주의사항

얼음 등을 사용할 때에는 얼음 녹은 물이 검체에 오염되지 않도록 주의하여야 한다.

5. 검체채취 기구 및 용기

1) 검체채취 기구 및 용기는 검체의 종류, 형상, 용기·포장 등이 다양하므로 검체의 수거 목적에 적절한 기구 및 용기를 준비하여야 한다.

2) 제 7. 기구 및 용기·포장의 기준·규격에 적합한 것이어야 한다.

3) 기구 및 용기는 운반, 세척, 멸균에 편리한 것이어야 하며 미생물 검사를 위한 검체 채취의 기구·용기 중 검체와 직접 접촉하는 부분은 반드시 멸균 처리하여야 한다.

4) 검체와 직접 접촉하는 기구 및 용기는 검사결과에 영향을 미치지 않는 것이어야 한다.

5) 검체채취 및 기구·용기의 종류

(2)채취용 용기·포장

검체봉투(대, 중, 소), 검체채취병(광구병) 등

(3) 미생물검사용 검체채취 기구

멸균백, 멸균병, 일회용 멸균플라스틱 피펫, 멸균피펫 inspirator, 일회용 멸균 장갑, 70%
에틸알콜, 멸균스테인레스 국자, 멸균스테인레스 집게 등

(4) 냉장·냉동 검체 운반기구

아이스박스, 아이스팩, 실시간온도기록계 등

〈사건에 대한 법원의 판단〉

(1) 식품공전은 제9. 검체의 채취 및 취급 방법 중 제1항(검체채취의 의의)에 '검체의 채취는 식품위생법에 따라서 식품위생감시원이 검사대상으로부터 일부의 검체를 채취하여 기준·규격의 적합 여부, 오염물질 등에 대한 안전성 검사를 실시하여 그 검사결과에 따라 행정조치 등이 이루어지게 되므로 검사대상 선정, 검체채취·취급·운반·시험검사 등은 효율성을 확보하면서 과학적인 방법으로 수행하여야 한다. 따라서 검체를 채취하여 식품위생검사기관에 검사를 의뢰하는 것은 중요한 의의를 가지므로 식품위생감시원은 검체채취 및 취급방법 등에 대하여 충분한 지식을 가지고 그 직무를 수행하여야 한다'고 규정하여 검체 채취 절차와 방법의 중요성을 강조하고 있고, 특히 그 운반 요령에 따르면, 채취된 검체는 오염, 파손, 손상, 해동, 변형 등이 되지 않도록 주의하여 검사실로 운반하여야 하고, 김밥과 같은 부패·변질 우려가 있는 검체로서 미생물학적인 검사를 하는 검체는 멸균 용기에 무균적으로 채취하여 저온(5℃± 3 이하)을 유지시키면서 24시간 이내에 검사 기관에 운반하여야 하며, 부득이한 사정으로 이에 따라 검체를 운반하지 못한 경우에는 재수거하거나 채취 일시 및 그 상태를 기록하여 식품 위생 검사 기관에 검사 의뢰하여야 하고, 얼음 등을 사용할 때에는 얼음 녹은 물이 검체에 오염되지 않도록 주의하여야 하는 바, 이는 수거물에 대한 세균의 존재 여부 등 안정성 검사를 실시하여 그 검사 결과에 따라 행정 조치 등이 이루어지게 되므로 그 공정성 및 정확성을 확보하고자 수거에서부터 운반까지의 일련의 과정에서 일어날 수 있는 세균 오염 및 세균 증식 등을 예방하기 위하여 수거를 담당하는 관계 공무원으로 하여금 반드시 지켜야 할 사항을 규정한 것이라고 봄이 상당하다 할 것이다.

(2) 돌이켜 이 사건에 관하여 살피건대, 위 인정 사실에 의하면, 이 사건 단속 공무원들은 원고로부터 김밥을 수거하면서 별도의 멸균 용기 등을 사용하지 아니하고 은박지로 포장된 상태의 김밥을 건네받아 이를 그대로 수거 봉투에 넣은 다음 이를 유사한 방식으로 포장된 다른 검체들과 함께 아이스박스에 담아 운반하였을 뿐만 아니라, 단속 당일 오전 10:20경부터 15:40경까지 총 20여 곳의 음식점을 방문하여 수거한 검체를 모두 하나의 아이스박스에 담아 운반하면서도 그 수거 및 운반 과정, 그리고 검사 기관에 인계하기까지 아이스박스 내부 온도가 저온(5℃± 3 이하)으로 유지되는지는 한 번도 확인하지 아니함으로써 위에서 본 수거 절차를 위배하여 원고의 김밥에 바실러스세레우스균의 증식이 이루어질 수 있는 상황을 초래하였다. 이에 비추어 보면, 위 김밥에서 기준을 초과하는 바실러스세레우스균이 검출되었다고 하더라도 이는 위 공무원들의 위법한 수거 절차로 인하여 수거로부터 운반에 이르기까지의 일련의 과정에서 김밥에 바실러스세레우스균이 오염되어 증식하였을 가능성을 배제할 수 없다. 따라서 위와 같이 적법한 수거 절차를 지키지 않은 상태에서 수거된 원고의 김밥에서 바실러스세레우스균이 검출되었다는 점만으로는 원고가 식품위생법이 정한 기준과 규격에 맞지 않는 식품을 조리하였다고 단정할 수 없으므로, 피고의 이 사건 처분은 위법하다 할 것이다.

〈법원의 판단에 대한 해설〉

모든 행정 행위는 행정절차법 및 관련 법령을 근거로 시행되어야 한다. 그러나 실질적으로 실무에 있어서 완벽하게 절차대로 이행하는 것은 불가능에 가깝다고 하며, 어느 정도 이해가 가는 부분도 있다. 하지만 중요한 절차에 대해서는 어떠한 핑계나 과실도 용납될 수 없으며, 관련 법령에 의거하여 명확하게 진행하여야 한다. 공무원 교육 훈련에서도 이러한 절차적 위반 사항에 대해서 강의 때마다 강조하고 있으나, 관행 또는 업무 과중이라는 이유로 무시되는 경우가 많다. 반대로 감시원의 단속 때 식품관련업 종사자는 감시원의 절차적 위반을 감시하는 데 소홀해서는 안 되며 촬영이 불가능할 경우 꼼꼼히 기록이라도 남겨놓는다면 후일 소송 진행 시 큰 도움이 될 수 있다.

61. 유통기한 경과 식품 원재료의 문제 (부산지방법원 2009구단4726)

〈사건의 개요〉

부산에서 '가공왕'이라는 상호로 수산물제조·가공업을 운영하여 온 김제조 씨(이하 'A'라고 한다)는 부산광역시장으로부터 「판매용 건해삼을 살균·세척하는 용도로 비식용 목초액을 사용·보관하였다」며 식품 첨가물 기준과 규격을 위반하였다는 이유로 영업 정지 1월의 행정 처분을 받았다.

그러나 A는 공장 바닥의 청소 등에 사용하다가 부패하여 폐기하는 건해삼에 그 성능을 실험한 적이 있을 뿐 판매용 건해삼에 사용한 사실은 없다고 주장하면서 소송을 제기하였는데, 결과는 과연 어떻게 되었을까?

〈사건에 대한 적용 법령〉

식품위생법

제7조(식품 또는 식품 첨가물에 관한 기준 및 규격)

① 식품의약품안전처장은 국민보건을 위하여 필요하면 판매를 목적으로 하는 식품 또는 식품 첨가물에 관한 다음 각 호의 사항을 정하여 고시한다. 다만, 식품 첨가물 중 기구 및 용기·포장을 살균·소독하는 데에 쓰여서 간접적으로 식품으로 옮아갈 수 있는 물질은 그 성분명만을 고시할 수 있다.

1. 제조·가공·사용·조리·보존 방법에 관한 기준

2. 성분에 관한 규격

② 식품의약품안전청장은 제1항에 따라 기준과 규격이 고시되지 아니한 식품 또는 식품첨가물(식품에 직접 사용하는 화학적 합성품인 첨가물을 제외한다)에 대하여는 그 제조·가공업자에게 제1항 각 호의 사항을 제출하게 하여 제24조제1항제1호 및 제2항제1호에 따라 지정된 식품위생검사기관의 검토를 거쳐 제1항에 따른 기준과 규격이 고시될 때까지 그 식품 또

는 식품첨가물의 기준과 규격으로 인정할 수 있다.

③ 수출할 식품 또는 식품첨가물의 기준과 규격은 제1항 및 제2항에도 불구하고 수입자가 요구하는 기준과 규격을 따를 수 있다.

④ 제1항 및 제2항에 따라 기준과 규격이 정하여진 식품 또는 식품 첨가물은 그 기준에 따라 제조·수입·가공·사용·조리·저장·소분·운반·보존 또는 진열하여서는 아니 된다.

제75조 (허가취소 등)

① 식품의약품안전처장 또는 특별자치도지사·시장·군수·구청장은 영업자가 다음 각 호의 어느 하나에 해당하는 경우에는 대통령령으로 정하는 바에 따라 영업허가 또는 등록을 취소하거나 6개월 이내의 기간을 정하여 그 영업의 전부 또는 일부를 정지하거나 영업소 폐쇄(제37조제4항에 따라 신고한 영업만 해당한다. 이하 이 조에서 같다)를 명할 수 있다.

1. 제4조부터 제6조까지, 제7조제4항, 제8조, 제9조제4항, 제10조제2항, 제11조제2항 또는 제12조의2제2항을 위반한 경우

2. 제12조제1항·제2항 또는 제13조제1항을 위반한 경우

3. 제17조제4항을 위반한 경우

4. 제19조제1항을 위반한 경우

5. 제31조제1항을 위반한 경우

6. 제36조를 위반한 경우

7. 제37조제1항 후단, 제3항, 제4항 후단 및 제5항을 위반하거나 같은 조 제2항에 따른 조건을 위반한 경우

8. 제38조제1항제8호에 해당하는 경우

9. 제40조제3항을 위반한 경우

10. 제41조제5항을 위반한 경우

11. 제42조제1항을 위반한 경우

12. 제43조에 따른 영업 제한을 위반한 경우

13. 제44조제1항·제2항 및 제4항을 위반한 경우

14. 제45조제1항 전단에 따른 회수 조치를 하지 아니한 경우

15. 제48조제2항에 따른 위해요소중점관리기준을 지키지 아니한 경우

16. 제51조를 위반한 경우

17. 제71조제1항, 제72조제1항·제3항, 제73조제1항 또는 제74조제1항(제88조에 따라 준용되는 제71조제1항, 제72조제1항·제3항 또는 제74조제1항을 포함한다)에 따른 명령을 위반한 경우

18. 「성매매알선 등 행위의 처벌에 관한 법률」 제4조에 따른 금지행위를 한 경우

② 식품의약품안전청장 또는 특별자치도지사·시장·군수·구청장은 영업자가 제1항에 따른 영업정지 명령을 위반하여 영업을 계속하면 영업허가를 취소하거나 영업소 폐쇄를 명할 수 있다.

③ 식품의약품안전청장 또는 특별자치도지사·시장·군수·구청장은 다음 각 호의 어느 하나에 해당하는 경우에는 영업허가를 취소하거나 영업소 폐쇄를 명할 수 있다.

1. 영업자가 정당한 사유 없이 6개월 이상 계속 휴업하는 경우

2. 영업자(제37조제1항에 따라 영업허가를 받은 자만 해당한다)가 사실상 폐업하여 「부가가치세법」 제5조에 따라 관할세무서장에게 폐업신고를 하거나 관할세무서장이 사업자 등록을 말소한 경우

④ 제1항 및 제2항에 따른 행정처분의 세부기준은 그 위반 행위의 유형과 위반 정도 등을 고려하여 보건복지가족부령으로 정한다.

식품위생법 시행규칙

제89조 (행정처분의 기준)

법 제71조, 법 제72조, 법 제74조부터 법 제76조까지 및 법 제80조에 따른 행정처분의 기준은 별표 23과 같다.

〔**별표** 23〕 행정처분기준(제89조 관련)

Ⅱ. 개별기준

1. 식품제조·가공업 등

위반사항	행정처분기준		
	1차 위반	2차 위반	3차 위반
5. 법 제7조제4항을 위반한 경우 카.식품 첨가물의 사용 및 허용 　기준을 위반한 것으로서 1) 허용한 식품 첨가물 외의 　식품 첨가물	영업정지 1개월과 당해 제품 폐기	영업정지 2개월과 당해 제품 폐기	영업허가취소 또는 영업소 폐쇄

〈사건에 대한 법원의 판단〉

(1) 판매하거나 판매할 목적으로 기준과 규격에 맞지 아니하는 식품 또는 식품 첨가물을 제조·수입·가공·사용·조리·저장·소분·운반·보존·진열하면 안 되는 점에도 불구하고, 원고는 2009. 7. 초순경부터 2009. 9. 9. 16:00경 사이에 인터넷으로 비식용 목초액을 구입한 다음, 그 중 일부는 판매용 미국산 건해삼 하급 제품을 살균·세척하는데 사용하고, 그 나머지는 이를 위하여 보관한 사실을 인정할 수 있고 반증이 없다. 따라서 위 인정 사실에 의하면, 원고가 비식용 목초액을 판매용 건해삼의 살균·세척용으로 사용·보관함으로써 식품 첨가물의 기준과 규격을 위반한 것이 명백하므로, 원고의 위 첫 번째 주장은 이유가 없다.

(2) 나아가 제재적 행정 처분이 사회 통념상 재량권의 범위를 일탈하였거나 남용하였는지에 대한 여부는, 처분 사유였던 위반 행위의 내용과 당해 처분 행위에 의하여 달성하려는 공익 목적 및 이에 따르는 제반 사정 등을 객관적으로 심리하여, 공익 침해의 정도와 그 처분으로 인하여 개인이 입게 될 불이익을 비교·형량하여 판단하여야 한다. 이 경우, 제재적 행정 처분의 기준이 부령의 형식으로 규정되어 있더라도, 그것은 행정청 내부의 사무 처리 준칙일 뿐이므로 국민이나 법원을 대외적으로 기속하는 효력이 없고, 당해 처분의 적법 여부는 위 처분 기준만이 아니라 관계 법령의 규정 내용과 취지에 따라 판단되어야 하므로, 위 처분 기준에 적합하다 하여 곧바로 당

해 처분이 적법한 것이라고 할 수는 없다. 그러나 위 처분 기준이 그 자체로 헌법 또는 법률에 합치되지 아니하거나 위 처분 기준에 따른 제재적 행정 처분이 그 처분 사유가 된 위반 행위의 내용 및 관계 법령의 규정 내용과 취지에 비추어 현저히 부당하다고 인정할 만한 합리적인 이유가 없는 한, 섣불리 그 처분이 재량권의 범위를 일탈하였거나 재량권을 남용한 것이라고 판단할 수는 없다.(대법원 2007. 9 .20. 선고 2007두6946 판결 참조) 따라서, 앞서 든 증거와 이 사건 변론 과정에 나타난 다음과 같은 사정, 즉 ① 원고가 사용·보관한 비식용 목초액의 양이나 비식용 목초액을 사용한 식품이 그대로 유통될 경우 국민 보건에 미치게 되는 위해의 정도 등에 비추어 그 위반의 정도가 결코 가볍다고 보기 어려운 점, ② 이 사건 처분은 식품접객영업 관련 행정 처분에 관한 사무 처리 준칙이 되는 식품위생법 시행규칙 제89조 및 〔별표 23〕에서 정한 처분 기준을 따른 것인 점 등의 제반 사정을 고려하면, 원고가 내세우는 여러 사정들을 감안하더라도 이 사건 처분으로 인하여 달성하고자 하는 공익상 목적이 그로 인하여 원고가 입게 될 불이익보다 결코 적다고 할 수 없다. 따라서, 이 사건 처분이 재량권을 남용하거나 그 한계를 벗어난 것이라고 볼 수는 없고, 따라서 원고의 위 두 번째 주장도 이유가 없다.

〈법원의 판단에 대한 해설〉

　일반적으로 식자재 유통 회사에서 여러 종류의 제품을 관리하다가 관할 기관의 단속에 적발되거나 식품접객업소에서 냉장고 등에 유통기한이 경과한 제품을 보관하고 있다가 적발이 되는 사례가 많다. 물론 영업자 입장에서는 실제 유통기한이 경과한 것을 알고 있더라도 직원용 또는 폐기용으로 보관하다가 적발될 수 있는데, 물론 이때 행정 소송을 통해 구제받는 경우도 있지만, 이를 명백하게 입증하는 것은 매우 어려운 일이다. 만일 제품의 제조 또는 조리 과정에 사용할 목적이 아니었다면 제품 겉면에 명확하게 표시를 해 놓거나 별도의 분리된 장소에 보관하는 등의 조치를 취한 경우에만 추후 소송 등을 통해서 구제받을 때 유리한 증거로 제출이 가능하다. 그러므로 일단은 유통기한 경과 제품은 즉시 폐기 처분하는 것이 가장 좋은 방법이며, 그렇지 않다면 반드시 별도로 구획을 분리하여 보관하는 방법 등을 사용해야 한다.

〈사건의 개요〉

A는 태국에서 양조간장을 수입하는 과정에서 해당 식품에서 3-MCPD가 초과 검출되어 식품의약품안전처로부터 부적합 통보를 받았다. 그러나 현행 식품위생법에서는 산분해간장과 혼합간장에 대한 3-MCPD기준이 있을 뿐, 양조간장에 대한 기준이 없었고, 실제 혼합간장과 산분해간장에 대한 기준도 0.3mg/kg이었으나 검출량은 0.19mg/kg이었다. 하지만 식품의약품안전처에서는 유럽 기준을 적용하여 0.02mg/kg을 초과했기 때문에 부적합이라고 하였다. 이에 대한 소송 결과는?

〈사건에 대한 적용 법령〉

식품위생법

제7조(식품 또는 식품 첨가물에 관한 기준 및 규격)

① 식품의약품안전처장은 국민보건을 위하여 필요하면 판매를 목적으로 하는 식품 또는 식품 첨가물에 관한 다음 각 호의 사항을 정하여 고시한다.

1. 제조·가공·사용·조리·보존 방법에 관한 기준

2. 성분에 관한 규격

② 식품의약품안전처장은 제1항에 따라 기준과 규격이 고시되지 아니한 식품 또는 식품 첨가물의 기준과 규격을 인정받으려는 자에게 제1항 각 호의 사항을 제출하게 하여 「식품·의약품분야 시험·검사 등에 관한 법률」 제6조제3항제1호에 따라 식품의약품안전처장이 지정한 식품전문 시험·검사기관 또는 같은 조 제4항 단서에 따라 총리령으로 정하는 시험·검사기관의 검토를 거쳐 제1항에 따른 기준과 규격이 고시될 때까지 그 식품 또는 식품 첨가물의 기준과 규격으로 인정할 수 있다.

③ 수출할 식품 또는 식품 첨가물의 기준과 규격은 제1항 및 제2항에도 불구하고 수입자가 요
구하는 기준과 규격을 따를 수 있다.

④ 제1항 및 제2항에 따라 기준과 규격이 정하여진 식품 또는 식품 첨가물은 그 기준에 따라
제조·수입·가공·사용·조리·보존하여야 하며, 그 기준과 규격에 맞지 아니하는 식품 또는
식품 첨가물은 판매하거나 판매할 목적으로 제조·수입·가공·사용·조리·저장·소분·운
반·보존 또는 진열하여서는 아니 된다.

식품의 기준 및 규격

제 1. 총   칙

1. 일반원칙

28) 이 공전에서 기준 및 규격이 정하여지지 아니한 잔류농약, 중금속 등 유해물질 등에 관한
적·부 판정은 잠정적으로 국제식품규격위원회(CAC:Codex Alimentarius Commission)규정
을 준용할 수 있으며, 국제식품규격위원회 규정이 없는 경우에는 식품의약품안전처장이 해당 물
질에 대한 일일섭취허용량(ADI), 해당 식품의 섭취량 등 해당물질별 관련 자료와 선진외국의 엄
격한 기준 등을 종합적으로 검토하여 판정할 수 있다.

5. 식품일반의 기준 및 규격

14) 3-MCPD(3-Monochloropropane-1,2-diol) 기준 (단위: mg/kg)

대 상 식 품	기 준
산분해간장, 혼합간장(산분해간장 또는 산분해간장 원액을 혼합하여 가공한 것에 한한다)	0.3 이하
식물성 단백가수분해물 (HVP: Hydrolyzed vegetable protein)	1.0 이하 (건조물 기준으로서)

식품위생법 제7조, 제12조에서 보건사회부장관이 식품의 성분에 관한 규격을 정하여 고시할 수 있고, 그러한 기준을 수록한 식품 공전을 작성·보급하도록 규정하고 있는 취지는, 국민 보건상 특히 필요하다고 인정되는 판매용 식품의 성분 규격을 미리 정하여, 규격에 맞지 아니한 식품의 제조·판매 등을 금지시키기 위한 것에 불과하다. 따라서, 식품의 각 품목마다 반드시 그 고시를 하여야 하는 것은 아니고 또 이러한 고시를 하지 않았다고 하여 유독·유해한 성분을 용인하는 것이라고는 볼 수 없다(대법원 1995. 11. 7. 선고 95도1966 판결 등 참조). 한편 행정 규칙인 부령이나 고시가 법령의 수권에 의하여 법령을 보충하는 사항을 정하는 경우에는, 그 근거 법령 규정과 결합하여 대외적으로 구속력이 있는 법규 명령으로서의 성질과 효력을 가진다 할 것이다(대법원 2007. 5. 10. 선고 2005도591 판결 등 참조).

이 공전에서는 '기준 및 규격이 정하여지지 아니한 잔류농약, 중금속 등 유해물질 등에 관한 적·부 판정은 잠정적으로 국제식품규격위원회(CAC:odex Alimentarius Commission) 규정을 준용할 수 있으며, 국제식품규격위원회 규정이 없는 경우에는 식품의약품안전처장이 해당 물질에 대한 일일섭취허용량(ADI), 해당 식품의 섭취량 등 해당물질별 관련 자료와 선진 외국의 엄격한 기준 등을 종합적으로 검토하여 판정할 수 있다'고 규정하고 있다. 따라서, 피고가 위 28)항에 따라 간장의 3-MCPD 규제치에 대해 유럽연합 기준인 0.02㎎/㎏을 적용하여 이 사건 처분을 하였다고 밝히고 있는 이 사건에서 다음과 같은 사정에 비추어 보면, 법규 명령의 성질과 효력을 가지는 식품 공전에서는 간장에 대한 3-MCPD 검출 가능성과 그 유해성을 이미 인지하여 그 기준을 정하고 있다고 할 수 있기 때문에, 피고의 이 사건 처분은 이러한 식품 공전의 규정 해석에 반하여 위법하다고 할 것이다(이를 지적하는 원고의 이 부분 주장이 인정되는 이상, 나머지 주장에 관하여는 더 나아가 판단하지 않기로 한다).

양조간장과 산분해간장, 혼합간장이 식품영양적 측면과 가격적 측면 등에서 구별될 수는 있으나, 양조간장에 산분해간장, 혼합간장과 달리 15배 더 엄격한 3-MCPD 기준을 적용해야 할 타당한 이유는 없다. 식품 공전에서 규정한 기준 수치인 0.3㎎/㎏은 일일 최대 섭취 허용량과 국제

기준 등을 검토하여 규정된 것으로 보인다. 피고가 제시한 국제식품규격위원회 규정에서도 간장의 3-MCPD 기준을 0.4㎎/㎏으로 정하고 있으며, 다만 양조간장의 경우 3-MCPD가 검출될 가능성이 없다는 이유로 위 기준을 적용하지 아니한다고 정하고 있을 뿐이다. 사전 예방 원칙은 환경법학으로부터 발전하여 특히 유럽식품법에 수용되어 발전하고 있는데, 유럽연합 규정은 이러한 사전 예방 원칙을 수용하여 국제적으로 가장 엄격한 기준을 정하고 있다.

3-MCPD 는 산(酸) 분해 방법으로 제조한 간장에 함유 가능성이 큰 유해 물질로서, 양조간장으로 수입 신고한 제품인 이 사건 간장에서 3-MCPD 수치가 0.112㎎/㎏, 0.172㎎/㎏으로 검출된 것은 의아한 부분이기는 하다. 만약 피고가 이 사건 간장이 양조간장인지 여부가 의심되어 이에 대해 더 조사하여 신고 내용의 진부 등과 관련하여 재처분 등의 조치를 할 수도 있으나, 이는 별도의 논의로 하더라도, 이미 식품 공전에서 예정한 기준이 아니라 유럽연합의 기준을 미달하였다는 이유로 이 사건 처분을 할 수는 없다고 봄이 상당하다.

〈법원의 판단에 대한 해설〉

처음 이 사건을 접했을 때 너무 터무니없는 행정 처분이라 식품의약품안전처에 직접 문의를 했었다. 하지만 답변을 듣고 승소가 예상되었고, 결국 변호인이 주장한 내용을 법원에서 전부 받아들여 단기간에 사건이 종결되었다. 이로 인해 영업자는 현재 물품보관용 창고 비용 등을 포함해 식품의약품안전처를 상대로 손해 배상을 준비 중이다. 식품 사건에서 가장 빈번히 발생하는 부분이 바로 기준 및 규격의 해석에 대한 것이며, 이는 그만큼 어려운 문제이다. 하지만 식품의약품안전처의 해석에 따라 수많은 영업자의 운명이 갈릴 수 있기 때문에 공무원이 더 많이 법령을 공부하고 이해한 후에 집행을 해야 한다. 자의적인 해석, 확장해석, 유추해석 등 법에서 금지하고 있는 여러 행태의 해석을 스스로 멀리해야 한다. 문제를 해결하기 위해서는 어렵더라도 근본적인 것부터 의문을 가지고 항상 경계하는 마음을 늦춰서는 안 되며, 필요하다면 전문가의 조언을 반드시 듣고 결정해야만 한다.

63. 행정 처분의 취소 요건 (대전지방법원 2010구합1424)

〈사건의 개요〉

중국의 모 업체로부터 향신료 제품을 수입하여 판매하는 '향료조아(주)'는 부산지방식품의약품
안전청에 수입 신고를 마쳤다. 부산지방식약청장은 관능검사를 하는 과정에서 이 수입품의 라벨
상 제조일자에 유통기한 표시가 덧붙여진 것을 발견하였고, 제조일자를 사실과 다르게 신고하였
다는 이유로 향료조아(주)에게 약 2주간 영업 정지 처분을 내렸다. 향료조아(주)는 이 사건 처분
이 사실 오인에서 비롯된 것이라며 위법이라고 주장한다. 과연 결과는 어떻게 되었을까?

〈사건에 대한 적용 법령〉

식품위생법

제19조(수입 식품등의 신고 등)
① 판매를 목적으로 하거나 영업에 사용할 목적으로 식품등을 수입하려는 자는 총리령으로 정
　하는 바에 따라 식품의약품안전처장에게 신고하여야 한다.
② 식품의약품안전청장은 제1항에 따라 신고된 식품등에 대하여 통관 절차가 끝나기 전에 관
　계 공무원이나 검사기관으로 하여금 필요한 검사를 하게 하여야 한다. 다만, 기구 또는 용

기·포장은 통관 절차가 끝난 뒤에도 검사하게 할 수 있다.

③ 식품의약품안전청장은 제1항에 따라 신고된 식품등이 다음 각 호의 어느 하나에 해당하는 경우에는 제2항에도 불구하고 검사의 전부 또는 일부를 생략할 수 있다.

  1. 제4조부터 제6조까지 및 제8조에 따른 위해식품등에 해당하지 아니하고, 제7조, 제9조, 제36조 및 제48조에 적합하며, 제13조를 위반하지 아니하였다고 식품의약품안전청장이 미리 확인하여 등록(이하 "수입식품등 사전확인등록"이라 한다)한 경우(수산동식물은 수출국 정부가 인정하는 경우를 포함하되, 수출국이 우리나라에서 수입하는 수산동식물에 대하여 같은 제도를 인정하는 경우만 해당한다)

  2. 식품의약품안전청장이 인정하여 고시한 국내외 검사기관에서 검사를 받아 그 검사성적서 또는 검사증명서를 제출하는 경우

  3. 제20조제2항에 따라 등록한 우수수입업소가 수입한 경우

  4. 그 밖에 제1호부터 제3호까지에 준하는 사항으로서 보건복지부령으로 정하는 사유에 해당하는 경우

④ 제2항 및 제3항에 따른 검사의 종류·대상·방법과 수입식품등 사전확인등록의 기준·절차 등에 관하여 필요한 사항은 보건복지부령으로 정한다.

제75조(허가취소 등)

① 식품의약품안전처장 또는 특별자치도지사·시장·군수·구청장은 영업자가 다음 각 호의 어느 하나에 해당하는 경우에는 대통령령으로 정하는 바에 따라 영업허가 또는 등록을 취소하거나 6개월 이내의 기간을 정하여 그 영업의 전부 또는 일부를 정지하거나 영업소 폐쇄(제37조제4항에 따라 신고한 영업만 해당한다. 이하 이 조에서 같다)를 명할 수 있다.

  1. 제4조부터 제6조까지, 제7조제4항, 제8조, 제9조제4항, 제10조제2항 또는 제11조제2항을 위반한 경우

  2. 제12조제1항·제2항 또는 제13조제1항을 위반한 경우

  3. 제17조제4항을 위반한 경우

  4. 제19조제1항을 위반한 경우

  5. 제31조제1항을 위반한 경우

6. 제36조를 위반한 경우

7. 제37조제1항 후단, 제3항, 제4항 후단 및 제5항을 위반하거나 같은 조 제2항에 따른 조건을 위반한 경우

8. 제38조제1항제8호에 해당하는 경우

9. 제40조제3항을 위반한 경우

10. 제41조제5항을 위반한 경우

11. 제42조제1항을 위반한 경우

12. 제43조에 따른 영업 제한을 위반한 경우

13. 제44조제1항·제2항 및 제4항을 위반한 경우

14. 제45조제1항 전단에 따른 회수 조치를 하지 아니한 경우

15. 제48조제2항에 따른 위해요소중점관리기준을 지키지 아니한 경우

16. 제51조를 위반한 경우

17. 제71조제1항, 제72조제1항·제3항, 제73조제1항 또는 제74조제1항(제88조에 따라 준용되는 제71조제1항, 제72조제1항·제3항 또는 제74조제1항을 포함한다)에 따른 명령을 위반한 경우

18. 「성매매알선 등 행위의 처벌에 관한 법률」 제4조에 따른 금지행위를 한 경우

② 식품의약품안전청장 또는 특별자치도지사·시장·군수·구청장은 영업자가 제1항에 따른 영업정지 명령을 위반하여 영업을 계속하면 영업허가를 취소하거나 영업소 폐쇄를 명할 수 있다.

③ 식품의약품안전청장 또는 특별자치도지사·시장·군수·구청장은 다음 각 호의 어느 하나에 해당하는 경우에는 영업허가를 취소하거나 영업소 폐쇄를 명할 수 있다.

1. 영업자가 정당한 사유 없이 6개월 이상 계속 휴업하는 경우

2. 영업자(제37조제1항에 따라 영업허가를 받은 자만 해당한다)가 사실상 폐업하여 「부가가치세법」 제5조에 따라 관할세무서장에게 폐업신고를 하거나 관할세무서장이 사업자 등록을 말소한 경우

④ 제1항 및 제2항에 따른 행정처분의 세부기준은 그 위반 행위의 유형과 위반 정도 등을 고려하여 보건복지부령으로 정한다.

식품위생법 시행규칙

제89조(행정처분의 기준)

법 제71조, 법 제72조, 법 제74조부터 법 제76조까지 및 법 제80조에 따른 행정처분의 기준은 별표 23과 같다.

〔**별표** 23〕

Ⅰ. 일반기준

15. 다음 각 목의 어느 하나에 해당하는 경우에는 행정처분의 기준이, 영업정지 또는 품목·품목류 제조정지인 경우에는 정지처분 기간의 2분의 1 이하의 범위에서, 영업허가 취소 또는 영업장 폐쇄인 경우에는 영업정지 3개월 이상의 범위에서 각각 그 처분을 경감할 수 있다.

   나. 표시기준의 위반사항 중 일부제품에 대한 제조일자 등의 표시누락 등 그 위반사유가 영업자의 고의나 과실이 아닌 단순한 기계작동 상의 오류에 기인한다고 인정되는 경우

   다. 식품 등을 제조·가공하거나 수입만 하고 시중에 유통시키지 아니한 경우

Ⅱ. 개별기준

8. 법 제19조 제1항을 위반한 경우

   나. 식품 등을 수입신고할 때 사실과 다르게 신고하거나 허위서류를 제출하거나 안전성이 미확보된 식품 등을 수입신고한 경우로서

   3) 제조일자를 허위로 표시하거나 유통기한을 임의로 연장하여 표시한 경우 : 1차 위반 시 영업정지 1개월. 끝.

〈사건에 대한 법원의 판단〉

(1) 행정 목적을 달성하기 위해 행정 법규 위반에 대하여 가하는 제재 조치는, 행정 법규 위반이라는 객관적 사실에 착안하여 가하는 제재이므로, 위반자의 의무 해태를 탓할 수 없는 정당한

사유가 있는 등의 특별한 사정이 없는 한, 위반자의 고의나 과실이 없다고 하더라도 부과될 수 있다(대법원 2003. 9. 2. 선고 2002두5177호 판결 참조). 따라서 원고에게 고의·과실이 없다고 하더라도 의무 해태를 탓할 수 없는 특별한 사정이 없는 한, 앞서 본 바와 같이 원고가 피고 측에 대하여 식품에 대한 수입 신고를 함에 있어 제조일자를 사실과 다르게 신고한 이상, 원고는 객관적 사실에 기인하여 행정상 제재를 받을 지위에 있다고 할 것이다.

(2) 그러므로 원고에게 의무 해태를 탓할 수 없는 특별한 사정이 있는지 여부에 관하여 보건대, 앞서 본 사실 관계에 의하여 인정되는 다음과 같은 사정 즉, ① 관세사 사무소 직원 A가 원고 측에 라벨이 이중으로 부착되어 있음을 고지하였음에도 원고는 아무런 조치도 취하지 아니한 점, ② 이 사건 수입품을 수입 신고한 자는 관세사 사무소 직원인 A이지만 이행 보조자는 반드시 원고와 직접적인 종속 관계에 있어야 하는 것은 아니라고 할 수 있으므로, 위 A은 원고 측의 이행 보조자라고 할 것인데, 이중 라벨이 부착되어 수입되는 것은 매우 이례적인 사안임에도 위 A는 수입품의 일부만을 확인한 다음 그 경위나 후속 조치를 신중히 검토하지 아니한 채 그대로 피고 측에 수입 신고한 점, ③ 이중으로 라벨이 부착되어 있음을 안 원고나 A는 적어도 피고 측 담당자가 선정된 직후 또는 관능검사 직전까지 이러한 사정을 피고 측 담당자에게 사전에 고지함으로써 수입품 검사 시 이상이 발견되더라도 행정상 제재를 피할 수 있었다고 보이는 점, ④ 부산지방식품의약품안전청장이 원고에게 보낸 공문 내용도 처분 사유에 해당하지 않는다는 취지는 아닌 점, ⑤ 기타 실제 제조일자와 수입 신고서상 제조일자와의 차이가 작다거나 샘플 용도로 수입하였다는 등의 원고의 주장은 식품 안전 관리의 중요성에 비추어 처분 사유인 사실과 다른 수입 신고를 하였다는 사실을 없었던 것으로 되돌릴 수 있는 사정으로 볼 수는 없는 점 등을 종합하여 보면, 이 사건 수입품을 수입 신고할 당시 피고 측에 제조일자가 다른 수입 신고서를 제출한 경위와 관련하여 원고에게 의무 해태를 탓할 수 없는 특별한 사정이 있었다고 볼 수 없다.

(3) 또한 앞서 본 행정 처분 기준에 의하면, ① 피고는 원고에 대하여 원칙적으로 1개월의 영업 정지를 명하여야 하나, 그 기간을 1/2 감경하고 영업 정지 기간도 원고의 사정을 감안하여 조정하였던 점, ② 수입 식품을 수입하는 수입업자의 유통 질서를 확립하고 수입 식품의 안전성을 확보하여 국민의 건강을 보호하기 위한 이 사건 처분의 공익적 목적이 이 사건 처분으로 인하여 입

게 되는 원고의 사익보다 결코 적다고 할 수 없는 점, ③ 기타 이 사건 처분의 경위·내용 등을 종합하면, 원고가 주장하는 여러 사정을 감안하더라도 피고의 이 사건 처분에 재량권을 일탈·남용한 위법이 있다고 볼 수 없다. 따라서 이 사건 처분은 적법하고 원고의 위 주장은 이유가 없다.

〈법원의 판단에 대한 해설〉

최근 필자가 담당한 사건 중에 형사재판에서 무죄 판결을 받은 후 행정 소송에 있어서도 '위반자의 의무해태를 탓할 수 없는 정당한 사유가 있는 등의 특별한 사정이 있다는 것'을 입증하여 승소를 한 사례가 있었다. 하지만 본 사안의 경우에는 수입자로서 명백한 과실이 있기 때문에, 이에 대해서 위법성을 다투거나 공무원의 재량권을 남용했다고 주장하는 것은 억지처럼 보인다. 법원에서는 관계 법령에 의거하여 명확한 처분 사유가 존재하는지 여부를 검토하여 판단하기 때문에, 주장을 함에 있어서도 정당한 근거가 반드시 있어야 할 것이다.

64. 공무원의 임의적 유권 해석은 위법 (서울고등법원 2014누52208)

〈사건의 개요〉

A씨는 서울시 C구 소재 8090클럽인 '묻지마클럽'을 열어 스피커와 조명 시설 등을 갖추고 손님들로 하여금 테이블 사이에서 춤을 출 수 있도록 하면서 관할 행정 기관에 일반음식점으로 신고를 하였다. 이에 대해 관할 행정 기관에서는 일반음식점으로 영업 신고를 해 놓고 영업장 내에 음향기를 틀고 손님들이 조명 아래에서 춤을 추게 하는 등 무허가 유흥주점 영업을 했다며 시설개수명령을 내렸다. A씨는 이에 불복하여 시설개수명령 취소소송을 법원에 접수했는데, 그 결과는?

〈사건에 대한 적용 법령〉

식품위생법

제37조(영업허가 등)

① 제36조제1항 각 호에 따른 영업 중 대통령령으로 정하는 영업을 하려는 자는 대통령령으로 정하는 바에 따라 영업 종류별 또는 영업소별로 식품의약품안전처장 또는 특별자치도지사·시장·군수·구청장의 허가를 받아야 한다. 허가받은 사항 중 대통령령으로 정하는 중요한 사항을 변경할 때에도 또한 같다.

② 식품의약품안전처장 또는 특별자치도지사·시장·군수·구청장은 제1항에 따른 영업허가를 하는 때에는 필요한 조건을 붙일 수 있다.

③ 제1항에 따라 영업허가를 받은 자가 폐업하거나 허가받은 사항 중 같은 항 후단의 중요한 사항을 제외한 경미한 사항을 변경할 때에는 식품의약품안전처장 또는 특별자치도지사·시장·군수·구청장에게 신고하여야 한다.

④ 제36조제1항 각 호에 따른 영업 중 대통령령으로 정하는 영업을 하려는 자는 대통령령으로 정하는 바에 따라 영업 종류별 또는 영업소별로 식품의약품안전처장 또는 특별자치도지사·시장·군수·구청장에게 신고하여야 한다. 신고한 사항 중 대통령령으로 정하는 중요한 사항

을 변경하거나 폐업할 때에도 또한 같다.

⑤ 제36조제1항 각 호에 따른 영업 중 대통령령으로 정하는 영업을 하려는 자는 대통령령으로 정하는 바에 따라 영업 종류별 또는 영업소별로 식품의약품안전처장 또는 특별자치도지사·시장·군수·구청장에게 등록하여야 하며, 등록한 사항 중 대통령령으로 정하는 중요한 사항을 변경할 때에도 또한 같다. 다만, 폐업하거나 대통령령으로 정하는 중요한 사항을 제외한 경미한 사항을 변경할 때에는 특별자치도지사·시장·군수·구청장에게 신고하여야 한다.

⑥ 제1항, 제4항 또는 제5항에 따라 식품 또는 식품 첨가물의 제조업·가공업의 허가를 받거나 신고 또는 등록을 한 자가 식품 또는 식품 첨가물을 제조·가공하는 경우에는 총리령으로 정하는 바에 따라 식품의약품안전처장 또는 특별자치도지사·시장·군수·구청장에게 그 사실을 보고하여야 한다. 보고한 사항 중 총리령으로 정하는 중요한 사항을 변경하는 경우에도 또한 같다.

⑦ 식품의약품안전처장 또는 특별자치도지사·시장·군수·구청장은 영업자(제4항에 따른 영업신고 또는 제5항에 따른 영업등록을 한 자만 해당한다)가 「부가가치세법」 제8조에 따라 관할세무서장에게 폐업신고를 하거나 관할세무서장이 사업자등록을 말소한 경우에는 신고 또는 는 등록 사항을 직권으로 말소할 수 있다.

⑧ 제3항부터 제5항까지의 규정에 따라 폐업하고자 하는 자는 제71조부터 제76조까지의 규정에 따른 영업정지 등 행정 제재처분기간 중에는 폐업신고를 할 수 없다

제74조(시설 개수명령 등)

① 식품의약품안전처장, 시·도지사 또는 시장·군수·구청장은 영업시설이 제36조에 따른 시설기준에 맞지 아니한 경우에는 기간을 정하여 그 영업자에게 시설을 개수(改修)할 것을 명할 수 있다.

② 건축물의 소유자와 영업자 등이 다른 경우 건축물의 소유자는 제1항에 따른 시설 개수명령을 받은 영업자 등이 시설을 개수하는 데에 최대한 협조하여야 한다.

제21조(영업의 종류)

법 제36조제2항에 따른 영업의 세부 종류와 그 범위는 다음 각 호와 같다.

1. 식품제조·가공업: 식품을 제조·가공하는 영업

2. 즉석판매제조·가공업: 총리령으로 정하는 식품을 제조·가공업소에서 직접 최종소비자에게 판매하는 영업

3. 식품첨가물제조업

   가. 감미료·착색료·표백제 등의 화학적 합성품을 제조·가공하는 영업

   나. 천연 물질로부터 유용한 성분을 추출하는 등의 방법으로 얻은 물질을 제조·가공하는 영업

   다. 식품첨가물의 혼합제재를 제조·가공하는 영업

   라. 기구 및 용기·포장을 살균·소독할 목적으로 사용되어 간접적으로 식품에 이행(移行)될 수 있는 물질을 제조·가공하는 영업

4. 식품운반업: 직접 마실 수 있는 유산균음료(살균유산균음료를 포함한다)나 어류·조개류 및 그 가공품 등 부패·변질되기 쉬운 식품을 위생적으로 운반하는 영업. 다만, 해당 영업자의 영업소에서 판매할 목적으로 식품을 운반하는 경우와 해당 영업자가 제조·가공한 식품을 운반하는 경우는 제외한다.

5. 식품소분·판매업

   가. 식품소분업: 총리령으로 정하는 식품 또는 식품첨가물의 완제품을 나누어 유통할 목적으로 재포장·판매하는 영업

   나. 식품판매업

      1) 식용얼음판매업: 식용얼음을 전문적으로 판매하는 영업

      2) 식품자동판매기영업: 식품을 자동판매기에 넣어 판매하는 영업. 다만, 유통기간이 1개월 이상인 완제품만을 자동판매기에 넣어 판매하는 경우는 제외한다.

      3) 유통전문판매업: 식품 또는 식품첨가물을 스스로 제조·가공하지 아니하고 제1호의 식품제조·가공업자 또는 제3호의 식품첨가물제조업자에게 의뢰하여 제조·가공한 식품

또는 식품첨가물을 자신의 상표로 유통·판매하는 영업

  4) 집단급식소 식품판매업: 집단급식소에 식품을 판매하는 영업

  5) 식품등수입판매업: 식품등을 수입하여 판매하는 영업. 다만, 식품등의 채취·제조 또는 가공에 사용되는 기계를 수입하는 경우는 제외한다.

  6) 기타 식품판매업: 1)부터 5)까지를 제외한 영업으로서 총리령으로 정하는 일정 규모 이상의 백화점, 슈퍼마켓, 연쇄점 등에서 식품을 판매하는 영업

6. 식품보존업

가. 식품조사처리업: 방사선을 쪼여 식품의 보존성을 물리적으로 높이는 것을 업(業)으로 하는 영업

나. 식품냉동·냉장업: 식품을 얼리거나 차게 하여 보존하는 영업. 다만, 수산물의 냉동·냉장은 제외한다.

7. 용기·포장류제조업

가. 용기·포장지제조업: 식품 또는 식품첨가물을 넣거나 싸는 물품으로서 식품 또는 식품첨가물에 직접 접촉되는 용기(옹기류는 제외한다)·포장지를 제조하는 영업

나. 옹기류제조업: 식품을 제조·조리·저장할 목적으로 사용되는 독, 항아리, 뚝배기 등을 제조하는 영업

8. 식품접객업

가. 휴게음식점영업: 주로 다류(茶類), 아이스크림류 등을 조리·판매하거나 패스트푸드점, 분식점 형태의 영업 등 음식류를 조리·판매하는 영업으로서 음주행위가 허용되지 아니하는 영업. 다만, 편의점, 슈퍼마켓, 휴게소, 그 밖에 음식류를 판매하는 장소(만화가게 및 「게임산업진흥에 관한 법률」 제2조제7호에 따른 인터넷컴퓨터게임시설제공업을 하는 영업소 등 음식류를 부수적으로 판매하는 장소를 포함한다)에서 컵라면, 일회용 다류 또는 그 밖의 음식류에 물을 부어 주는 경우는 제외한다.

나. 일반음식점영업: 음식류를 조리·판매하는 영업으로서 식사와 함께 부수적으로 음주행위가 허용되는 영업

다. 단란주점영업: 주로 주류를 조리·판매하는 영업으로서 손님이 노래를 부르는 행위가 허용되는 영업

라. 유흥주점영업: 주로 주류를 조리·판매하는 영업으로서 유흥종사자를 두거나 유흥시설을 설치할 수 있고 손님이 노래를 부르거나 춤을 추는 행위가 허용되는 영업

마. 위탁급식영업: 집단급식소를 설치·운영하는 자와의 계약에 따라 그 집단급식소에서 음식류를 조리하여 제공하는 영업

바. 제과점영업: 주로 빵, 떡, 과자 등을 제조·판매하는 영업으로서 음주행위가 허용되지 아니하는 영업

〈사건에 대한 법원의 판단〉

'시설 개수 명령은 시설 기준을 위반한 영업 시설에 대해 할 수 있는 것이지, 시설기준을 위반하지 않은 영업 시설에 대해 그 불법적인 이용을 금지하고자 적법한 시설의 이용 형태나 범위를 제한하는 내용의 시설 개수 명령은 할 수 없다'며, '영업장에 무도장이 객관적으로 실재하지 않음에도 불구하고 손님들이 테이블과 테이블 사이의 빈 공간에서 음악과 조명에 맞춰 춤을 춘 것이 실질적으로 무도장을 설치한 것에 해당한다는 이유로 내린 시설 개수 명령은 위법하므로 취소돼야 한다'고 밝혔다.

식품위생법 제74조는 영업 시설이 법에 따른 시설 기준에 맞지 않는 경우, 기간을 정해 영업자에게 시설을 개수할 것을 명령할 수 있도록 규정하고 있다. 또 명령을 위반한 경우에는 영업 정지·영업소 폐쇄를 할 수 있도록 명시하고 있다.

재판부는 적법하게 설치된 영업 시설의 불법 이용을 규제하기 위해서는 식품위생법 시행규칙의 '영업자 준수 사항'을 개정해야 한다고 지적했다. 재판부는 '일반음식점에서 영업자가 손님이 춤을 추도록 허용하는 행위를 금지하는 내용을 포함하는 것으로 규칙을 개정하지 않는 한, 원고가 영업장에서 손님이 춤을 추도록 허용하는 유흥주점 영업 행위를 하더라도 영업자 준수 사항 위반이 되지 않으므로 영업 정지 또는 영업소 폐쇄를 할 수 없으며 단지 무허가 유흥주점 영업으로 인한 형사처벌을 할 수 있을 뿐'이라고 설명했다.

<법원의 판단에 대한 해설>

　연금 개혁 등 국가를 위해서 봉사하는 공무원들에게는 참으로 힘든 시기임에는 틀림없다. 하지만 공무원은 국가를 위해 일하기 때문에 사소한 과실이나 부주의도 일반 영업자에 비해서 더욱 조심해야 된다는 것은 너무나 상식적인 것이다. 실제로 소송을 진행하다 보면 관할 기관의 담당자들이 법령에 대한 논리적인 접근이나 해석 없이 단순히 위법해 보이니 처벌해야 한다거나, 담당자를 괴롭혔으니 처벌해야 한다는 등의 소위 '괘씸죄'를 적용하는 비상식적인 행동이 여전히 남아 있는 실정이다. 이로 인해서 영업자들은 비록 소송에서 승소를 하여도 소송 기간 동안 낭비된 인력 및 금전이 회복될 수 없는 지경에 이르러, 결국 공무원의 의도대로 처벌 아닌 처벌을 받게 된다. 공무원의 재량권은 반드시 법적인 범위 내에서 가능하다. 이 또한 법령을 정비하여, 명시적으로는 합법이더라도 악의적으로는 재량권을 남용하는 공무원의 이러한 행위를 방지하는 방안이 강구되어야 할 것이다.

65. 잔반 보관의 문제 (부산지방법원 2009구단3976)

〈사건의 개요〉

돼지국밥 식당을 운영하는 A씨는 유통기한이 경과된 어묵을 조리·판매 목적으로 보관하고, 손님이 먹고 남은 백김치를 재사용 목적으로 보관하다가 적발되어 22일간 영업 정지 처분을 받았다. 그러나 A씨는 어묵은 종업원의 실수로 냉장고에 방치되어 있었던 것이지 조리·판매 목적이 아니었고, 백김치 또한 종업원들이 찌개로 끓여먹기 위해 보관하고 있었던 것이지 재사용 목적이 아니라며 이의를 제기했는데, 과연 결과는 어떻게 되었을까?

〈사건에 대한 적용 법령〉

식품위생법

제44조(영업자 등의 준수사항)

① 식품접객영업자 등 대통령령으로 정하는 영업자와 그 종업원은 영업의 위생관리와 질서유지, 국민의 보건위생 증진을 위하여 보건복지부령으로 정하는 사항을 지켜야 한다.

② 식품접객영업자는 「청소년보호법」 제2조에 따른 청소년(이하 이 항에서 "청소년"이라 한다)에게 다음 각 호의 어느 하나에 해당하는 행위를 하여서는 아니 된다.

  1. 청소년을 유흥접객원으로 고용하여 유흥행위를 하게 하는 행위

  2. 「청소년보호법」 제2조제5호가목(1)에 따른 청소년출입·고용 금지업소에 청소년을 출입시키거나 고용하는 행위

  3. 「청소년보호법」 제2조제5호나목(1)에 따른 청소년고용금지업소에 청소년을 고용하는 행위

  4. 청소년에게 주류(酒類)를 제공하는 행위

③ 누구든지 영리를 목적으로 제36조제1항제3호의 식품접객업을 하는 장소(유흥종사자를 둘

수 있도록 대통령령으로 정하는 영업을 하는 장소는 제외한다)에서 손님과 함께 술을 마시거나 노래 또는 춤으로 손님의 유흥을 돋우는 접객행위(공연을 목적으로 하는 가수, 악사, 댄서, 무용수 등이 하는 행위는 제외한다)를 하거나 다른 사람에게 그 행위를 알선하여서는 아니 된다.

④ 제3항에 따른 식품접객영업자는 유흥종사자를 고용·알선하거나 호객행위를 하여서는 아니 된다.

⑤ 주문자 상표부착방식으로 수출국에 제조·가공을 위탁하여 제19조에 따라 식품등(이하 "주문자상표부착식품등"이라 한다)을 수입·판매하는 영업자는 다음 각 호의 사항을 지켜야 한다.

1. 주문자상표부착식품등을 제조·가공하는 업체에 대하여 식품의약품안전청장이 정하는 위생점검에 관한 기준에 따라 대통령령으로 정한 기관 또는 단체로 하여금 현지 위생점검 등을 실시하여야 한다.

2. 주문자상표부착식품등에 대하여 제31조에 따른 검사를 실시하고, 그 기록을 2년간 보관하여야 한다.

제75조(허가취소 등)

① 식품의약품안전청장 또는 특별자치도지사·시장·군수·구청장은 영업자가 다음 각 호의 어느 하나에 해당하는 경우에는 대통령령으로 정하는 바에 따라 영업허가를 취소하거나 6개월 이내의 기간을 정하여 그 영업의 전부 또는 일부를 정지하거나 영업소 폐쇄(제37조제4항에 따라 신고한 영업만 해당한다. 이하 이 조에서 같다)를 명할 수 있다.

1. 제4조부터 제6조까지, 제7조제4항, 제8조, 제9조제4항, 제10조제2항 또는 제11조제2항을 위반한 경우

2. 제12조제1항·제2항 또는 제13조제1항을 위반한 경우

3. 제17조제4항을 위반한 경우

4. 제19조제1항을 위반한 경우

5. 제31조제1항을 위반한 경우

6. 제36조를 위반한 경우

7. 제37조제1항 후단, 제3항, 제4항 후단 및 제5항을 위반하거나 같은 조 제2항에 따른 조건을 위반한 경우

8. 제38조제1항제8호에 해당하는 경우

9. 제40조제3항을 위반한 경우

10. 제41조제5항을 위반한 경우

11. 제42조제1항을 위반한 경우

12. 제43조에 따른 영업 제한을 위반한 경우

13. 제44조제1항·제2항 및 제4항을 위반한 경우

14. 제45조제1항 전단에 따른 회수 조치를 하지 아니한 경우

15. 제48조제2항에 따른 위해요소중점관리기준을 지키지 아니한 경우

16. 제51조를 위반한 경우

17. 제71조제1항, 제72조제1항·제3항, 제73조제1항 또는 제74조제1항(제88조에 따라 준용되는 제71조제1항, 제72조제1항·제3항 또는 제74조제1항을 포함한다)에 따른 명령을 위반한 경우

18. 「성매매알선 등 행위의 처벌에 관한 법률」 제4조에 따른 금지행위를 한 경우

② 식품의약품안전청장 또는 특별자치도지사·시장·군수·구청장은 영업자가 제1항에 따른 영업정지 명령을 위반하여 영업을 계속하면 영업허가를 취소하거나 영업소 폐쇄를 명할 수 있다.

③ 식품의약품안전청장 또는 특별자치도지사·시장·군수·구청장은 다음 각 호의 어느 하나에 해당하는 경우에는 영업허가를 취소하거나 영업소 폐쇄를 명할 수 있다.

1. 영업자가 정당한 사유 없이 6개월 이상 계속 휴업하는 경우

2. 영업자(제37조제1항에 따라 영업허가를 받은 자만 해당한다)가 사실상 폐업하여 「부가가치세법」 제5조에 따라 관할세무서장에게 폐업신고를 하거나 관할세무서장이 사업자등록을 말소한 경우

④ 제1항 및 제2항에 따른 행정처분의 세부기준은 그 위반 행위의 유형과 위반 정도 등을 고려하여 보건복지가족부령으로 정한다.

식품위생법

제52조(허가취소 등)

① 다음 각 호의 처분은 처분 사유 및 처분 내용 등이 기재된 서면으로 하여야 한다.

　　1. 법 제75조에 따른 영업허가 취소, 영업정지 또는 영업폐쇄 처분

　　2. 법 제76조에 따른 품목·품목류 제조정지 처분

　　3. 법 제80조에 따른 조리사 또는 영양사의 면허취소 또는 업무정지 처분

② 제1항에 따른 처분을 하기 위하여 법 제81조에 따른 청문을 하거나 「행정절차법」제27조에 따른 의견제출을 받았을 때에는 특별한 사유가 없으면 그 절차를 마친 날부터 14일 이내에 처분을 하여야 한다.

식품위생법 시행규칙

제57조(식품접객영업자 등의 준수사항 등)

법 제44조제1항에 따라 식품접객영업자 등이 지켜야 할 준수사항은 별표 17과 같다.

〔**별표** 17〕 식품접객영엽업자 등의 준수사항(제57조 관련)

6. 식품접객업자(위탁급식영업자는 제외한다)의 준수사항

　　카. 유통기한이 경과된 원료 또는 완제품을 조리·판매의 목적으로 보관하거나 이를 음식물의 조리에 사용하여서는 아니 된다.

　　러. 식품접객업자는 손님이 먹고 남은 음식물을 다시 사용하거나 조리하거나 또는 보관(폐기용이라는 표시를 명확하게 하여 보관하는 경우는 제외한다)하여서는 아니 된다.

제89조(행정처분의 기준)

법 제71조, 법 제72조, 법 제74조부터 법 제76조까지 및 법 제80조에 따른 행정처분의 기준은 별표 23과 같다.

〔**별표** 23〕 행정처분의 기준(제89조 관련)

Ⅰ. 일반기준

1. 둘 이상의 위반행위가 적발된 경우로서 위반행위가 다음 각 목의 어느 하나에 해당하는 경우에는 가장 중한 정지처분 기간에 나머지 각각의 정지처분 기간의 2분의 1을 더하여 처분한다.

　가. 영업정지에만 해당하는 경우

Ⅱ. 개별기준

3. 식품접객업

영 제21조제8호의 식품접객업을 말한다.

위반사항	근거법령	행정처분기준		
		1차 위반	2차 위반	3차 위반
10. 법 제44조제1항을 위반한 경우 가. 식품접객업자의 준수사항(별표 17 제6호 자목·머목 및 별도의 개별 처분기준이 있는 경우는 제외한다)의 위반으로서, 4) 별표 17 제6호 나목, 카목, 타목 3)·4), 하목 또는 어목을 위반한 경우 6) 별표 17 제6호 러목을 위반한 경우	법 제71조 및 법 제75조	영업정지 15일 영업정지 15일	영업정지 1개월 영업정지 2개월	영업정지 3개월 영업정지 3개월

〈사건에 대한 법원의 판단〉

먼저 직권으로 이 사건 처분 사유 중 「손님이 먹고 남은 백김치를 재사용 목적으로 보관한 행위」(이하 이 사건 재사용 목적 보관 행위라고 한다)가 식품접객업자의 준수사항을 위반한 행위에 해당하는지 여부에 관하여 살피건대, 앞서 인정한 사실 관계와 이 사건 변론 과정에 나타난 여러 사정을 고려하면, 피고는 이 사건 재사용 목적 보관 행위가 식품위생법 시행규칙 제57조 〔별표 17〕 제6호 러목에서 정하고 있는 「식품접객업자는 손님이 먹고 남은 음식물을 다시 사용·조리하여서는 아니 된다」는 규정을 위반하였다는 이유로 이 사건 처분을 한 것으로 보인다.

그러나 위 식품위생법 시행규칙 제57조 〔별표 17〕 제6호 러목에서 금지하고 있는 행위는 손님이 먹고 남은 음식물을 다시 사용하거나 조리하는 행위이지, 이 사건 재사용 목적 보관 행위와 같이 손님이 먹고 남은 음식물을 다시 사용하거나 조리할 목적으로 보관하고 있는 행위가 아님은 법문언상 분명하다. 나아가 손님이 먹고 남은 음식물을 다시 사용하거나 조리하는 행위가 손님이 먹고 남은 음식물을 다시 사용하거나 조리할 목적으로 보관하고 있는 행위를 포함된다고 확장하여 해석하는 것은, 이 사건과 같은 제재적 행정 처분의 근거 규정 해석 시에는 허용되지 않는다고 봄이 상당하다. 따라서 위 식품위생법 시행규칙 제57조 〔별표 17〕 제6호 러목의 규정은 이 사건 재사용 목적 보관 행위에 대한 행정 처분의 근거가 될 수 없고, 달리 이 사건 재사용 목적 보관 행위에 대한 행정 처분의 근거가 될 만한 규정이 없다.

따라서 피고는 이 사건 처분을 함에 있어 법리를 오해함에 따라 행정 처분의 근거 규정이 없는 이 사건 재사용 목적 보관 행위까지 처분 사유에 포함시켰다고 할 수 있으므로, 이 사건 처분은 원고의 나머지 주장에 대하여 더 나아가 살필 필요 없이 위법하다.

〈법원의 판단에 대한 해설〉

법원의 판결문을 일반인이 접할 기회가 많지는 않다. 필자도 법을 공부하면서 가장 어려운 일이 판결문을 읽고 해석하는 일이다. 처음 판결문을 읽으면 외국어보다 훨씬 어렵거나 외국어처럼 느껴지는 것이 일반적이다. 공무원, 영업자, 학생 등을 대상으로 식품위생법을 강의하면서 가장 먼저 하는 것이 법률 용어의 정의이고, 그 다음이 법률의 해석이다. 일반적으로 법률 조항에 대한 해석이 상식선을 크게 벗어나는 일은 없다. 하지만 구체적인 단어 하나하나를 따져보면 그 해석 내용은 이루 표현할 수 없을 정도로 엄격하다. 분명히 입법자나 실무자들은 본 사안에 당연히 '보관'이 포함된다고 생각하고 업무를 했을 것이다. 하지만 누차 강조했듯이 법률의 해석은 임의로 할 수 없으며, 쉽게 상식으로 치부될 수 없다. 그래서 결국 법률가의 도움이 필요하다. 사고가 발생한 뒤에 피해를 회복하는 것보다 항상 미리 준비하고 예방하는 영업자들이 되기를 바란다.

66. 농산물·임산물의 과대광고 (광주지방법원 2010구합4889)

〈사건의 개요〉

농산물 가공 및 제조, 판매업 등을 목적으로 설립된 영농조합법인 'OO식품영농조합법인(이하 'A'라고 한다)'은 각종 양파즙 제품을 제조 및 판매하고 있던 중, '놀라운 양파의 효능'이라는 책의 내용을 게시한 다른 홈페이지의 바로가기를 A의 인터넷 홈페이지에 링크한 것이 허위과대광고에 해당한다며 영업 정지 15일의 처분을 통보 받았다. 이에 A는 법을 위반하지 않았다고 주장하는데, 과연 결과는 어떻게 되었을까?

〈사건에 대한 적용 법령〉

건강기능식품에관한법률

제18조(허위·과대·비방의 표시·광고 금지)
① 누구든지 건강기능식품의 명칭, 원재료, 제조방법, 영양소, 성분, 사용방법, 품질 및 건강기능 식품이력추적관리 등에 관하여 다음 각 호에 해당하는 허위·과대·비방의 표시·광고를 하여 서는 아니 된다.

1. 질병의 예방 및 치료에 효능·효과가 있거나 의약품으로 오인(誤認)·혼동할 우려가 있는 내용의 표시·광고

2. 사실과 다르거나 과장된 표시·광고

3. 소비자를 기만하거나 오인·혼동시킬 우려가 있는 표시·광고

4. 의약품의 용도로만 사용되는 명칭(한약의 처방명을 포함한다)의 표시·광고

5. 다른 업체 또는 그 업체의 제품을 비방하는 표시·광고

6. 제16조제1항에 따라 심의를 받지 아니하거나 심의받은 내용과 다른 내용의 표시·광고

② 제1항에 따른 허위·과대·비방의 표시·광고의 범위 등에 관하여 필요한 사항은 총리령으로 정한다.

건강기능식품에관한 법률 시행규칙

제21조(허위·과대·비방의 표시·광고의 범위)
법 제18조제2항에 따른 허위·과대·비방의 표시·광고의 범위는 별표 5와 같다.

〔**별표** 5〕 허위·과대·비방의 표시·광고의 범위(제21조관련)

1. 질병의 예방 및 치료에 효능·효과가 있거나 의약품으로 오인·혼동할 우려가 있는 내용의 표시·광고에 해당하는 경우

    가. 질병 또는 질병군의 발생을 사전에 방지한다는 내용의 표시·광고

    나. 질병 또는 질병군에 효과가 있다는 내용의 표시·광고. 다만, 질병이 아닌 인체의 구조 및 기능에 대한 보건용도의 유용한 효과는 해당되지 아니한다.

    다. 질병의 특징적인 징후 또는 증상에 대하여 효과가 있다는 내용의 표시·광고

    라. 제품명, 학술자료, 사진 등을 활용하여 질병과의 연관성을 암시하는 표시·광고. 다만, 질병의 발생 위험을 감소시키는데 도움이 된다는 표시·광고의 경우에는 해당되지 아니한다.

    마. 의약품에 포함된다는 내용의 표시·광고

    바. 의약품을 대체할 수 있다는 내용의 표시·광고

사. 의약품의 효능 또는 질병 치료의 효과를 증가시킨다는 내용의 표시·광고

2. 사실과 다르거나 과장된 표시·광고에 해당하는 경우

　　가. 법 제5조 내지 법 제7조의 규정에 따라 허가받은 사항이나 신고한 사항 또는 법 제8조의 규정에 따라 수입신고한 사항과 다른 내용의 표시·광고

　　나. 식품의약품안전처장이 인정하지 아니한 기능성을 나타내는 내용의 표시·광고

　　다. 정부 또는 관련공인기관의 수상·인증·선정·특허와 관련하여 사실과 다른　내용의 표시·광고

　　라. 삭제

3. 소비자를 기만하거나 오인·혼동시킬 우려가 있는 표시·광고에 해당하는 경우

　　가. 각종의 감사장 또는 체험기 등을 이용하거나 "주문쇄도", "단체추천" 또는 이와 유사한 내용을 표현하는 광고

　　나. 의사, 치과의사, 한의사, 수의사, 약사, 한약사, 대학교수 또는 그 밖의 자가 제품의 기능성을 보증하거나, 제품을 지정·공인·추천·지도 또는 사용하고 있다는 내용 등의 표시·광고. 다만, 해당제품의 연구·개발에 직접 참여한 사실을 표시·광고하는 경우를 제외한다.

　　다. 외국어의 사용 등으로 외국제품으로 혼동할 우려가 있는 표시·광고 또는 외국과 기술제휴한 것으로 혼동할 우려가 있는 내용의 표시·광고

　　라. 해당 제품의 제조방법·품질·영양소·원재료·성분 또는 효과와 직접 관련이　적은 내용을 강조함으로써 다른 업소의 제품을 간접적으로 다르게 인식되게 하는 광고

　　마. 비교표시·광고의 경우 그 비교대상 및 비교기준이 명확하지 아니하거나 비교내용 및 비교방법이 적정하지 아니한 내용의 표시·광고

4. 의약품의 용도로만 사용되는 명칭(한약의 처방명을 포함한다)의 표시·광고의 경우 : 법 제24조제3항의 규정에 따라 식품의약품안전처장이 정한 의약품의 용도로만 사용되는 원료에 관한 내용의 표시·광고

5. 다른 업체 또는 그 제품을 비방하는 표시·광고에 해당하는 경우: 다른 업체 또는 그 제품에 관하여 객관적인 근거가 없는 내용을 나타내어 비방하는 표시·광고

(1) 이 사건 근거 규정이 식품의 약리적 효능에 관한 표시·광고를 전부 금지하고 있다고 볼 수는 없다. 그러한 내용의 표시·광고라 하더라도, 그것이 식품으로서 갖는 효능이라는 본질적 한계 내에서 식품의 부수적인 영양 섭취의 결과 나타나는 효과임을 표시·광고하는 것과 같은 경우에는 허용된다고 보아야 한다. 그러므로 결국 이 사건 근거 규정을 해석할 때에는, 특정 식품이 마치 특정 질병의 직접적인 치료·예방 등을 주된 목적으로 하는 것인 양 표시·광고하여 소비자로 하여금 혼동·오인하게 하는 경우만을 규제한다고 한정적으로 해석하여야 하며, 이러한 판단은 법 적용 기관이 사회 일반인의 평균적 인식을 기준으로 구체적으로 하여야 한다(대법원 2007. 9. 6. 선고 2007도3831 판결 등 참조).

(2) 이 사건에 관하여 보건대, 갑 제4호증, 을 제1, 5, 6, 7호증의 각 기재만으로는 원고가 제1홈페이지에 제2홈페이지를 링크한 것이 이 사건 식품을 마치 특정 질병의 직접적인 치료·예방 등을 주된 목적으로 하는 것인 양 표시·광고하여 소비자로 하여금 혼동·오인하게 하였다고 보기에 부족하며, 달리 이를 인정할 증거가 없다.

(3) 오히려 갑 제4호증, 을 제1 내지 4호증의 각 기재에 변론 전체의 취지를 더하면, 아래와 같은 사정을 알 수 있을 뿐이다.

① 원고가 제1홈페이지에 링크한 제2홈페이지에서는 '놀라운 양파의 효능'이라는 이름으로 현재 시중에서 팔리고 있는 책의 대략적인 내용을 소개하고 있는데, 세부 내용으로는 양파의 역사와 종류, 성분, 효능 등 양파에 관한 각종 상식이나 연구 결과 등을 담고 있다. ② 위와 같이 양파의 효능에 대한 내용은 이미 TV 건강 관련 프로그램에서 수차례 방영을 한 적도 있어 일반인에게 생소한 내용으로 보기는 어렵다. ③ 제2홈페이지에서는 '놀라운 양파의 효능' 항목을 두어 그 하위 항목으로 '고혈압·고지혈증, 당뇨, 다이어트' 등 각종 질병이나 건강 유지 관련 항목을 마련하고 있다. 항목별로 '양파' 그 자체가 위 각 질병을 예방·치료하고 건강을 개선하는 데 효과가 있다는 내용을 담고는 있으나, 이 사건 식품, 즉 원고가 판매하는 '양파즙'을 위와 같은 효과와 직접적으로 연관시키고 있거나 이 사건 식품을 연상할 수 있는 표현이 존재하지는 않는다. ④ 비록 원고가 제2홈페이지

의 위쪽 주제 항목들('양파의 역사와 종류', '양파의 성분' 등)을 선택하여 들어가면 나오는 하위 항목 게시글 왼편에 제1홈페이지로 갈 수 있는 링크를 설치하였으나, 이는 게시글 내용과는 별도로 이 사건 식품을 광고한 것에 불과할 뿐, 위 게시글 내용과 직접적으로 결합하여 이 사건 식품이 질병의 치료에 효능이 있다는 표시·광고를 한 것으로 보기는 어렵다(게다가 피고는 이러한 사유를 이 사건 처분의 사유로 들지 않았다). ⑤ 또한, 위와 같은 제1홈페이지 바로가기 링크의 내용은 '양파즙 다이어트, 복부비만 양파즙으로 없애자'는 것인데, 이는 식품위생법 시행규칙 제8조 제2항 제4호 별표 3 제1항 가호의 '신체 조직과 기능의 일반적인 증진을 주 목적으로 하는 표현'에 해당하여 허위 표시·과대광고로 보지 아니하는 표시·광고 유형에 속한다.

(4) 따라서, 원고가 제1홈페이지에서 '놀라운 양파의 효능'이라는 책의 내용이 담긴 제2홈페이지의 바로가기를 링크시킨 행위는, 원고가 제조 및 판매하는 이 사건 식품에 대한 허위 표시나 과대광고라고 할 수 없으므로, 이를 전제로 한 피고의 이 사건 처분은 위법하다.

〈법원의 판단에 대한 해설〉

건강 기능 식품 또는 일반 식품의 광고에 있어서 과대광고의 판단 기준은 주지하다시피 사회 평균인의 일반적 인식이다. 하지만 이 또한 매우 모호한 정의여서, 실제로 건강 기능 식품 등을 주로 복용하는 노년층은 특정 제품을 의약품으로 오인·혼돈하거나 판매원에게 속아 이를 구매하는 것을 많이 볼 수 있다. 본 사안의 경우 1차 농산물 또는 임산물이 특정 효과를 낸다는 표현은 이미 방송 등에서도 일반화되어 있어서 처벌하기는 쉽지 않다. 하지만 양파즙을 통해 다이어트 효과가 있다는 표현을 과대광고로 보지 않은 법원의 판결은 동의하기 어렵다. 직설적으로 말하면, 하급심 판결은 다른 법원에서 반드시 따라야 할 필요가 없고 상급심에서 충분히 번복될 수 있으므로, 단순히 본 판결만을 믿고 과대광고를 해서는 안 된다. 해당 광고 문안은 반드시 전문가에게 의뢰하여 검토를 받아야 하고 건강기능식품이라면 관련 법령에 따라 광고 심의를 거친 후에야 적법하다고 할 것이다.

67. 사실 부합과 과대광고 (대법원 2014두37863)

〈사건의 개요〉

A는 식품의약품안전처로부터 체중 조절 기능성으로 개별 인정을 받은 원료를 사용한 다이어트 보조 식품을 판매하면서 한 주부의 제품 체험기 광고를 시행하였다. 이 체험기는 100% 진실로 밝혀졌다. 이 경우에도 A는 과대광고로 처벌을 받아야 하는가?

〈사건에 대한 적용 법령〉

건강기능식품에 관한 법률

제18조(허위·과대·비방의 표시·광고 금지)

① 누구든지 건강기능식품의 명칭, 원재료, 제조방법, 영양소, 성분, 사용방법, 품질 및 건강기능식품이력추적관리 등에 관하여 다음 각 호에 해당하는 허위·과대·비방의 표시·광고를 하여서는 아니 된다.

  1. 질병의 예방 및 치료에 효능·효과가 있거나 의약품으로 오인(誤認)·혼동할 우려가 있는 내용의 표시·광고

  2. 사실과 다르거나 과장된 표시·광고

  3. 소비자를 기만하거나 오인·혼동시킬 우려가 있는 표시·광고

  4. 의약품의 용도로만 사용되는 명칭(한약의 처방명을 포함한다)의 표시·광고

  5. 다른 업체 또는 그 업체의 제품을 비방하는 표시·광고

  6. 제16조제1항에 따라 심의를 받지 아니하거나 심의받은 내용과 다른 내용의 표시·광고

② 제1항에 따른 허위·과대·비방의 표시·광고의 범위 등에 관하여 필요한 사항은 총리령으로 정한다.

① 원고가 2012. 2.부터 2013. 4.까지 1년 넘게 이 사건 체험기를 ○○○웰빙 홈페이지 공지 사항에 게시하였고, 그 동안의 조회 수도 1,400회가 넘는 점, ② 건강식품법 제32조 제1항은 제 18조 제1항의 위반 행위에 대한 행정 처분으로 영업 허가의 취소, 영업의 전부 또는 일부 정지, 영업소의 폐쇄 등을 규정하고 있는데, 건강식품법 시행규칙(2014. 3. 18. 총리령 제1071호로 개 정되기 전의 것) 제31조 〔별표 9〕 개별 기준에 정해진 대로, '소비자를 기만하거나 오인·혼동시킬 우려가 있는 표시·광고를 한 경우'의 1차 위반에 해당하는 영업 정지 1개월의 처분을 하겠다는 취지를 피고가 원고에게 사전에 통지한 점, ③ 이에 원고가 영업 정지에 갈음하여 과징금으로 부 과해 달라고 요청하는 의견서를 제출하자, 피고는 원고의 위반 행위의 내용과 정도 등을 참작하 여 건강식품법 제37조 제1항, 동 시행령 제18조 〔별표 1〕에 규정된 '과징금 산정기준'에 따라 영 업 정지 1개월에 갈음하는 이 사건 과징금 부과 처분을 한 점, ④ 건강식품법 제18조 제1항 제3 호가 소비자를 오인시킬 우려가 있는 광고를 허위·과대광고로 보아 금지하는 것은 그러한 허위· 과대광고가 소비자를 현혹하여 구매를 유도하는 것을 방지하여 건강기능식품의 건전한 유통·판 매를 도모함으로써 국민의 건강 증진과 소비자 보호에 이바지하는 데 그 규정 취지가 있고, 이 사 건 부과 처분으로 원고가 입게 될 불이익이 그로 인해 달성되는 공익보다 현저하게 크다고 보기 어려운 점 등을 근거로, 피고가 원고의 위반 행위에 대하여 시정 명령이 아니라 건강식품법 및 그 시행령, 시행규칙에 따라 이 사건 부과 처분을 한 것이 피고에게 주어진 재량권의 범위를 일탈하 거나 피고가 그 재량권을 남용한 것에 해당한다고 볼 수 없다고 판단하였다.

〈법원의 판단에 대한 해설〉

소비자들을 보호하기 위해서 만들어진 건강기능식품에 관한 광고 심의 및 과대광고 규제 조항 은 실제로 영업자들의 자유를 제한하고, 사전 검열의 문제점이 있는 등 앞으로 개선해야 될 문제 가 많이 있다. 하지만 사실이기에 과대광고가 아니라는 본 사건 당사자의 주장은 관련 법령에 비 추어 볼 때, 소비자의 오인과 혼동을 방지하려는 법령 제정의 취지보다 더 높은 가치를 가질 수 없기 때문에, 법원에서는 이와 같은 판단을 내린 것 같다. 올 한해 백수오 사건으로 건강기능식품 시장이 매우 위축되어 있는데, 무조건적인 처벌 강화와 영업자의 의무만을 강화하는 정책은 오히려 산업을 위축시켜 다양하고 유익한 제품 개발이 부진해지는 결과를 초래한다. 따라서 식품의약품안전처는, 이에 따라 소비자들의 이익이 줄어들 수도 있다는 것을 명심하여 안전 문제가 아닐 경우에는 일부 기능성 표시나 광고에 대한 규제를 완화할 필요가 있다. 오히려 의료인들이 방송에 나와서 한약재를 사용하여 기타 가공품인 일반 식품을 판매하는 광고를 제한할 방안을 강구해야 할 필요가 있겠다.

68. 행정 처분과 형사처벌의 이중 규제 (부산지방법원 2012구합2574)

〈사건의 개요〉

인터넷 판매사이트 땡마켓 '아이조아'(이하 'B'라고 한다)라는 상호의 홈페이지를 운영하는 대표자 김장사 씨(이하 'A'라고 한다)는 일본에서 수입한 아기 젖병, 젖꼭지, 사탕 제품 등의 상품을 국내 소비자에게 판매하던 자이다.

경인지방식품의약품안전청은 김장사 씨가 무신고·무표시제품 판매 및 허위·과대광고를 위반하였다고 판단하여 해당 구청으로 하여금 영업 정지 2개월 22일 처분 및 해당 제품의 폐기 처분을 지시하였고, 관할 행정 기관은 행정 처분을 명령하여 모든 처분을 완료하였다.

그런데 감사원은 영업 정지 2개월 이상의 처분 시에 과징금을 부과하도록 규정하고 있으므로, 해당 구청이 과징금 부과를 하지 않았다는 이유로 시정을 요구하여 A에게 과징금 45,000,000원을 다시 부과하도록 하였다. 과연 이러한 행정 기관의 과징금 부과 재처분은, 이미 받은 영업 정지와 중복하여 이중 처분이 가능한 것일까?

식품위생법

제2조 (정의)

이 법에서 사용하는 용어의 뜻은 다음과 같다.

1. "식품"이란 모든 음식물(의약으로 섭취하는 것은 제외한다)을 말한다.

2. "식품첨가물"이란 식품을 제조·가공 또는 보존하는 과정에서 식품에 넣거나 섞는 물질 또는 식품을 적시는 등에 사용되는 물질을 말한다. 이 경우 기구(器具)·용기·포장을 살균·소독하는 데에 사용되어 간접적으로 식품으로 옮아갈 수 있는 물질을 포함한다.

3. "화학적 합성품"이란 화학적 수단으로 원소(元素) 또는 화합물에 분해 반응 외의 화학 반응을 일으켜서 얻은 물질을 말한다.

4. "기구"란 다음 각 목의 어느 하나에 해당하는 것으로서 식품 또는 식품 첨가물에 직접 닿는 기계·기구나 그 밖의 물건(농업과 수산업에서 식품을 채취하는 데에 쓰는 기계·기구나 그 밖의 물건은 제외한다)을 말한다.

   가. 음식을 먹을 때 사용하거나 담는 것

   나. 식품 또는 식품 첨가물을 채취·제조·가공·조리·저장·소분[(小分): 완제품을 나누어 유통을 목적으로 재포장하는 것을 말한다. 이하 같다]·운반·진열할 때 사용하는 것

5. "용기·포장"이란 식품 또는 식품 첨가물을 넣거나 싸는 것으로서 식품 또는 식품 첨가물을 주고받을 때 함께 건네는 물품을 말한다.

6. "위해"란 식품, 식품첨가물, 기구 또는 용기·포장에 존재하는 위험요소로서 인체의 건강을 해치거나 해칠 우려가 있는 것을 말한다.

7. "표시"란 식품, 식품첨가물, 기구 또는 용기·포장에 적는 문자, 숫자 또는 도형을 말한다.

8. "영양표시"란 식품에 들어있는 영양소의 양(量) 등 영양에 관한 정보를 표시하는 것을 말한다.

9. "영업"이란 식품 또는 식품첨가물을 채취·제조·수입·가공·조리·저장·소분·운반 또는 판매하거나 기구 또는 용기·포장을 제조·수입·운반·판매하는 업(농업과 수산업에 속하는 식품

채취업은 제외한다)을 말한다.

10. "영업자"란 제37조제1항에 따라 영업허가를 받은 자나 같은 조 제4항에 따라 영업신고를
    한 자 또는 같은 조 제5항에 따라 영업등록을 한 자를 말한다.

11. "식품위생"이란 식품, 식품첨가물, 기구 또는 용기·포장을 대상으로 하는 음식에 관한 위생
    을 말한다.

12. "집단급식소"란 영리를 목적으로 하지 아니하면서 특정 다수인에게 계속하여 음식물을 공
    급하는 다음 각 목의 어느 하나에 해당하는 곳의 급식시설로서 대통령령으로 정하는 시설
    을 말한다.

    가. 기숙사

    나. 학교

    다. 병원

    라. 그 밖의 후생기관 등

13. "식품이력추적관리"란 식품을 제조·가공단계부터 판매단계까지 각 단계별로 정보를 기록·
    관리하여 그 식품의 안전성 등에 문제가 발생할 경우 그 식품을 추적하여 원인을 규명하고
    필요한 조치를 할 수 있도록 관리하는 것을 말한다.

14. "식중독"이란 식품 섭취로 인하여 인체에 유해한 미생물 또는 유독물질에 의하여 발생하였
    거나 발생한 것으로 판단되는 감염성 질환 또는 독소형 질환을 말한다.

15. "집단급식소에서의 식단"이란 급식대상 집단의 영양섭취기준에 따라 음식명, 식재료, 영양
    성분, 조리방법, 조리인력 등을 고려하여 작성한 급식계획서를 말한다.

제4조 (위해식품등의 판매 등 금지)

누구든지 다음 각 호의 어느 하나에 해당하는 식품등을 판매하거나 판매할 목적으로 채취·제
조·수입·가공·사용·조리·저장·소분·운반 또는 진열하여서는 아니 된다.

 1. 썩거나 상하거나 설익어서 인체의 건강을 해칠 우려가 있는 것

 2. 유독·유해물질이 들어 있거나 묻어 있는 것 또는 그러할 염려가 있는 것. 다만, 식품의약품
    안전청장이 인체의 건강을 해칠 우려가 없다고 인정하는 것은 제외한다.

 3. 병(病)을 일으키는 미생물에 오염되었거나 그러할 염려가 있어 인체의 건강을 해칠 우려가

있는 것

4. 불결하거나 다른 물질이 섞이거나 첨가(添加)된 것 또는 그 밖의 사유로 인체의 건강을 해칠 우려가 있는 것

5. 제18조에 따른 안전성 평가 대상인 농·축·수산물 등 가운데 안전성 평가를 받지 아니하였거나 안전성 평가에서 식용(食用)으로 부적합하다고 인정된 것

6. 수입이 금지된 것 또는 제19조제1항에 따른 수입신고를 하지 아니하고 수입한 것

7. 영업자가 아닌 자가 제조·가공·소분한 것

제75조(허가취소 등)

① 식품의약품안전처장 또는 특별자치도지사·시장·군수·구청장은 영업자가 다음 각 호의 어느 하나에 해당하는 경우에는 대통령령으로 정하는 바에 따라 영업허가 또는 등록을 취소하거나 6개월 이내의 기간을 정하여 그 영업의 전부 또는 일부를 정지하거나 영업소 폐쇄(제37조제4항에 따라 신고한 영업만 해당한다. 이하 이 조에서 같다)를 명할 수 있다.

1. 제4조부터 제6조까지, 제7조제4항, 제8조, 제9조제4항, 제10조제2항, 제11조제2항 또는 제12조의2제2항을 위반한 경우

2. 제13조제1항을 위반한 경우

3. 제17조제4항을 위반한 경우

4. 제19조제1항을 위반한 경우

4의2. 제19조제5항을 위반하여 허위의 보고를 하거나 변경 보고를 하지 아니한 경우

5. 제31조제1항을 위반한 경우

6. 제36조를 위반한 경우

7. 제37조제1항 후단, 제3항, 제4항 후단 및 제6항을 위반하거나 같은 조 제2항에 따른 조건을 위반한 경우

7의2. 제37조제5항에 따른 변경 등록을 하지 아니하거나 같은 항 단서를 위반한 경우

8. 제38조제1항제8호에 해당하는 경우

9. 제40조제3항을 위반한 경우

10. 제41조제5항을 위반한 경우

11. 제42조제1항을 위반한 경우

12. 제43조에 따른 영업 제한을 위반한 경우

13. 제44조제1항·제2항 및 제4항을 위반한 경우

14. 제45조제1항 전단에 따른 회수 조치를 하지 아니한 경우

14의2. 제45조제1항 후단에 따른 회수계획을 보고하지 아니하거나 거짓으로 보고한 경우

15. 제48조제2항에 따른 위해요소중점관리기준을 지키지 아니한 경우

16. 제51조제1항을 위반한 경우

17. 제71조제1항, 제72조제1항·제3항, 제73조제1항 또는 제74조제1항(제88조에 따라 준
    용되는 제71조제1항, 제72조제1항·제3항 또는 제74조제1항을 포함한다)에 따른 명령
    을 위반한 경우

18. 「성매매알선 등 행위의 처벌에 관한 법률」 제4조에 따른 금지행위를 한 경우

② 식품의약품안전청장 또는 특별자치도지사·시장·군수·구청장은 영업자가 제1항에 따른 영
    업정지 명령을 위반하여 영업을 계속하면 영업허가 또는 등록을 취소하거나 영업소 폐쇄를
    명할 수 있다.

③ 식품의약품안전청장 또는 특별자치도지사·시장·군수·구청장은 다음 각 호의 어느 하나에
    해당하는 경우에는 영업허가 또는 등록을 취소하거나 영업소 폐쇄를 명할 수 있다.

  1. 영업자가 정당한 사유 없이 6개월 이상 계속 휴업하는 경우

  2. 영업자(제37조제1항에 따라 영업허가를 받은 자만 해당한다)가 사실상 폐업하여 「부가가치
     세법」 제5조에 따라 관할세무서장에게 폐업신고를 하거나 관할세무서장이 사업자등록을
     말소한 경우

④ 제1항 및 제2항에 따른 행정처분의 세부기준은 그 위반 행위의 유형과 위반 정도 등을 고려
    하여 보건복지부령으로 정한다.

제83조 (위해식품등의 판매 등에 따른 과징금 부과 등)

① 식품의약품안전처장, 시·도지사 또는 시장·군수·구청장은 위해식품등의 판매 등 금지에 관
    한 제4조부터 제6조까지의 규정, 제8조 또는 제13조를 위반한 경우 다음 각 호의 어느 하
    나에 해당하는 자에 대하여 그가 판매한 해당 식품등의 소매가격에 상당하는 금액을 과징

금으로 부과한다.

> 1. 제4조제2호·제3호 및 제5호부터 제7호까지의 규정을 위반하여 제75조에 따라 영업정지 2개월 이상의 처분, 영업허가 및 등록의 취소 또는 영업소의 폐쇄명령을 받은 자
> 2. 제5조, 제6조 또는 제8조를 위반하여 제75조에 따라 영업허가 및 등록의 취소 또는 영업소의 폐쇄명령을 받은 자

② 제1항에 따른 과징금의 산출금액은 대통령령으로 정하는 바에 따라 결정하여 부과한다.

③ 제2항에 따라 부과된 과징금을 기한 내에 납부하지 아니하는 경우 또는 제37조제3항, 제4항 및 제5항에 따라 폐업한 경우에는 국세 또는 지방세 체납처분의 예에 따라 이를 징수한다.

④ 제2항에 따라 부과한 과징금의 귀속, 귀속 비율 및 징수 절차 등에 대하여는 제82조제3항·제5항 및 제6항을 준용한다.

식품위생법 시행령

제57조 (위해식품등의 판매 등에 따른 과징금 부과 기준 및 절차)

① 법 제83조제1항에 따라 부과하는 과징금의 금액은 위해식품등의 판매량에 판매가격을 곱한 금액으로 한다.

② 제1항에 따른 판매량은 위해식품등을 최초로 판매한 시점부터 적발시점까지의 출하량에서 회수량 및 자연적 소모량을 제외한 수량으로 하고, 판매가격은 판매기간 중 가격이 변동된 경우에는 판매시기별로 가격을 산정한다.

③ 법 제83조제1항에 따른 과징금의 부과·징수절차 및 귀속 비율에 관하여는 제54조 및 제56조를 준용한다.

〈사건에 대한 법원의 판단〉

이 사건 상품은 국내에 있는 인터넷사이트인 땡마켓 내에 있는 B에 게시되고, 소비자는 아이조아에서 해당 상품을 주문하고 결제를 하는데, B의 실제 운용자는 A인 점, A가 일본에서 설립한

C라는 법인은 A로부터 주문받은 해당 상품을 A의 요청에 따라 직접 소비자에게 배송할 뿐 소비자와 직접 계약을 체결하지 아니하는 점, 소비자가 땡마켓에 이 사건 상품의 대가를 결제하면 땡마켓이 수수료를 제외한 나머지를 A에게 지급하는 점, A의 이 사건 상품의 거래 형태는 인터넷 쇼핑몰에 수입 물품을 게시 및 광고하여 판매하는 일반적인 온라인 쇼핑몰에서의 거래 형태와 동일한 점에 비추어 보면, 수입자는 A라고 할 것이다.

다음으로 이중 처벌이라는 주장에 관하여 살피건대, 법 제75조 제1항에 의한 영업 정지 처분은 '판매 또는 영업으로 사용할 목적으로 식품을 수입하려는 자가 신고의무를 이행하지 아니한 것'을 대상으로 부과하는 것이고, 법 제83조 제1항에 의한 과징금 처분은 '신고의무자 신고 없이 식품을 수입한 후 판매한 행위'에 대하여 부과하는 것이어서 양자는 부과 대상이 되는 기본적 사실 관계, 보호 법익, 목적 및 처분 대상을 달리하고, 또한 전자에 대한 제재 시에 후자에 대한 위반 행위까지 이미 평가되었다고 할 수 없으므로, 이중 처벌이라고 할 수 없다.

〈법원의 판단에 대한 해설〉

행정 처분이 비록 형사처벌과 별개이긴 하나 대한민국 헌법 제13조 제1항에 '모든 국민은 행위 시의 법률에 의하여 범죄를 구성하지 아니하는 행위로 소추되지 아니하며, 동일한 범죄에 대하여 거듭 처벌받지 아니한다'고 규정되어 있다. 이러한 법리를 전제로 행정 처분에서도 동일한 사안에 대해서 재처분은 금지되어 있다. 그러나 해당 사안의 경우, 일반 국민의 시각에서는 동일한 행정 기관에서 동일한 사건에 대해서 처분을 내린 것이므로 이중 처벌이라고 주장할 수 있지만, 법원의 판단과 같이 법률 규정의 보호 법익과 목적 및 처분 대상이 다르므로, 이는 명백하게 이중 처벌이 아니다. 다만 관할 행정 기관의 주의 부족으로 소송 제기 등으로 발생한 시간과 비용 및 정신적 피해가 고스란히 해당 업체의 몫이 될 수밖에 없는 현실을 고려한다면, 관할 기관은 더욱 세심하고 꼼꼼한 업무 수행을 위해 경주해야 할 필요가 있다.

69. 행정 처분 시 재적발일의 기준 (대법원 2014두2157)

〈사건의 개요〉

A는 경기도 B시로부터 식품위생법을 위반하였다는 이유로 2015. 6. 1. 행정 처분에 대한 사전 처분 통지서를 받았는데, 이후 위법 사항을 시정하지 않고 있다가 2015. 6. 7. 다시 B시로부터 적발되어 2015. 6. 10. 2차 행정 처분(영업 정지 2개월) 사전 통지서를 받았고, 1차 행정 처분(영업 정지 1개월)은 2015. 6. 11.부터 시작되었다. 그러다가 2015. 6. 12. 다시 동일 사항을 위반하여 이번에는 3차 위반으로 2015. 6. 25. 영업소 폐쇄 처분을 받아서 식품 전문 변호사를 통해 행정 소송을 하게 되었는데, A에 대한 B시의 영업소 폐쇄 처분은 적법한 것일까?

〈사건에 대한 적용 법령〉

식품위생법 시행규칙

제89조(행정처분의 기준)

법 제71조, 법 제72조, 법 제74조부터 법 제76조까지 및 법 제80조에 따른 행정처분의 기준은 별표 23과 같다.

〔**별표** 23〕 행정처분 기준

Ⅰ. 일반기준

4. 위반행위에 대하여 행정처분을 하기 위한 절차가 진행되는 기간 중에 반복하여 같은 사항을 위반하는 경우에는 그 위반횟수마다 행정처분 기준의 2분의 1씩 더하여 처분한다.

5. 위반행위의 횟수에 따른 행정처분의 기준은 최근 1년간(법 제4조부터 제6조까지, 법 제8조, 법 제19조 및 「성매매알선 등 행위의 처벌에 관한 법률」 제4조 위반은 3년간으로 한다) 같은 위반행위(법 제7조제4항 위반행위의 경우에는 식품등의 기준과 규격에 따른 같은 기

준 및 규격의 항목을 위반한 것을 말한다)를 한 경우에 적용한다. 다만, 식품등에 이물이 혼입되어 위반한 경우에는 같은 품목에서 같은 종류의 재질의 이물이 발견된 경우에 적용한다.

6. 제5호에 따른 처분 기준의 적용은 같은 위반사항에 대한 행정처분일과 그 처분 후 재적발일(수거검사의 경우에는 검사결과를 허가 또는 신고관청이 접수한 날)을 기준으로 한다.

〈사건에 대한 법원의 판단〉

구 식품위생법 시행규칙 〔별표 23〕은 〔별표 17〕 제6호 타목 2) 위반 행위에 대해 적용되는 행정 처분 기준을 정하고 있는데, 위 행정 처분 기준은 1차 위반 시에는 '영업 정지 1개월', 2차 위반 시에는 영업 정지 2개월', 3차 위반 시에는 '영업 허가 취소 또는 영업소 폐쇄'의 처분을 하도록 규정{구 식품위생법 시행규칙 〔별표 23〕 II. 개별기준 3.식품접객업 제10호 가목 1)}하였다. 이때 위반 행위의 횟수에 따른 행정 처분의 기준은 최근 1년간 같은 위반 행위를 한 경우에 {위 〔별표 23〕 행정처분기준 중 I. 일반기준 제5호}를 적용하고, 이와 같은 처분 기준은 같은 위반 사항에 대한 행정 처분일 및 그 처분 후의 재적발일을 기준으로 하여 {위 〔별표 23〕 행정처분기준 중 I. 일반기준 제6호}를 적용하는 것으로 각각 규정하고 있다.

그리고 행정 처분을 하기 위한 절차가 진행되는 기간 중에, 반복하여 같은 위반 행위를 하는 경우에도 {위 〔별표 23〕 행정처분기준 중 I. 일반기준 제4호}와 같이 가중을 규정하고 있어, 한 번의 행정 처분 전의 여러 위반 행위에 대하여 가중된 행정 처분 기준을 정하고 있는 점, 제5호에 의하여 위반 행위의 횟수에 따라 처분을 가중하도록 한 취지는 단순히 위반 행위를 여러 차례 반복하였다는 것을 가중 처벌하는 제4호와는 달리, 위반 행위에 따른 행정 처분을 받았음에도 또다시 같은 위반 행위를 더욱 중하게 처벌하려는 것이라고 볼 수 있는 점, 규정 문언에 의하더라도 위반 행위의 횟수에 따른 행정 처분의 기준을 최근 1년간으로 하되, 그 기준일은 같은 위반 행위에 대한 행정 처분일과 그 처분 후 재적발일을 기준으로 한다고 규정함으로써, '행정 처분일'을 위반 행위 횟수에 따른 처분의 기준으로 정하고 있을 뿐만 아니라, 처분 대상이 된 위반 행위와 이에 대한 재적발일 사이에 같은 위반행위에 대한 행정 처분이 있었다고 할지라도 이는 처분 대상이 된 위반 행위 이후에 있는 것이어서 위반 행위 횟수에 따른 처분의 기준이 되는 행정 처분이라고 볼 수는 없는 점 등의 일반 기준 제5, 6호의 취지 및 문언과 위 규정을 통하여 달성하려는 처분 목적을 고려할 때, 일반 기준 제6호에 규정한 '재적발일'은 종전의 같은 위반 행위에 대한 행정 처분 후에 영업자가 같은 위반 행위를 한 경우로 해석하는 것이 타당하다.

〈법원의 판단에 대한 해설〉

오랜 기간 전국 지방자치단체 및 식품의약품안전처 식품위생 공무원들을 강의하면서 느낀 점은, 행정 처분에 대한 제대로 된 교육 과정이 필요하다는 것이었다. 사실 실제 행정 처분을 하다보면, 실무자들이 개별 조항 내 단어 하나를 해석하는 것이 상기 사건처럼 대법원까지 가는 큰 사건으로 확대될 수 있는데, 이에 대한 정부 차원의 지원과 교육이 절실하다. 현재 필자도 식품위생법상 행정 제재 처분 기간 중 폐업신고가 불가하다는 조항과 관련해서 사전 처분 통지서를 보냈거나 확인서를 징수한 날이 행정 제재 처분 기간에 포함되지 않는다는 취지로 해석하였으나, 경기도 소재 지방자치단체에서 이와 달리 해석하여 소송을 진행해서 승소한 사례가 있다.

70. 허위 성적서의 요건 (서울행정법원 2009구합11478)

〈사건의 개요〉

A는 식품의약품안전처가 식품 위생 검사 기관으로 지정한 곳으로서, 식품제조가공업체인 B로부터 검사를 의뢰받아 이를 실시하였다. A에 소속된 연구원이 성적서를 출력하면서, 실험 결과가 부적합이었는데도 적합이라고 단순 오기하였고, 기준치인 벤조피렌 '0.2 이하' 란에는 실제 나온 결과대로 0.3이라고 기재하였다. 이에 대해 식품의약품안전처에서는 부적합함에도 불구하고 성적서에 '적합'이라고 인쇄되어 있으므로 이를 허위 성적서 발급으로 규정하고 '지정 취소'라는 행정 처분을 내렸다. 이에 대한 소송 결과는?

〈사건에 대한 적용 법령〉

식품위생법

제27조 (식품위생검사기관의 지정취소 등)

식품의약품안전청장은 제24조제2항에 따라 지정된 식품위생검사기관이 다음 각 호의 어느 하나에 해당하는 경우 보건복지가족부령으로 정하는 바에 따라 지정을 취소하거나 6개월 이내의 기간을 정하여 식품위생검사업무의 정지를 명하거나 시정명령 등 필요한 조치를 할 수 있다. 다만, 제1호부터 제3호까지에 해당하는 경우에는 그 지정을 취소하여야 한다.

1. 거짓이나 그 밖의 부정한 방법으로 지정을 받은 경우
2. 고의 또는 중대한 과실로 거짓의 식품위생검사에 관한 성적서를 발급한 경우
3. 식품위생검사 업무정지 처분기간 중에 식품위생검사업무를 행하는 경우
4. 보건복지가족부령으로 정하는 식품위생검사업무에 관한 규정을 위반한 경우

검사 성적서를 허위 발급한 경우란, 검사 성적서를 사실, 즉 검사 결과와 다르게 발급한 경우를 뜻하는데, 여기서 허위 여부는 검사 성적서의 일부 문언에 따라 판단할 것이 아니라, 문서 전체를 대상으로 하여 당해 검사 성적서가 검사 결과와 다른 내용으로 발급되었는지를 전체적으로 판단해야 한다.

더구나, ① 법에서는 식품 위생 검사 기관이 검사 성적서를 허위 발급한 경우 재량의 여지없이 필요적으로 그 지정을 취소할 뿐 아니라 그 후 3년 동안 당해 기관의 재지정을 금지하도록 하여 중대한 불이익을 가하고 있는 점, ② 이 사건 처분 이후에 개정된 식품위생법 제27조에서는 위와 같은 불이익의 정도를 고려하여, 검사 성적서 허위 발급 관련 필요적 지정 취소 사유를 '고의 또는 중대한 과실로' 식품 위생 검사에 관한 거짓 성적서를 발급한 경우로 제한하여 규정하고 있는 점 등에 비추어 볼 때, 검사 성적서 허위 발급 해당 여부는 엄격하고 실질적으로 판단하여야 할 필요가 있다.

이 사건에 관하여 보건대, 각 기재된 변론과 증거 자료 전체의 취지를 종합하면, 이 사건 식품에 대한 검사 성적서는 그 항목 판정란에 '적합'이라고 기재되어 있기는 하나, 다른 한편으로 보면, 시험 항목란에는 벤조피렌과 기준치가, 결과란에는 원고의 검사원이 실제로 얻은 검사 결과와 동일한 데이터가 기재되어 있는 사실이 인정되는 바, 이와 같이 위 검사 성적서에 실제로 검사 결과가 그대로 기재되어 있을 뿐 아니라, 나아가 적합 판정의 기준까지 명시되어 위 검사 성적서 자체만으로도 이 사건 식품이 부적합 판정의 대상이 된다는 사실이 명백하게 드러나는 이상, 항목 판정란에 '적합'이라고 기재된 위 검사 성적서 발급 행위는 단순한 착오에 의한 오기의 결과일 뿐, 법에서 정한 '성적서를 허위로 발급한 때'에 해당한다고 볼 수 없다.

<법원의 판단에 대한 해설>

헌법에 규정된 기본권을 침해하는 행정 행위에 대해서는 절차와 그 해석을 엄격히 해야 한다는 것이 행정법의 기본 원칙이다. 행정 기관이 행정 행위를 통해 국민의 기본적 권리를 제한하는 것이기 때문에 그 과정이 철저하게 적법 절차이어야 하며, 제한을 위한 법적 근거가 명확해야 하고, 해석도 자의적이어서는 안 된다. 본 사안의 경우 이미 해당 검사 기관에서도 기준치를 초과하는 검사 결과에 대해 성적서에 표시하였다는 사실 자체만 보아도, 고의로 의뢰 업체에게 유리한 허위 성적서를 발급하겠다는 의지가 없다는 것이 명확하며, 단순 실수임이 명백하다. 물론 관할 행정 기관의 담당자의 입장에서 사실 관계에 따라 행정 처분을 할 경우 추후 민원 제기 등으로 곤혹을 치르거나 감사 등에서 불필요한 서류를 제출해야 하는 일이 발생할 수 있기 때문에, 최대한 소극적인 행정을 할 수밖에 없는 것이 현실이다. 그럼에도 불구하고 공무원의 판단으로 이번 사건과 같이 수십 명의 직원들이 근무하는 직장이 폐쇄될 수 있다는 사실을 고려해서 전문가의 도움을 받아 최대한 적법 절차를 준수하고, 열린 태도를 가지고 업무에 임해줄 것을 기대해 본다.